私の労働研究　目次

終章　回想記・労働研究の道ゆき

私の労働研究

一章　私の労働研究——テーマと問題意識

はじめに

今日は、光栄にも大原社研から与えられましたこの機会に、「私の労働研究のテーマと問題意識」という内容の話をさせていただきます。これまでの私の著作は、どういう問題意識から、どういうことを明らかにしようとしてきたか、それはどのような時代の影響を受けていたのかをふりかえってみようということです。研究生活も終わりに近づいた私なりのひとつの総括の試みです。

研究の時期を、著作の刊行年次によっておよそ初期、中期、後期にわけてみました。その研究時期別の時代的な特徴、その時代に影響された私の問題意識——なにに感動したかという意味では「研究の価値意識」、そして書かれた著書のごく簡単な概要とそこでの特徴的なキー概念などを語らせていただきたく存じます。全体として起承転結があるわけではなく、一研究者のこうした回顧にどれほど社会的な意義があるのかはわかりませんが、これまでそれぞれの著書のなかで私が「こういうことを書いているのは、こういう問題意識からだったのだ」ということを汲んでいただければうれしいです。

二〇代の頃、一九六〇年代半ばくらいまでの「徒弟時代」（とくに六一年から六六年までの大学院時代）については、ここでは省略させていただきます。私は「安保世代」に属しますが、この徒弟時代には主として、早くに亡くなられた私の師、岸本英太郎先生の指導で、日本の賃金体系についての共同研究・共著の分担執筆をしていました（本書末尾の共著リスト参照）。この頃、東大社研を中心に行われていた日本の年功的労使関係についての調査報告はだいたい全部読みました。とくに大きな示唆を受けたのは一九五九年の『労働組合の構造と機能』です。こうした本への帰依と一定の距離感など、いま立ち入れば有意義と思われますが、時間の都合で今日は割愛します。

1 研究史の初期（一九六七〜七八年）

私は自分の研究史の初期を一九六七年から七八年までと設定しています。私の三〇代、六〇年代半ばから七〇年代末にあたります。この時代には、それからも終生変わることのなかったいくつかの関心領域を見出し、さまざまの問題意識を抱き、以降、それを育ててようとしてきたと思います。

その時代

この時代は、先進国ではいわば「戦後体制の爛熟期」でした。戦後体制とは、下に社会保障制度を据え、上からは有効需要創出の経済政策をかぶせ、その中間では労働者が自由な団体交渉とストライキを中心とする労働組合運動によって生活の向上をはかることを完全に容認する――そういう三本柱で成り立っていた体制と考えていいと思います。それが戦後の先進資本主義国が社会主義に対抗して生き延びる方途でした。しかし、この体制は資本主義の経済運営にとってはよほど好条件に恵まれなければある意味でとても厄介なシステムであって、後に崩壊していきますが、ともあれこの時期にはなお「戦後体制」が健在だったのです。

それと関係して、私が勉強を始めた頃は、国内では大量生産と大量消費の好循環がみられ、その作用で「大衆社会化」が到来していました。日本では資本主義の歴史にもあまり例のないような長期の高度経済成長時代だったといえましょう。しかし一方、では社会運動も沈静化して平穏な時代だったかというと、かならずしもそうではありません。若い世代は、一九六八年という年に特別な感慨をおもちにならないと思いますが、私には六八年はとても大切な年でした。それは、大衆社会のなかにあって若い労働者や学生や市民が「管理社会」的な支配というものに対して「異議申立て」の運動をグローバルな規模で展開した年だったのです。六八年頃から七三年ぐらいまでの間は、世界的にも、その種の社会運動が活発だった時代といえましょう。とくに注目に値するのは、西欧で「自主管理的社会主義」とも総称される思潮が台頭したことです。たとえばこの時期のイギリスでは、ショップスチュワードを中心とする労働組合運動が非常に強靱でしたが、その強靱さも、いわばサンディカリズムの伝統を一部引きつぐ「ワーカーズ・コントロール」(労働者管理)思想の再復興と無関係ではありませんでした。この場合の「労働者管理」は、「労働者の管理」ではなく、「労働者による職場や労働の管理」を意味します。労働や職場のあり方、ひいては社会のあり方に対して労働者が自主管理的にその支配権を広げてゆくという思想です。

もちろん国によって現れ方はさまざまです。くわしくは紹介できませんが、フランスでは工場占拠をふくむ「五月革命」があり、イタリアでは翌年に「暑い秋」と呼ばれるような大規模な社会運動の台頭があり、既存の社会主義国のなかでは民主化を求める「プラハの春」がありました。これらはすべて反管理社会論・自主管理理論という一つの流れとみることができます。同時期の中国の文化大革命さえ、かなりいびつな形態ではあれ、この流れを汲んでいるといえないわけではない。文化大革命は、毛沢東主義ではあるけれど、平《ひら》の労働者や人民による官僚主義的な党支配の破壊という側面もあったからです。

しかし、広角レンズ風にみて日本はどうかというと、この国では労働組合運動は穏健化していきます。経営の内部では経営主導のQC活動が展開されていました。なぜ「QCか」というと、管理社会に対抗して労働者たちがみずからの労働のあり方を決めていくというグローバルな時代思想が、経営主導という退いたかたちではあれ、ＱＣ活動のなかに痕跡を残していると私は感じました。六〇年代の時代思潮が日本では、労働者の運動としてはＱＣ活動のなかに現れたわけです。こうした一見「突飛な」発想は、実は研究史の中期になって、日本の労働者の性格を問う一九八一年の『日本の労働者像』（本書二七八頁の著書リスト6）をまとめるとき自覚した問題意識なので、初期の発想のように語るのは先走りなのですが、ともあれ、この連作論文集の最後が「ＱＣ活動の光と影」の分析になっているのは、私には突飛ではなかったのです。

話を戻します。この頃はまた、労働運動の外では公害反対の市民運動がありました。私も「水俣病を告発する会」に参加した時期があります。これも管理社会化に帰着した「近代」を問い直すような運動だったと思います。ウーマン・リブの台頭もありました。これも「近代」の裏面を鋭く抉る思想です。ウーマン・リブは後にジェンダー論になり、男女共同参画論に収斂するわけですが、私がやがて女性労働運動を研究対象のひとつとすることになったきっかけは、この時期のウーマン・リブの影響です。中期の著書10所収の「女性労働者の戦後」（一九八六年）や、後期の著書18（著書リスト参照。以降、著書ナンバーはこの「リスト」のもの）などでもそのことにふれていますす。田中美津『とり乱しウーマン・リブ論』（田畑書店、一九七二年）などは、ある意味でとても乱脈な本ですが、ここには明らかに本当のことが書かれていると感じたものです。私は当時、公害反対の市民運動、ウーマン・リブ、そしてアメリカで一九七二年に起きたベルトコンベアかたわらでの職場反乱、この三つに「近代」や管理社会や大衆社会を革新する息吹きがあると感じていました。

初期のテーマと問題意識

このような時代背景のなかで、私が労働研究上どのような問題意識を抱いたかを述べます。戦後日本の社会科学で長らく支配的であった伝統の価値意識は一種の近代化論でした。日本は欧米にくらべると遅れた古い国であり、個人主義や個人尊重が未発達な国であるという考え方。このような考え方は、歴史学にも法学にも政治学にも、社会政策論・労働研究にも大きな影響を与えました。しかし私は、高度経済成長に伴う大衆社会の到来の時期から勉強を始めたこともあって、このような考え方にもとづく大家たちの著作に思想的にはあまり惹かれませんでした。当初から近代化論への距離感のようなものがあって、簡単にいえば、日本ではむしろ、近代化以後のほうに挑戦すべき問題があるのではないかと考えたのです。

小池和男さんの仕事をいちばん早く評価したのは徒弟時代の私ではないかと秘かに思っています。小池さんがおもしろかったのは、近代化論から切れたところがあるからでした。いま労働問題研究では「反貧困」という問題意識が中心を占めています。しかし初期の私は、どちらかといえば貧困や失業よりも、管理社会批判に関係の深い労働の疎外状況に対して問題意識を感じていましたので、初期マルクスなんかをかなり真面目に勉強したものです。

もう少し敷衍します。私は人種、門閥、あるいは性によって事前的に人を選別する前近代的な「いわれなき差別」よりも、一種のメリトクラシーの社会のなかでの能力主義的な選別から事後的に生み出される「いわれある格差」のほうが、重大な問題だと思いました。そう思ったのは、私が個人的にはしあわせにも「いわれなき差別」に悩むという経験をもたなかったからかもしれませんが、ともあれ、当時から私は、これから深刻になると感じた「いわれある格差」のほうに主な関心を向けたのです。

それ以降の私は、機会の平等を前提とした能力主義的選別によって、恵まれている人と恵まれていない人の間に職務内容や収入に大きな格差が生まれることを公正とみる発想について、終生の疑いをもつようになりました。後期一九九七年の『能力主義と企業社会』（著書16）は、これをベースに書かれています。やはり後期二〇〇三年の著書19も、同様な観点から退職者募集のプロセスを分析しました。ある会社がたとえば一〇〇人のリストラ要員を選ぶ場合、多くの会社は一律に年齢や性や婚姻状態などの「いわれなき差別」によって選別するのではない。選別は、それまでの査定の蓄積の上に立った従業員のランクづけを基準にします。そして、執拗に「あなたの働ける場所はもうない」と言われて、多くの人は辞めていきます。「あなたの能力はこの会社にもう必要ありません」と言われて辞めてゆく場合、その人はその受難を自分の責任として考えざるをえなくなります。そうして辞めていった人の「心の闇」は、「第一組合員なのだから」、「あなたは女性なのだから」、「既婚女性なのだから」などという「いわれなき差別」によって辞めさせられる場合より、もっともっと深いのではないでしょうか。

研究の初期に私が取り組んだ「具体的な研究テーマ」に進みましょう。その一つは、労働そのもののあり方についてでした。私はいまでも労働者の描写、労働状況の報告の際には、つとめて仕事の具体的な記述から始めることにしています。たとえば、日雇い派遣労働者などワーキング・プアの状況を論じる場合、まず彼らが日々遂行している仕事内容、たとえばペットボトル飲料を検査する仕事では、間断なくコンベアを流れてくるボトルを陽にかざし、その中に小さな浮遊物があるかどうかを瞬時に見分けて、浮遊物のあるものを取りのける、それを八時間繰り返す――そんなことが気になります。それというのも、私が労働研究を始めたころ、目前に展開していたのは、当時はもちろん正社員の仕事でも、膨大な単純労働でした。労働疎外論の問題意識からしても、単純労働というものの考察が私の最初の仕事になりました。

私はそのころ欧米の労働社会学にかなり傾倒しており、ロバート・ブラウナー『労働における疎外と自由』（訳本、新泉社、一九七一年）などに大いに刺激を受けました。欧米の労働社会学は、労働に関する具体的な事実をたっぷり描きます。私のまとめるところでは、単純労働には、労働のペースや方法について労働者が決定できないこと（powerless）、労働そのものに意味を感じることができないこと（meaningless）という特徴があります。その上に単純労働の「可視的徴候」として、きわめて反復的（repetitive）でジョブ・サイクルが短いこと、仕事のペースが機械やコンベアによって決定されていること（machine-pacing）、あるいは製品のごく一部だけにたずさわることなどが重なります。このような単純労働化が現代の枢要の労働問題であると考えたのです。

もちろん労働現場だけではなく、社会全体にも網の目のような分業構造があります。大量生産やオートメーションは、工程の一部に導入されても、すべての仕事を関連づけ、ゆとりのない方向に牽引するものですが、それでもやはり分業によってさまざまの階層的な職務分布が生まれます。私は今でも職務、雇用形態、性、年齢などによる労働者の分布あるいは構成を描くことができれば、職場分析の半分は終わったと考えます。逆に言えば、職務構成や労働者分布の考察を伴わない職場の労働研究は、ほとんど虚妄にすぎないと思うのです。

しかし、ジョブ・サイクル九〇秒というような仕事を、例えば若い女性はどうしてなにも文句を言わず、叛乱を起こすことなく、黙々と遂行してくれるのか？　それが私の次の設問でした。それは、膨大な量に及ぶ広義の単純労働に対し、そのような仕事を遂行するに「ふさわしい」と思われる人を見つけて配置しているからだ、そうでなければ叛乱が起こる――若い私はそう考えました。「ふさわしい」人びとの配置があってはじめて社会の秩序が保たれ、労働者の安定的な階層形成が行われるのです。その際、労働者は、次の二つの条件のもとで単純労働を「叛乱なく」引き受けるのではないか。第一に、長年の失業や貧困の体験が、労働の種類を選ぶことを一種の「贅沢」と感じさせるときです。今でも、派遣テント村に集まった人びとが「正社員になったらどんなことでもやりますよ」と言うのは、そのような条件におかれてきたからです。第二の条件は、継続するのはしんどい単純労働でも、それが労働生活の一経過点にすぎずやがて「脱出」できるのであれば引き受けるということ。そう考えてみると、今しんどい仕事をしている人びとが、なぜそれを黙々と遂行するのかがある程度わかります。すなわち、条件に強制されたものではあれ、ある種の主体意識の媒介があってはじめて安定的な労働者階層ができるのだと思いいたりました。

労働者階層論、すなわち職務の階層性をまぬかれない分業の一ポストを引き受ける、多様な人びとのさまざまな条件と意識のありようは、私にとって生涯にわたり追求すべき重要な課題にほかならないと思いました。階層論のない階級一体論は、これまたほとんど虚妄です。同様に、たとえば女性労働論では、女性一体論も現在では虚妄です。階級一体論より女性一体論のほうがまだしも現実的な根拠があるかもしれませんが、それでも「女の敵は女」という、無視してはならない側面もあるわけです。

少し飛躍があると思われるかもしれませんが、私の場合、労働そのものや労働者階層の重視は、労働組合というものの機能や形態に対する関心と固く結びつくことになりました。私は、勉強のほとんどはじめから、「左翼」学生としてはほとんど例外的に、運動の主体としての労働組合に執着しており、今でもそうです。なぜ、そうなのかをふりかえると、労働組合運動こそは民主主義の根幹であるとする、西欧の自主管理社会主義的な労働運動論に強い影響を受けたからでしょう。民主主義は、リンカーンの演説でいうと「of the people, by the people, for the people」ですが、私は大学の教養部のとき、「この三つのなかでこれがなければ民主主義は死ぬという真髄はどれか」という問題を出されました。正解は「by the people」でした――「of the people」は、例えばソ連は労働者の国であるというようにしばしば欺瞞的になる、また「for the people」については、啓蒙君主制にしても明治天皇の政治にしてもそういえないわけではない、しかし「by the people」だけは決して捨てることはできない、と。単純な議論ですが、私はその教えを敷衍して、労働組合は、可能性としては「by the ordinary workers」によってしかできない、政治では扱えない職場の日常の問題にかかわりうる唯一の組織、すなわちふつうの労働者にとってかけがえのない民主主義の運動だと思ったのです。現実には、たとえば日本の労働組合のありようはその点まことに頼りなく、私たちは労働問題の解決の方途としてとかく狭義の政治に頼りがちになりますが、考えてみても、誰を、どういう雇用形態で雇うのか、どのように働かせるのか、賃金格差をどうするのかなどは、ひっきょうまず経営者が決めることなのです。しかし労働組合こそは、その経営者の専制をby the ordinary workersで規制しうるのです。

ふつうの労働者の日々の労働のあり方を規制するという視点で労働組合をみると、どうしても一種の「永久労働組合主義」になりましょう。永久労働組合主義とは、どんな体制のもとでも現場労働者のニーズの上に立つ労働組合は絶対に必要だという考え方。この永久労働組合主義論は、長らく社会主義協会や共産党など公式左翼の陣営から批判され非難されてきました。けれども、一九八〇年以降、永久労働組合主義論の旗色はよくなったと思います。この年、ポーランド・グダニスクの労働者たちは、社会主義政権のもとではじめて、スト権をもつ自立的な労働組合を要求する運動を展開したのです。「労働者の国」であっても、現場の日常的な労働のあり方をめぐる、命令する者に対する命令される者のニーズは確実に存在します。労働組合はそこに執着するものでしょう。

もう少しきめ細かくいえば、労働組合運動は「経営権の蚕食」を通じて労働のあり方を変えうるものです。企業には財務管理、生産管理、労務管理と上から下降する「経営権」があり、経営者はこれらの「関数」として労働条件を決定しようとします。労働組合はふつう労使関係を通じて労働条件に関し発言する。しかし労働者の職場史の教えるところ、労働者は一定の条件のもとでは生産管理や労務管理といった領域の少なくとも下半分に労働者によるコントロールを及ぼしてきました。このように経営権に食い込んでいくことを「蚕食」、英語でencroachmentとよびますが、そういう労働組合運動のあり方を私は「蚕食的組合主義」とよびました。のち一九七九年にイギリスに行きましたとき、「右派」と目されていた労働組合の幹部が「労働組合運動の歴史は経営の専権を蚕食する歴史である」と語るのを聞いて、ずいぶん意を強くしたものです。私が注目した職場における労働そのもののありかたが、労働組合機能がこのような蚕食の側面を帯びているかどうかに大きく影響されることはいうまでもありません。

とはいえ、労働組合はどうしても労働者の階層的存在を反映する組織です。労働者の階級としての一体論に立たずに労働組合論を展開しようとすれば、どういう階層の労働者によってどのような労働組合がつくられるのか、ということに当然、次の関心が及びます。労働者は、ふつう「アトム」(原子のようにわかれた個人)として資本主義社会に投げ出され、雇用機会をめぐって競争させられる状態にあります。それでも、労働者は生活上の具体的な必要性と可能性が共通することをベースとするある種の凝集性を、自然発生的にもつようになるのではないか。この自然発生的に生まれる凝集性を〈労働社会〉として意識化した組織が労働組合であり、〈労働社会〉のなかに自然発生的に芽生えている、資本の要請に多少とも対抗的な掟、倫理コードを意識化したものが労働組合の要求や政策なのではないか。たとえば、仲間同士では決して競争しない、生活の向上は個人間の競争制限の上に立って仲間とともに追求すること——私はそのように考え、それを「労働社会論」として一つの論文にまとめました。アメリカの研究者、たとえばライザーソン（William M. Leiserson）、タンネンバウム（Frank Tannenbaum）、パールマン（Selig Perlman）などの示唆も受けています。こうした知見を綜合して、労働社会としての労働組合論を組み上げたのです（著書4参照）。

しかしながら、このように労働組合の組織や機能を把握しますと、強靱な労働組合運動が結果として生み出す環境が国民経済の必要性と整合的であるかどうかは、どうしても疑わしくなります。私は研究史の初期の終わり近くには、草の根の労働組合機能と国民経済の管理運営との関係を考えるというテーマに踏み込んでいます（著書5『国家のなかの国家』参照）。この問題に取り組むのは実はとても大変なことでした。

もう一つの研究テーマはやはり、企業社会に包摂された日本の労働者の状況分析です。このテーマには、いつの時期にも試み、その後、その比重は次第に高まることになりましたが、この時期には、『労働のなかの復権』（著書3）を刊行しています。

著作

このような問題意識を込めた研究史初期の著書が、「リスト」の1～5です。

一九七〇年刊行の『産業史における労働組合機能』と『寡占体制と労働組合』は、ペアの作品です。これらでは、英米の自動車産業を含む広義の機械工業を舞台にして、一方では技術革新による労働と熟練の変化、他方では企業間競争・製品市場の変化に規定された労働組合の機能と組織の史的展開を描き、職能別組合から産業別組合への推転を確認しました。私は、労働組合の機能を「蚕食的」vs.「取引的」、「製品市場外在的」vs.「製品市場内在的」という二つの軸で把握できるとして、労働組合機能の国別、時代別の多様性を考察しました。ここでいう取引的組合主義は、普通アメリカでいわれるビジネス・ユニオニズムとはやや異なり、労働のあり方の決定は経営権として認め、それに対する報酬に関心を限定するという組合機能を指します。また、製品市場内在的組合主義とは、労働組合が労働者の要求を、企業ごとの支払能力とか生産性の許す限りで処理していくという考え方です。他方、それら経済的要因はさしあたりお構いなしに労働条件の横断的な標準化に固執する労働組合運動は、製品市場外在的組合主義になります。日本の企業別組合は製品市場内在的組合主義の極北であり、イギリスなどの一般組合は製品市場外在的組合主義の極北ということができるでしょう。著作1と2は、これら二つの軸でわけられる組合主義がイギリスの機械工業労組（ASE→AEU）と、アメリカの自動車産業労組（UAW）の歴史のなかにどのように現れたかを追跡しました。

一九七二年の著書3は、最初の日本的労働関係の現状分析で、働く人びととのつながりを得る最初の機会になりました。この本は、先述したワーカーズ・コントロールの思想を基底にひそめて日本の労働と労働運動を批判的に考察しています。現状分析は、疎外、差別、統合という順序で組み上げられています。タイトルからも生産点や仕事についての私の深い関心がわかるでしょう。しかし日本では、労働者の凝集性がすぐれて企業社会のなかに閉じ込められている……。「企業社会」という言葉は、後にはもう少し広い意味で、企業の論理が社会全体のありようを強く規定している、企業が中心になっている体制を指す概念として使われるようになりましたが、私が著書3で用いたターム「企業社会」は、労働者がさしあたり企業という社会に属しているということ、すなわち「企業という社会」のことです。これもそれなりにひとつの「労働社会」なのです。

『労働者管理の草の根』（著書4）は、単純労働、労働疎外、労働者配置、労働社会、労働者管理思想についての論文集です。私が当時どんなことを考えていたのか知るうえでは、この本がいちばんわかりやすいといわれましたけれど、これは最も売れなかった本の一つでした。

初期の最後の著作は『国家のなかの国家——労働党政権下の労働組合一九六四〜七〇年』（著書5）です。この本は雑誌『月刊 労働問題』の連載だったのですが、毎月の一回分も結構長く、当時は本当に元気だったのだなぁと思います。内容をごく簡単に紹介します。一九六四年から七〇年までのイギリスは、労働組合が伝統的に擁立する労働党政権でした。私は、保守党政権vs.労働組合ではなく、労働党政権vs.労働組合の確執をあえて描いたのです。毎日が労働である生活者のニーズおよび連帯的な生活防衛と、政治の最大課題である国民経済の安定的な管理との間の闘いは、労働党政権下でも避けることができない問題でした。インフレを防ごうとする所得政策、労働者の働く姿勢を問う生産性協約、山猫ストライキを少なくする労働組合の法的改革の三点をめぐって、労働党政権と労働組合はことごとく対立しました。そして七九年までは総じて労働組合側が勝利したのです。これはしかし「憂鬱な勝ち戦」でした。なぜなら、サッチャー政権の誕生を招いたことに、その前の労働組合運動の成果はたしかに無関係でないからです。労働組合が強すぎるのは資本主義の国民経済にとって厳しいことなのです。イギリスの場合、労働組合運動は国民経済の要請に妥協せず、蚕食的で製品市場外在的な草の根の労働組合機能を徹底的に追求しています。その結果、それは確かにインフレや失業といった資本主義経済の困難の一因になったのです。

とはいえ、私は結局、そうした困難や混乱を経てはじめて、労働組合運動がついに新たな広い視野を開くことを迫られるのだという立場をとりました。政治家的「大所高所論」に対する距離感のごときものがあったため、国民経済を苦しくする労働運動の「ゆきすぎ」を直截に批判するというスタンスではありませんでした。この点については栗田健さんから、私の分析の内在的な理解の上に立つ、優れた、かつ厳しい批判を受けたものです。私は研究者かつ批評家として栗田健さんを尊敬し、恐れていますが、それでも栗田さんと私のスタンスはやはり違います。ともあれ、このようなきわめて「在野的」なスタンスをとったことにより、私はその後、労働組合のナショナルセンターには、潮流にかかわらず重視されることがなくなり、労組トップリーダーからはいつも疎遠な存在となりました。不可避の在野性のようなあり方が私に生涯まとわりつくことになったのです。

2 研究史の中期（一九七九〜九六年）

初期の問題意識はある意味でそれからも長く生き続けるものですから、つい話しすぎてしまいました。先を急ぐことにしましょう。

私の研究史中期は、およそ一九七九年から九六年まで、四〇代から五〇代半ばぐらいまでの働き盛りにあたります。この時期の著書は、リストの6〜15までです。

その時代

この時代には、先進資本主義国がスタグフレーションを経て「戦後体制」から脱却するという大転換がありました。一九七九年イギリスのサッチャー政権誕生が、その嚆矢でした。この後、企業間・個人間競争を促進する市場万能主義、すなわち新自由主義的な経済政策思想がグローバルな規模で広がります。それと同時に、戦後体制の外枠であったＩＭＦ体制と、ケインズ経済学的な需要管理政策・一国単位の管理経済の維持が困難になりました。それ以降、世界は経済グローバリズムの波に洗われます。

この時代には二つの体制変動がありました。七〇年代末から八〇年代はじめにかけては、「戦後体制」の爛熟期の西欧諸国において、多かれ少なかれ社会民主主義的な施策をとっていた政権のいくつかが支持を失い、サッチャー政権に代表される新自由主義的な政権に席を譲りました。ちなみにサッチャーは、自分が登場する前のイギリスを「ソーシャリスト・ブリテン」と呼び、それを変えるのだと演説していたものです。アメリカではレーガン政権、西ドイツではコール政権、そして日本ではやや性格が違いますが中曾根政権が誕生します。さらにその一〇年後、一九八〇年代末から九〇年代はじめにかけては、いくつかの既存の社会主義政権が崩壊しました。この二つの体制変動は「市場の復権」ともいうべき同じ大きな流れのなかにありますが、いまふりかえると、先進国の労使関係にとっては、前者のほうが直接的には大きい影響を及ぼしたように思われます。新自由主義の台頭に伴って、労働現場では、雇い方、雇用形態、働かせ方、賃金の支払い様式、労働組合への対応などについて企業労務が全般的に「タカ派」の方向に変貌を遂げたからです。

もっとも日本は、七〇年代末の石油ショックを脱却して以来、世界の貿易競争において一人勝ちで、「ジャパン・アズ・ナンバーワン」でした。とくにジャスト・イン・タイムなどによる日本の製造現場の生産性は、世界に冠たるものがあり、膨大な貿易黒字が生まれ、その結果、円高が進行し、企業の海外進出、生産拠点の海外移転も促されました。日本国内では、先進国病の「予防」として行政改革が行われます。日経連の八二年の賃金白書に現れたこの言葉は、実に味わい深いものがあります。すなわち、日本の経済的パフォーマンスはそう悪くないが、イギリスみたいになってはいけない、イギリスはサッチャーが「治療」として行政改革を行っているけれど、日本はこれを「予防」として遂行するのだというわけです。その際、公共部門の経営と労使関係は「日本でのイギリス」とみなされて指弾され、「国鉄改革」が断行されるのです。「予防」としての行政改革は、のち「規制緩和」が始動する契機となっています。

この時期、正社員の雇用保障と定期昇給はまだ健在でした。しかし職場では、日本的能力主義が静かに確実に浸透し、この原理による従業員選別が明瞭化してきます。そして労働組合は、正社員の雇用保障と定期昇給が保障される代価として、そのほかはなんでも呑むというビヘイビアをとるようになりました。なにが労働組合の守備範囲から外れていったかというと、労働者個人の作業量や残業に関わる働かせ方と、企業内の従業員の配置・異動です。働かせ方と配置・異動について、八〇年代以来、日本の組合はノータッチになったと断定していいほどです。この分野での経営専制の深まりは、働きすぎと過労死を社会問題化として浮上させています。過労死はそれまでにもあったとは思いますが、これを社会問題化させたのは労使関係の研究者や労働組合でなく、すぐれて遺族と弁護士たちでしたが、一九八八年は「過労死元年」と呼ばれるようになりました。正社員の組合は、伝統の「合理化問題」についてはもちろん、パイの分配、つまり賃上げについてさえスト離れするようになります。

問題意識・テーマ・方法論

一九八〇年代の労働史ではもっぱら労働戦線統一、連合結成しか語られません。八〇年代以降、ふつうの労働者の歴史はほとんど書かれていないと私は痛感しています。私はといえば、『国家のなかの国家』を書いた後、日本の労働者像の特徴はどこにあり、欧米と日本の労働者の性格はどの程度に隔たりをもっているのかを考えたいと思うようになっていました。すぐに思い浮かぶ問題群は、日本の労働者像の形成に寄与した歴史的・構造的な要因はなにか、いろいろな抵抗はみられたものの、総じて体制順応のうちに推移した日本の労働者の主体意識のかたちはどのようなものだったのか、歴史的・構造的な要因と主体意識の織りなす、戦前および戦後における日本の労働者像形成の具体的プロセスはどのようなものか——などです。一九七九年の留学の後、これが第一に勉強したいことでした。

それから、労働組合について改めて考察し、理論の普及のためにも、その機能、組織、方法、運営などを総括的に把握したいと思いました。その他にも、この時期には、現代日本の実にさまざまな労働問題に手を染めています。女性労働、働き（働かせ）すぎ、職場のいじめ、人事考課、海外進出企業の労働問題（日本的労務管理に対する諸外国の労働者の反応）、社会民主主義の意義と課題などです。

この時期、私は初期の時代とくらべて、より特徴的な考察の方法を用いるようになりました。まず心がけたのは、個人の受難に注目し、その人がどのような労働体験・職場体験を経たのかをできるだけ具体的に叙述すること。その叙述からわかってくることは、この時代の労働者のしんどさが、総じて日本的能力主義の普及がもたらすものにほかならないということでした。能力主義は、職場の組合機能の後退と並行すると、ひっきょう労働条件決定の「個人処遇化」の浸透をもたらします。一般に労働条件の決定は、法律や労働協約で一律に決定される部分と、多かれ少なかれ経営者の査定によって個人ごとに変動する部分とで成り立っています。能力主義管理の最後の言葉は労働条件の「個人処遇」です。経営者はとかく、一律部分を圧縮し、個人の能力や意欲や仕事の成果を評定して労働条件に格差をつけようとします。今思えば、私の個人の体験への注目は、労務のもたらす構造的な問題がすぐれて個人の受難として現れるという、個人処遇の時代の到来を反映していたように思います。

個人の受難を凝視することが体制の構造に接近する一つの道であり、次に体制の構造について一定の理解をしたうえで新たに個人の受難をみつめると、事柄がいっそうよくわかる。その往復運動のなかで研究を進めていきたいと思いました。C・ライト・ミルズも『社会学的想像力』（鈴木広訳、紀伊国屋書店、一九六五年）で同じようなことを書いています。

たとえば、著書10に収められた論文の一つに、「ある銀行労働者の二〇年」というのがあります。これは、一九七八年に交通事故で亡くなった河部友美という銀行労働者の二〇年間の日記にもとづく叙述です。この人はすごくきちんとした人で詳細な日記をつけていました。その人が私の本の読者であったこともあり、彼の死後、私は、奥さまからその日記をお借りして、それを克明に読む一方、銀行の職場史も勉強しました。スタインベックの『怒りの葡萄』は、トム・ジョード一家の体験を偶数章で、時代背景を奇数章で書いています。それにならい「ある銀行労働者の二〇年」は、日記による河部さんの軌跡と、銀行職場の変貌とを交互に書いたのです。私が書いたもののなかでこれがいちばん好きと言ってくださる方が何人かおられます。

もうひとつは、東芝府中人権裁判にかかわって裁判を傍聴するうちに、「職場のいじめ」という問題の重要性に眼を開かれました。日本の能力主義管理と職場のいじめは無関係ではありません。東芝の能力主義管理がその惰力として、なぜ職場の個人（この場合は上野仁氏）に対するいじめを生みだすかに注目しました。これは、一九八三年の『民主主義は工場の門前で立ちすくむ』（著書9）や八九年の『日本的経営の明暗』（著書11）の前半部、日本の分析のところでくりかえしとりあげたテーマです。

ところで個人の体験を描く場合、主な資料としては、ルポルタージュ、私記、ドキュメント、裁判資料、新聞、現場労働者からのヒアリングなどを使いました。意外に大切なのは裁判資料です。研究者が企業調査をする際、企業が「この点は社外秘、これは発表しないでほしい」といわれれば、どうしようもないでしょう。しかし裁判では、質問されれば企業は答えなければならないのです。以前、アメリカの労働現場の差別問題に関する第一級の資料は公民権裁判の記録だと聞いたことがあります。日本でも労働裁判の資料が労働問題研究にもう少し使われていいのではないでしょうか。私は上野仁氏に関するいじめ問題では裁判資料をかなり使い、後期の過労死・過労自殺研究（著書23）では、判決文を主資料としています。それから、資料としての新聞についてひとこと。新聞は大切なことを書かないことがありますが、書かれていることは事実（facts）なのです。記事をよく読んでみると、あれほどの facts をわずかの字数のなかによく詰め込めるものだと思います。こんなことのできる研究者はそういないでしょう。個人の体験に密着した最近のワーキング・プアの報道などでは、優れたものが多くあります。また、新聞記事にはかならず年齢が書かれているのも意外に貴重です。労働者の体験における年齢の意味は無視できないからです。新聞はかなり役にたちます。私たちが明治時代のことを勉強するのであれば、まず当時の新聞を調べるでしょう。アカデミズムではときに嫌われますが、新聞は労働研究の好個の資料といえます。また、現場労働者からのヒアリングも、もちろんあらゆる機会をつくって行いました。私の場合、ホワイトカラーについてはゼミの卒業生からいつもよく話を聴きました。

この中期に、私がいっそう重視するようになった視角は、経営の要請を受容する労働者の意識です。これは「単純労働をどういう条件のもとで人は引き受けるのか」という初期の問題意識の延長上にあります。「日本のサラリーマンの多くは日本的経営について結構ハッピーと感じている」という意見はかなりあります。しかし、それについての私の答えは〈強制された自発性〉にほかなりません。「ハッピー」と感じもする日本の労働者の行動選択は、奴隷ではない限り「自発的」であることが多いのですが、その決定はある抗い難い条件を前提に行われているのです。

たとえば働きすぎについて。企業の要請としての働かせる論理は、達成すべきノルマなどのかたちで厳然と存在します。しかしその上では、サラリーマンは「たとえば仲間に迷惑をかけるから」

とか、「家族に中流階級的な生活をさせたい」とかの気持から、無理してでも「働いちゃう」。つまり「働かせる」と「働いちゃう」が一緒になって働きすぎが生まれており、どちらの要因も無視することは許されません。〈強制された自発性〉は、高卒者がフリーターを選択するときにも、家事を担う中年の主婦がパートタイム雇用を選択するときにも規定的です。真空状態でパートタイムを選択するのではなく、パートタイムの職しかないという現実を踏まえて、それなら「仕事と家庭を両立できる」とみずからを納得させるのです。労働者は、押しつけられたという惨めな気持ちだけを抱えては元気に生きることができません。「自己否定でやっていけるのは全共闘の学生だけ」(笑)です。労働者はなんらかの肯定的な要素を自分の選択に託すことによってやってゆけるのです。強制されてはいるものの、あと半分はあえて自発の側面を見いだしてはじめて、労働者の行動が成り立つのです。

労働者意識についてさらに言えば、ノンエリートの女性労働者は〈被差別者の自由〉という感覚がなじみぶかいのではないか。この言い方には、ある女性研究者から非難を受けましたが、私はこの命題に固執しています。女性は仕事や労働条件で男性サラリーマンと同等に扱われず差別されている、それゆえにこそ、企業第一・仕事第一と考えなくともよい自由を享受することができる、これが「被差別者の自由」です。もちろん、この庶民意識が光と影の両面をもつことはいうまでもありません。

著作

こうした問題意識、方法論、気づいたテーマにしたがって、全体として日本の労働者像を考察する著書6、著書10を書きました。その二つの本のなかから好評だった論文を集めて、ちくま学芸文庫『新編・日本の労働者像』(著書12)を編みました。ハーバード大学のアンドリュー・ゴードンさんたちによって翻訳された本（著書15）の原著です。これは自分の著作のなかで最も好きな本の一つで、むろん「ある銀行労働者の二〇年」も収録しているのですが、残念ながら四刷をもって絶版になりました。このあたりの著書についてもう少しだけ紹介させてください。

著書6『日本の労働者像』は、近現代史の諸要因の作用によって「企業社会」というそれなりの「労働社会」を形成した日本の労働者の「離陸」のかたちを問い、それがもたらした戦後組織労働者の明暗を検証しています。「離陸」とは、アトムとしての貧民一般から、ある労働者層が組織労働者として自立を遂げることを指します。続編の著書10は、戦後を生きた労働者の光と影を、産業別、職場別、または性別の特徴をみながら考察しました。先にあげた「女性労働者の戦後」を同書に収めたのもそのためです。

日本という国は明治以来、語弊があるかもしれませんが、ある種の「階級なき社会」でした。本当は架空のことなのに、建前上・理念上では「国民平等」が鼓吹されます。そうすると、一定「立身出世」の機会も開放され、その結果、人びとの成功の度合いは立身出世競争の結果いかんで決まるということになります。こうして、大企業に入ること、そのなかで昇給、昇格、昇進することが、日本の労働者にとって成功の大きな指標になるわけです。

日本では、〈労働社会〉は企業の外に形成されませんでした。ここには、二村一夫先生がふかく研究されてきたように、職人社会の時代にあったギルドの伝統の行方が深くかかわっています。その点についての私の考察は浅いのですが、明治時代の職能別組合を支えたような職業別の連帯はもろくも崩れ去り、企業横断の団体交渉を要求した大正一〇年の三菱・川崎の大争議の敗北あたりから、労働者の凝集性は企業ごとに、企業内だけにみられるようになったと私は理解します。ちなみに、私が「日本の労働者像」の形成に関わった「近現代史の諸要因」の一つには、労働者階級そのものの形成の特徴もあります。これは大河内一男先生の「出稼ぎ型労働力論」を一部継承しているのですが、日本では労働者階級は、生産手段を失った人びとからなる大規模な下層社会が都市に生まれ、そこから工場に労働者が通うというかたちでは形成されませんでした。農村を故郷としたままの個人単位の滲み出るような雇用労働者化です。このほかには、大企業に導入された外来技術のダイナミズムと変化のスピード、その技能伝承の企業内的な性格などの要因もあります。そのうえ、政治的要因としては、天皇制の下での建前の平等主義と整合的な立身出世主義の開放とまさに裏腹の、断固たる産業民主主義の拒否という統治の性格があります。労働組合運動や産業民主制を拒むということは、労働者が労働者の立場のままで生活と権利のために闘うことは許さないということです。こうした議論では、若いときからの読書体験を総動員し、考えに考え、そこから得たものを「近現代史の諸要因」として構成しましたが、方法的にはなお、いくらか「無手勝流」だったという感じは残っています。

この中期にはまた、〈労働社会論〉をベースに『ノンエリートの自立――労働組合とはなにか』（著書7）を書きました。労働組合の機能、組織、手段・方法、運営など組合論全般についての本ですが、類書よりは、手段・方法を重視しているのが特徴です。労働者の自主規制、団体交渉、政治行動……と挙げて、それぞれがもつ歴史的な意味にこだわって考察しています。「普通の労働者による」（by the ordinary workers）という原則がどこまで貫かれているかという私なりの視点が「手段・方法」の重視につながったのです。私はこの本を一〇年間ぐらい大学の講義テキストに使っていました。

一九八九年に刊行された『日本的経営の明暗』（著書11）は、職場のいじめや人事考課についての論文も収録していますが、同書の主内容は、海外日系企業で展開される日本的経営の労務に現地の労働者がどのように適応しているのかがテーマです。関係文献の精読と細かいヒアリングにもとづいた分析をしています。日本的経営は全従業員を平等に扱うということで評判です。それに対して、イギリスなどは「階級社会」で、ブルーカラー、ホワイトカラー、管理者の間には明瞭な区分があるといわれます。けれども、そのことの評価は微妙です。なぜなら、平等な待遇は労働者の自由の一定の制約、つまり「統合」と対になっていると感じられもするからです。

敷衍すれば、私たちは平等と自由とを矛盾なきものと考えがちですが、従業員の平等待遇は、しばしば労働者の企業への精神的な統合を伴うという関係も見なければなりません。たとえばイギリスの工場ではそれまで、タイムレコーダーがあるのはブルーカラーだけで、ホワイトカラーにはありませんでした。ホワイトカラーは遅刻しても給料カットはないけれど、ブルーカラーは遅れると一〇分単位ぐらいで給料が減ることになっていました。日本の企業はそのような「差別」をなくし、全員にタイムレコーダーを適用するか、タイムレコーダーを全廃するかのどちらかにしました。ブルーカラーとホワイトカラーを等しく社員として平等に扱ったのです。

しかし、イギリスのブルーカラー労働者のなかには「給料をカットされるのだから、遅刻したり休んだりしてもいいのだ」と考える人もいました。タイムレコーダーが廃止されて遅刻や欠勤しても給料が減らされなくなると、管理者は、労働者がずる休みをしていないか、サッカー見物にでも行っているのではないかと疑い、自宅にチェックしにくるようになった、そのことを窮屈と感じるという不満がブルーカラーからあがったといいます。そのような労働者の考え方を私は興味深く感じました。差別あってこその反統合＝自立とまでいう気はありませんが。イギリスのブルーカラーもまた〈被差別者の自由〉を手放したくなかったといえましょう。

一九九三年の講演集『働き者たち泣き笑顔』（著書13）は、わりあいよく読まれました。それまで私は働きすぎの問題について正面から論じたことはなかったのですが、ここではかなり長い講演を通じて、企業の働かせる論理と労働者の「働いちゃう心理」の相互関係から働きすぎ問題に立ち入っています。また本書の最後では、社会主義の崩壊直後でもあり、ある事情から迫られた勉強と思索にもとづいて、いま選ぶべきシステムとしての社会民主主義の栄光と苦難について懸命の議論を展開しました。これは社会党に注目され、「いま社会民主主義を選ぶ」というパンフレットも出してくれました。しかし、その後しばらくで従来の社会党がなくなってしまいました（笑）。

3　研究史の後期（一九九七年以降）

タイムリミットも迫っていますので、後期については、主として、著書15〜22に込めた私のスタンスと、およその内容についてお話するにとどめましょう。

この時代の研究環境

この時代には、いうまでもなく、グローバルな規模で新自由主義・市場万能主義、「アメリカン・スタンダード」の支配がまかりとおりました。必然の結果として社会的格差が広がるなか、ヨーロッパでは穏健な社会民主主義が復権しています。サッチャー「改革」の結果は、かなり残ってはいますが、ひとときほどむき出しの新自由主義ではなくなりました。とくに男女間均等待遇や、増加する非正規労働者の労働条件の規制では、ヨーロッパは大きな前進を遂げています。その点では、今の日本は彼我の差を見せつけられているといえましょう。全体として西欧の労働組合運動も、新自由主義の時代には後退を迫られましたが、その後退はもちろん日本ほどではありません。たとえばフランス、イギリス、アメリカ、韓国ではなおストライキが頻発しますが、日本ではストライキはもう皆無の状態になっています。この点は『格差社会ニッポンで働くということ』（著書22）の最終章でも書いています。

日本はバブル崩壊期の長期不況、いわゆる「失われた一〇年」のなかにありました。それに加えて日本では新自由主義的な経済・社会政策への歯止めが、とくに小泉政権以来ほぼなくなったといえましょう。企業レベルでは、雇い方、働かせ方、支払い方をめぐる経営専制がいっそう驀進し、なによりもその結果として、格差社会が顕在化したのです。

もう少し細かく言いますと、職場では、「フレキシブルな働き方」と「生活態度としての能力」という二要素から成る日本的能力主義のうえに、仕事の成果を問い、その成果の査定が労働条件を格差づける成果主義が重なります。成果主義とは査定結果と労働条件格差が直結するシステムです。さらに、平成不況のピークには、正社員のリストラや定昇ストップもはじまりました。もちろん、およそ労働条件の決定について規範というもののない非正規雇用はいっそう増え、日本を格差社会と確信させるほどにワーキングプアが累積することになりました。これが顕在化したのは、一九九八年頃からです。労働組合はといえば、コミュニティ・ユニオンの奮闘はありましたけれど、正社員の終身雇用と定期昇給さえ危うくなった時代、企業別組合はこうした道行きにまったく無抵抗でした。それればかりか、あらゆる社会運動が後退して、それが日本の状況をさらに暗くしています。そんななか、最近の非正規雇用の若者たちの「ユニオン運動」は、反貧困運動とともに、かすかな希望の光と言えましょう。

この時期の私は、労働者の自立と自治、労働者個人の尊重にとって不可欠な連帯、by the people の民主主義、「経営権蚕食」的な労働運動、あるいは体制選択としての社会民主主義など、初期・

中期に力説していた主張を水面下に沈潜させ、表現を穏健にするほかありませんでした。たとえば「労働組合」といったタイトルの本を「商品化」することは困難になっていました。それでも、この時期の私の現状分析を中心的な内容とした著書も、終わりにはかならず、労働組合運動への変わらぬ期待を込めています。

それらは、私なりの問題意識だけは保持した懸命の現状分析です。その分析視角には、具体的な労働内容の重視、労働者の階層性の凝視、労働者の対応にみる〈強制された自発性〉などが含まれます。私なりの視点の有効性いかんを確かめながら、この時代の労働者の課題を、「個人の受難」の具体的な記述と統計によって明らかにし、この暗い状況を改善する方途の必要性と可能性を探ろうとしたのです。

個人的な事情をいえば、岩波新書の編集者を別にすれば、私と労働者の界隈とをつないでいたこれまでの読者、労働現場に近い組合活動家、書店編集者、マスコミ関係者などの多くが高齢化して引退していましたので、孤立感もありました。しかし一方、一九九九年には、何人かの研究者や労働弁護士などの協力のもと、八三年の「コミュニティ・ユニオン元年」以来、「私がこの運動の応援団長」と自認してきた関西のコミュニティ・ユニオンの要請も受けて、私は研究会「職場の人権」を立ち上げることができました。なぜ「職場の人権」なのか。人権問題はいま、未解放部落の人たち、高齢者、外国人、障害者など「マイノリティ」だけの問題ではなく、ふつうの労働者も、労働現場で日常的に人権の危機を痛感するようになっています。「個人処遇化」の浸透の結果、いじめをふくむさまざまの差別や抑圧が多くの労働者の体験するところになり、メンタル・クライシスに陥る人も少なくない。労働者がそこまで追い込まれた時代の様相をみて、この研究会を立ち上げたのです。以降一〇年、労働現場の状況が語られることの多い月一度の研究例会は一一五回、報年のもの〕。

告と討論の内容をくわしく伝える会誌は五七号に及んでいます〔付記：数値は講演時点の二〇〇九

著作

この時期、私は三冊の岩波新書を書いています。大学での講義の内容はもっぱらそれを中心にした現状分析でした。こうした講義は、労働組合論を切り口にしていたときよりも学生たちに好評で、ゼミの応募者も増えました。

一九九七年の『能力主義と企業社会』（著書16）は、日本的能力が求められる職場での労働状況をいろいろな角度から描きました。先にも少しふれましたが、日本の企業が要請する能力は、フレキシブルな適応力、つまりどんな働き方でもできることと、自分の生活全般を企業向けにコントロールしてゆく「生活態度としての能力」です。現状分析のあと、働き続けてゆける職場のためにはどのようなチェックが必要かを、「ゆとり、なかま、決定権」をキーワードとして探りました。これは、働きすぎ、競争による労働者の孤立と連帯の喪失、労働のあり方についての経営の専権を克服しようというよびかけにほかなりませんが、かつての表現よりもかなり穏健で、いわば私なりの「後退戦」なのです。この本は一六刷、一一万部〔付記：二〇〇九年時点〕ほどの、私にとっては最大のベストセラーになり、最後のよびかけはいくつかの組合のスローガンにもなりました。

二〇〇〇年の『女性労働と企業社会』（著書18）は、長年、関心を寄せてきた女性労働についてのまとまった著作。執拗な性別職務分離、女性労働者内部の階層分化、性差別に対する女性の対応意識の多様性という、これまでの女性労働論ではあまり重視されなかったようにみえる論点を重視して、職場のジェンダー状況を包括的に分析しました。ジェンダー構造への女性の対応意識には、左端には提訴を辞さない公然たる抵抗があり、右端には性別職務分離と性別役割分業の完全な内面化、すなわち「これでいいのよ」と性差別を容認する態度があります。この左端と右端の中間に、「高望みすると自分がしんどいだけだから欲求のほうをコントロールする」という「調整」と、「こんな時代だからどこかで我慢しなければ仕方がない」という「妥協」があります。この中間層が一番多いでしょう。この本に対しては、高い評価の一方、これはひっきょう男による女性労働論であるとして、女性研究者の一部から反発もありました。しかし松井やよりさんからは、男の女性労働分析であるからこそむしろ女性の意識を深く分析できている、とほめていただきました。まぁこれは論争の多い本でしたが、私自身はとても好きな著書です。

二〇〇三年の『リストラとワークシェアリング』（著書19）では、平成不況期の【失業・リストラ‐働きすぎ‐非正社員差別】が相互補強的に共存する状況に対して、「一律型」および「個人選択型」の二形態をもつワークシェアリングの思想と営みを対置しています。しかし日本では、労働時間短縮のめどがなかなか立たない。労働条件決定の〈個人処遇化〉が進み、労働時間や残業が個人ごとに命じられたり、個人裁量的になったりしていることも多い。従業員全体の労働時間を短縮して、賃金収入は減っても雇用機会を増やすという地点に議論がなかなか行きつかないうらみがあります。

この本を書いた直後からワークシェアリングへの関心は急に衰えましたが、二〇〇八年から〇九年にかけて、雇用情勢の悪化のなかで再び関心がよみがえり、この本も版を重ねることにはなりました。しかし労働時間短縮の方途を見いだせないのは以前と同じで、議論は混乱しています。それでも、いま必要な労働状況の改善策をひとつだけ言えといわれれば、やはりワークシェアリングですね。いや、八〇年代の日本にワークシェアリングを制度化できなかったことが「諸悪の根源」になっているとさえ思います。

大学を退職する二〇〇六年には、『若者が働くとき――「使い捨てられ」も「燃えつき」もせず』（著書21）を刊行しました。企業の労働力需要の論理を基点にして、働けないニート、非正規雇用のフリーター、働きすぎのストレスに悩んでいる正社員の三つを、峻別できる別個の存在ではなく、三者地続きのありようと捉え、労使関係、教育、若者の意識の三面から状況変革の方途を探りました。この本は、私が大学を去るにあたっての学生たちへのメッセージでもありました。これを若い人がどれだけ読んでくれるか。その試金石のつもりでした。

二〇〇七年の『格差社会ニッポンで働くということ』（著書22）は、四〇年間勤務した甲南大学での講義を格差社会というキーワードで再編成して、一〇回にわたって大阪周辺の労働者・市民に語った講座の記録です。いままで勉強したことの上に立って、格差社会の状況を考えるとき、どういう切り口が大切か、主要な課題はどこにあるかを述べたかなり総括的な書物です。この時点では、表現上の工夫はともかく、私なりの問題意識や分析視角の新しい開発はもうみられませんが、これまでの講演のレパートリーはほぼカバーされており、しあわせなことにいくつかの大学ではテキストに用いられました。

むすびにかえて

ふりかえってみると、私は、徒弟時代を終えた後では、恩師・岸本先生から研究について具体的な指示も受けたことはあまりありませんでした。先生が七六年に逝去されてからは、いずれの研究者団体のなかにも継続的に属したこともありません。また、終始プロレーバーの立場でありながら、どのような労働団体にも、「常連」として仕事を頼まれることはありませんでした。そうしたことから、私の労働研究では、テーマ設定や方法論はまったく自由だったともいえます。あらゆる束縛や制約から自由だったというこの大きな幸せは、いつもひとりで勉強せざるをえなかったという孤立の不幸せを相殺してあまりあるものでした。とはいえ、この研究上の自由の代価として、私の労働研究にある方法上の恣意性がまとわりついていることは確かでしょう。だから、今日聴いていただきました話がアカデミックな意味でどういう意義があるのかについては、まったく自信がありません。

私にとって社会との経路は、きざな言い方にきこえるかもしれませんが、学会ではなく、働く人びとを中心とした読者でした。もちろん一方では、しばしば有力な研究者からの透徹した批評に恵まれてきましたけれど、主として、読者や聴き手の声を心に留め、次のテーマに取り組むとき、自分の方法にまつわる偏りや恣意性の調整を行う——そんなフリーライターみたいな研究態度でした。ですから、研究者の皆さんに対してもこんな「自意識過剰」のお話になってしまいましたことお許し下さい。長時間のご静聴ありがとうございました。

＊『大原社会問題研究所雑誌』六一一・六一二号（二〇〇九年九・一〇月）所収

〔二〇一四年付記〕講演の時点は二〇〇九年二月。本書の末尾（二七八〜八頁）に新しく表示する資料「著書・共著リスト」は、ここではふれていない徒弟時代の共著、二〇〇九年以降の著書をふくむ。このリストの番号などは本書の全体を通じて参照を乞いたい。なお本書の最終章では、生涯にわたる研究生活を個人の体験を通して回顧した。

二章　われらの時代の働きかた

はじめに

若者の労働問題を扱う雑誌『POSSE』の八号（二〇一〇年九月）〜二一号（二〇一三年一二月）に、一三回にわたってエッセイ「われらの時代の働きかた」を連載する機会に恵まれた。ここに再録するのは、そのうちの「その3」から最終回「その13」である。初回二回は、私の大学在職の終わり近い二〇〇四年に、ゼミナールの学生が卒業して三年後にみずからが働く職場の「予想未来図」について懸命に勉強し、思いをめぐらせてつくりあげた「演劇」の報告であった。この「事実にもとづく物語」は、私なりのいわばプロローグだったとはいえ、ここでは省略する。その内容の一端は、本書終章の「回想記・労働研究の道ゆき」のなかで紹介している。

1　シューカツをめぐって

これから、主として若者の就業、職場、生活をテーマに、小論文を綴ってゆく。はじめの構想では、私の著作の特徴のひとつである個人の体験・ライフストーリーの記述を重ね、そのうえでその意義の帰納法的な考察をするつもりだった。しかし、いまの研究環境では私の資料収集はきわめて限られている。その自覚をふまえ、以下では把握しえた具体的な個人の体験の紹介を重視しながらも、現時点の若者労働に関する論争ぶくみの諸問題を、これまでの著作との若干の重なりを怖れず、できるだけ独自の観点から検討してゆくことにしたい。総じてクライ話になる。しかしクライ現実の凝視を経なければ手応えのある展望はみえず、そこを避けた励ましは、やがて空中楼閣と化す危うい「希望」しか若者に与えないだろう。最初のテーマは、就業の入り口、「シューカツ」である。

二〇一〇年一二月、来春卒業予定の大学生の就職内定率は九六年以来最低の六八・八％である（以下、文中の統計数値は原則として執筆時点のもの）。三年次の夏からおよそ一年半、五〇社～八〇社も会社まわりや面接を経てこの結果なのだ。すでにリクルートスーツは三着目にもなる。必要な交通費も半端ではない。費用が一〇万円以上かかる「就活予備校」も盛況である。自分は社会にとって無用の存在なのかと落ち込む学生も多く、大学はそこからくる「心の危機」に対処するカウンセラーを増員している。シューカツの若者と保護者の物心両面での負担の重さはいま、社会的にも大きな損失である。

それに、あまりに就職が決まらないと求職者はどうしても会社に媚びるようになる。たとえば残業や休日出勤の有無など、入社後に心配なことを面接者に糺すことも控えがちである。労働時間管理の適否など「贅沢なこと」はいえないというわけだ。かつては「御社にはノルマとかありますか」と尋ねる学生さえいた。もっとも応答はたいてい「ノルマはありませんが、どこでも目標というものはあるでしょう」であったけれども。

さらに深刻なことに、就職内定率とは、就職希望者に対する就職決定者の比率にすぎない。正規の就職のあまりの困難に立ちすくんで、大学に「進路未定」と伝える学生が少なくない。具体的な計画をもって大学院に進む少数者をのぞけば、その大半は「一時的な就職」、つまりフリーターか、日常的にはアルバイトを続ける留年者である。文科省によれば、最近の一〇年ほど、卒業者全体に占める就職者の比率は五〇～六〇％で、「一時的な仕事に就く人」を除いても、一〇～二〇％程度は行き先が決まらぬまま卒業する」という（朝日新聞二〇一〇年四月二一日付）。私の調べでも、ある大学では二〇〇〇年代のはじめ、卒業時の四年生のうち、平均して就職内定者は四五％ほどにすぎず、一八％は留年、二五％は「不明」（大学に進路無届）であった。実質上三〇％はいわゆるフリーターになったと想定できる。高校就職者の場合、一部の専門高校を別にすれば、結局フリーターになる可能性がより高いことは確実だろう。学卒者の就職難を考えるとき、私たちは無視しえぬ数の就職難民が、すでに就職内定率の分母から省かれていることに注目する必要がある。

学生や生徒の「まともな」就職を支援しようとする「キャリア教育」が定着しつつある。その内容は職場体験学習や企業人の講話、エントリーシートの書式・面接のマナー・自己アピールなどの訓練に及ぶ。その主たるねらいは、働くことの動機づけや、希望する仕事を早々に定めることの勧めだ。それはひっきょう心構えの精神教育とマナー訓練に偏っている。この社会の職業構成、専門的な技能と知識、労働者として生活を守る方途の示唆などを内容とする本当の「職業教育」の一環としてなされないかぎり、その意義はきわめてかぎられるだろう。たとえば「ブラック企業の見分けかた」などの教育のほうが大切だ。とはいえ、会社の一方的な門前払いに口実を与えないためには、キャリア教育もなくもがなとまではいえまい。また、卒業後三年までは「新卒」として扱うという経済界の合意形成も、実行の保証はないとはいえ、まずは望ましい。それに、まだ求人があり仕事もおもしろい堅実な中小企業にもっと注目せよという勧めも、学生はもうそれほど「高望み」してはいないと思われるけれども、たしかに正論ではある。

しかしながら、ＮＨＫの討論番組「日本のこれから『就職難をぶっとばせ！』」（二〇一〇年一二月二五日放映）などをみると、私はいつもあるいらだちを抑えきれない。正規雇用を増やす方途というものが、景気回復以外にはまったく問題外とされ、「識者」のすべての提言は、どんな人をどれほど雇うかはひとえに企業次第であるという認識を不動の前提としているからにほかならない。

その系論のうちには、判例の「解雇四原則」などによって守られすぎている正社員を、成果主義的な選別の強化によってもっと容易に整理できるようにすれば、新規採用の余地も広がるという周知の提言もある。根拠の乏しい議論といえよう。日本企業の正社員は、少なくとも平成不況以来、多様な法解釈のありうる上の判例によって完全に雇用を守られているわけではない。そして中高年層が失職すれば若年の娘や息子の経済的苦境を支えることがさしあたりむずかしくなるという別の困難はさておいても、整理した中高年層のかわりに同数の若年層が正社員採用される保障はない。かりにそれがあっても、容易化された中高年の整理のあとに雇われる若手正社員は、もう従来の雇用安定を享受できないだろう。従業員を解雇しやすくすれば人が雇われるという論理は、結局、すべての労働者から安定した雇用の見通しを奪うのである。

湯浅誠などがよく語る「椅子取りゲーム」論に注目しよう。いま椅子が七脚、座りたい人が一〇人いるとする。その七脚を絶対の与件とすれば、かならず三人はあぶれるだろう。その場合、いちおう競争が開放されているとすれば、その三人は能力や努力や俊敏さが足りなかったとされ、あぶれるのは自己責任とみなされる。就職氷河期の現在、この自己責任論の鼓吹はあまりにもむなしい。あえて椅子の数を増やす、多少窮屈でも椅子ひとつにふたりがけする、座れない人を順番制にする──可能性としてそんな方策がある。この可能性こそがどこまでも追求されるべきなのだ。もちろん私は、正社員の働きすぎと非正規ワーキングプア化が共存する時代のワーク・ライフ・バランスにとって不可欠の、時間短縮による雇用機会の維持・拡大、いわゆるワークシェアリングについて語っている。

ともあれ、就職活動の成功・不成功は、若者の気質や努力よりも、社会的な格差を刻印されたさまざまの要因に依存している。次に、それらの要因の不可避的な作用による就業の分布構造を、ここでも自己責任論の批判を意識しながら考えてみる。

(『POSSE』一〇号、二〇一一年二月)

2　なにが就職の「成功度」を決めるのか

シューカツの消耗戦のあと、若者たちは、将来の経済生活の安定、世間的な評価、親の期待など、世俗的な基準での「成功度」ランクの異なる現実の就職を通じて、産業社会の格差構造のなかへ組み込まれてゆく。

この「成功度」の指標を、なによりも雇用形態(正規雇用か非正規雇用か)、ついで企業規模(大企業か小企業か)とすることにさして異論はないだろう。これらにくらべれば、職種・職業は、仕事内容の評価が個人の価値観や好みによってかなり違うゆえに一概に成功・不成功の基準とみなすことができないけれど、ごく一般的には、仕事に自己裁量性のある専門・技術職や、事務・販売の「総合職」に就くことは、ふつうキャリアー展開の余地の小さい生産工程作業(工場労働)、事務・販売の「一般職」、それに単純労働に終始することの多いサービス職や労務職で働くことよりも、仕事のやりがいとか将来性の点からみて成功的ということはできよう。

それに職業そのものが雇用形態にもふかい関係がある。たとえば就業構造基本調査によれば二〇

○七年、正規雇用比率のとくに低い職業は、男性（全体で正規雇用率八〇％）ではサービス職（五七％）、女性（全体で正規雇用率四五％）ではサービス職（三一％）、生産工程および労務職（二六％）、事務職（五二％）、販売職（三八％）、つまり全主要職種に及ぶ（四捨五入の数値）。もっとも、仕事そのものの明暗は上の職業大分類で正確に把握できるものではなく、分類上のどの職業に属するかが曖昧な仕事も多い。また、職業分類は同じでも、男性と女性の具体的な分担職務はかなり異なるだろう。これらの点は「キャリア展開」の意味や定義もふくめて、職場に入ってからのことを扱う際にあらためて語ることにしたい。

さて、雇用形態、企業規模、職業などを一応の指標とする就職の「成功度」は、個人の能力やがんばりの結果とはいえない要因、（一）には性、（二）には学歴によって大きな枠組みを与えられている。総じて女性よりも男性のほうが、低学歴者よりも高学歴者のほうが有利である。とりあえず、就業構造基本調査を駆使する三山雅子の論文（藤原千紗、山田和代編『女性と労働』大月書店、二〇一一年、所収）によって、〇七年における若者の性別・学歴別正規雇用比率を瞥見してみよう。この比率がとくに低いグループは、男性では二〇代前半の中卒（五六％）であり、女性では、二〇代前半の中卒（二一％）、高卒（四七％）、同二〇代後半の中卒（二四％）、高卒（四四％）、短大・高専卒（六四％）である。正規雇用比率は、男性の場合も年々低下しつつあるとはいえ、絶対数の少ない中卒を別にすれば二〇代を通じて総じて七〇％のレベルを超える。一方、女性の場合でも、大学・大学院卒は二〇代前半で七九％、二〇代後半で七二％に達している。

もうひとつ、参考までに学校基本調査によって新規学卒就職者の学歴別・性別の職業分布を主要なものにかぎってみておこう。二〇〇八年、男性大卒では、専門・技術職三四％、事務職二八％、販売職二六%。男性高卒では、工場労働五九%、保安・サービス職一四%。女性大卒では、事務四〇%、専門・技術職三二%、販売職一九%。そして女性高卒では、保安・サービス職、工場労働、事務職の三者がひとしく二四%である。

以上では、職場生活のありかたをかなり左右する企業規模の把握がなく、また、周知のように同じ学歴レベルでも学校のレベルによって大きな格差が生まれる事情も摘出できていない。たとえば、「非銘柄大学」の卒業生は、「成功度」も中位に属する中小企業への正社員就職を果たし、営業販売職や専門職SEとして働くことも多いだろう。しかし彼ら、彼女らが「ブラック会社」の「周辺的正社員」になる蓋然性も高いように思われる。この点も後に論じたいが、ともあれ、以上のラフな考察から、総じて女性と低学歴者が非正規雇用に、そして仕事内容の性別分離の検討がなお必要であるとはいえ、一般にキャリア展開の乏しい仕事につよく導かれる状況は明瞭であろう。

若者たちの就職にみる「成功度」の違いは、新自由主義的な見解によれば、「いわれなき差別」ではなく、その人の能力、努力、意欲、性格など、いわば個人の責任に属する「心構えと姿勢」の結果としての「いわれある格差」にすぎない。

確かに「心構えと姿勢」は、就職の望ましさを一定程度は左右するだろう。たとえば「連続テレビ小説」のヒロインのように終始「前向きな」女性ならば、学歴がどうあれ、よもやシューカツに失敗することはあるまい。中卒、高卒でも、まともな会社への正社員就職は十分に可能だろう。だからこそ学校のキャリア教育は、「氷河期」にも、学歴・学校レベルの低さという「逆境」にも、希望を失うなと若者たちを督励するのである。だが、「心構えと姿勢」の役割を過大にみて、多くの若者の就職の不遇をすぐれて彼ら、彼女らの「自己責任」とみなすことは、冷徹な認識というよりは酷薄な決めつけにほかならない。

第一に、性と学歴はあまりに強靱な構造的枠組みであって、個人の「心構えと姿勢」がその大枠を突破することは難しい。企業が東大出の男性のかわりに高卒女性を総合職に採用することはまずありえないだろう。第二に、企業の常識は、性はともかく、少なくとも学歴や学校差が、個人の「心構えと姿勢」自体のランキングをすでに示しているとみなす。「大枠」の重視が能力と意欲ある若者の採用を妨げることはあるまいというわけだ。そして第三に、若者の能力、努力、意欲、性格などの程度そのものが、社会的格差の世代間連鎖を反映している。多くの調査研究が明らかにしているように、貧しい家庭の多くは、次世代の若者の学力を育て、良質の大学に進学させるに足る資源にそう恵まれていない。それゆえ、貧困家庭の若者たちは、恵まれぬ環境をはね返すに充分の例外的な「心構えと姿勢」で自己を律するよりは、ともかくそのときをやりすごすという、当面の状況に強制された自己選択に従ってしまう。よく指摘される、そこから脱出するために能力を鍛える、懸命に努力する、計画性をもつ……といった望ましい「心構えと姿勢」の不十分さは、がんばったところでどうせ成果は知れたものという、将来展望に対する若者のクールな見切りに裏打ちされているのだ。格差社会へのそれなりの現状認識からくるこの見切りこそが、いわゆる「希望格差」の背景にほかならない。だが、それでいて「自己責任論」は時代のコンセンサスとなりつつある。それゆえ不遇の若者たちは、いわゆる「認識論的誤謬」(どうにもならない社会構造のしがらみがあるのにがんばればなんでもできるという思い込み)に囚われてもがくことになる(A・ファーロング、F・カートメル『若者と社会変容』乾彰夫ほか訳、大月書店、二〇〇九年)。そして結局は、もがいてもすべては仕方がないと思い込まされてしまうのである。

ともあれ、分業に基礎をおく体制のシステムは、こうして就業上の恵まれた立場、恵まれない立場のそれぞれに、しかるべき若者を配分することによって安定する。「しかるべき若者」とは、恵まれない仕事でも就職できれば恩恵と感じてくれる人、なんらかの事情からシステムを動揺させるほどの叛乱・反抗に向かうことのない人である。この安定は、若者たちが格差社会の大枠に対する構造的な認識にいたり、顧みて、とても「自己責任」のゆえといえないような受難を被るなかまがいかに多いかを発見することなくして、揺らぐことはないだろう。

(『POSSE』一一号、二〇一一年五月)

3 非正規雇用とキャリア分断

二〇一〇年には全労働者の三四%超（付記：二〇一四年には約三八%）にもなった非正規・有期雇用労働はふつう、たとえ雇用契約が更新されても、その仕事内容が単純または補助的な下位職務から複雑で責任の重い中位または上位の職務に展開してゆくことが原則としてない。従業員の一定層へのこの差別的処遇を「キャリア分断」という。そのもとで非正規労働者は、キャリア下半分の下位職務に緊縛されながら、人的には交替して働き続けている。

キャリア分断は、一九九〇年代後半以降における企業間競争の全面的なグローバル化に対応して、先進国の労働条件のこれまでの決定規範を外れる低賃金層を構造的に確保しようとする企業が、ある条件下で享受する雇用管理の一形態にほかならない。それゆえ、眼前の日本にみる、キャリアが分断された非正社員層の累積の直接的な要因を経済のグローバル化とする言説は、厳密には不正確であろう。特定の雇用管理は、賃金コストの削減と下方弾力化をめざす労務管理と、理念として労働条件の規範に固執しようとする労働組合との確執のうちに変容するものだからだ。たとえば、正規雇用・非正規雇用間の同一価値労働同一賃金原則は、総じてＥＵ諸国では確立されているのに、日本ではなお不十分きわまるのである。

もっと不正確なのは、ＩＴ時代の「ニューエコノミー」に雇用分化の原因を求める見解である。それによれば今、労働者は、創造的な能力・専門知識を備えた働き手と、マニュアル通りに働く単純労働者に「二極化」するという。調査の設計・分析にあたるアナリスト vs. アンケート結果の数字をパソコンに入力する「若い女性」、効率的なＩＴシステムをつくるＳＥ vs.「大声を出しながら無料のスターターセットを駅前で配る単純労働者」、アルバイトのマニュアルづくり、出店計画の立案、商品の開発調達に腐心するスーパーの「中核的な正社員」vs.「マニュアル通りに働く」数多いアルバイト……という次第である。以上は、山田昌弘『希望格差社会』(筑摩書房、二〇〇四年)の述べるところであるが、山田がそれ自体はまず正確なこの状況把握に続けて、「このように二極化する仕事を前にして、企業は、専門的・創造的労働者は、企業に必要な中核的労働者として」育成・確保に努めるけれど、「代わりが効き、マニュアル通りに働けばよい単純労働者、サポート労働者は、コストを下げるために、派遣社員、アルバイトに置き換えようとする。……仕事の質が二極化すれば、その仕事を担当する労働者の『ステイタス』は『質的に』二極化せざるをえない」と書くとき、私はその不正確さに驚いてしまう。

私が認めがたいのは、二層の労働者の知識・技能・代替可能性などに関する、格差の把握そのものではなく、山田があたかも非情の経営者のように、労働の二極化があれば雇用の質の二極化は「せざるをえない」と断じていることである。

そもそも労働の質の二極化は今に始まったことではない。ベルトコンベア・システムに代表される大量生産導入の二〇世紀はじめのほうが、その規模と程度は大きかっただろう。そのとき、たとえばアメリカの自動車企業は、全世界から集まる必死の稼ぎ人たちを自由な選抜で拾い、過密労働を課し、役立たずと査定した労働者を容赦なく捨て、思想穏健・体力頑健な新人のみを従業員としていたのだ。そうした孤独な稼ぎ人たちに、ベルトコンベアのかたわらの継続的な居住権、競争制限的な雇用保障制度、安定した報酬などをもたらし、職場への定着可能性を彼らに贈ったのは長期の座り込みストライキをふくむ産業別組合支部の組合運動であった。また、「貧民」使い捨ての場であったロンドン港を、共同雇用の樹立を通じて定着できる場とさせ、仕事配分や仕事量に港湾労働者の発言権を樹立したのは、「誰でも入れる」一般組合であった。組合運動は万能ではない。だが、少数の中核労働者にはそれなりの分け前を与えるけれども多くの下層労働者は使い捨てる、そんなキャリアの差別的分断を選好する企業労務を規制することはできるのだ。技術そのものは、それぞれの職務の内容(むつかしい作業、やさしい作業の編成)、キャリア展開のうちに辿る職務階梯のかたち、個々の職務の分担の方式、それぞれの職務に就く人びとの仕事量・仕事ペースに関する発言権などを自動的に決定するものではない。くりかえしいえば、それらはやはり労働運動や労使関係のありようによって可変的なのである。

とはいえ、日本の現状を直視するならば、労働の二極分化と非正規雇用の激増が論理的に直結しているようにみえるのも、またやむをえないかもしれない。確かに現在の日本では、下層労働者を使い捨てるキャリア分断の企業労務が、ここ三〇年以上にわたっていっそう萎縮した企業別組合による規制をなんら受けることなく貫徹している。後にふれる性別職務分離のことをさておいて、いま職業ごとに、よくみられる正社員の業務(A)、非正社員の業務(B)の分断を、一般的なかたちで例示してみよう。

工場労働

Ａ：自動装置の設計、制御・監視

Ｂ：手組み立て、検査、包装、運搬

事務職

Ａ：企画、データ検討、管理

Ｂ：データ入力など事務機器操作、システムと顧客の間の媒介＝広義の「受付」

販売職

Ａ：取引先との価格折衝をふくむ営業、その指示と管理、高額商品の販売

Ｂ：量販店の店員、顧客の呼び込み、ちらし配布

この三大職業では、もともと下位職務－中位職務－上位職務が梯子状に連なっていた。従業員は、性、学歴、そして企業風土へのなじみいかんによってルートと到達度の違いこそあれ、総じて終身雇用のうちに下位→中位→上位へとキャリア展開したものであった。多くは正社員であった日本のサラリーマンの、それが自然な生きざまだったのだ。しかし今、非正社員は、高度成長時代の臨時工とは違って、下位職務に位置する単純または補助労働にキャリア展開なく緊縛されている。ちなみによく誤解されるけれども、単純労働すなわち補助労働ではない。例えば弁当工場のように、単純労働が「基幹労働」である業界も、複雑労働の役割が補助的という職場も少なくない。よくある「誤解」には、高度な仕事は正社員にしかできないという思い上がりがある。

一方、相当数の人が働く職種でも専門職では、技能・知識のレベルによる上位、下位の階層性があまり明瞭ではない。職制もさして細かく区分されていないのがふつうだ。このことは、専門職分

野にも「活用」されつつある非正規雇用が高学歴の女性を中心としているという特徴を刻んでいる。他方、本来的に単純労働が圧倒的で、中位職務、上位職務のイメージそのものをもちにくい職種も存在して、それらはもっぱら非正規労働者に委ねられている。その代表的なものは、高卒のかなりの若者が赴く「マック仕事」や警備保障などのサービス職だ。また底辺のブルーカラー労働のことを指す「労務職」も数的に無視しえない。なによりも清掃、それから倉庫管理、各種運搬作業などがここに属する。これらはかつては学生アルバイトか定年退職後の再就職の年輩層が携わった仕事であったけれど、今では多くの若者をふくむ多様な非正規労働者の労役に頼っている。

労使関係のルールや社会的な規制を受けないキャリア分断は、低賃金、有期雇用、頻繁な転職、そしてワーキングプア化と孤立貧……と続く、非正規労働者のさまざまのしんどさの根因ということができる。

（『ＰＯＳＳＥ』一二号、二〇一一年八月）

4　流転の職歴

非正規労働者およそ一七二二万人のうち、有期雇用は概算一二〇〇万人、「契約期間一年以内」だけでも七五一万人を数える。有期雇用とは、収入の保障期間が限られているということだ。また3節で強調したように、非正規雇用の男女はキャリアを分断され、総じて単純または補助的な労働に緊縛されている。そのゆえもあって、制度的な昇給はなく賃金は低い。〇七年の就業構造基本調査によれば、パート男性の七九％、同女性の九四％、アルバイト男性の八三％、同女性の九三％は、ワーキングプアの指標ともいわれる年収二〇〇万円未満なのである〔付記：最新版二〇一二年の就業構造基本調査によれば、相当する数値はそれぞれ、七九％、九三％、八三％、九三％。ほとんど変化なしといえる〕。これらの被差別的な処遇の重なりが、とくに非正規労働者の底辺に位置するフリーターや非専門職の派遣労働者を、事実上は強制された頻繁な転職に誘っている。非正規若者の生活史は、それゆえ、ある意味で流転の軌跡だ。ほんの一端を紹介してみよう。

ⅰ　**定時制高卒・男性・二五歳**：電機メーカー（製造業派遣）⇩精密機械工場（同上）⬇【派遣切り】⇩電気工事など（日雇い派遣）⇩建設作業（飯場）⇩路上生活

ⅱ　**情報系専門学校卒・男性・三六歳**：無業一年⇩工場作業（アルバイト）六ヶ月⬇無業（病院のデイケア）八年⇩郵便局集荷人（アルバイト）二年六ヶ月⇩運輸作業（アルバイト）二ヶ月⇩無業六ヶ月⇩パン工場作業二年⇩若者自立塾四ヶ月⇩若者就労支援機関スタッフ（アルバイト）七ヶ月

上の二例は、学歴上または健康上の理由で初職から正規雇用でなかった場合である。だが、きわめて注目すべきことに、労働者の「漂流」に関するどのヒアリング記録も、実ははじめは正社員だったことがきわめて多いことを伝えている。たとえば飯島裕子の社会政策学会一二二回大会での報告「若年ホームレスの就労経験に関する分析」によれば、「路上」に至ったインタビュー対象者五〇人のうち、初職が正規雇用だった人は八〇％にのぼる。その正規職を「あえて自主的に」退職したのは三八％、リストラに遭遇したのは一九％、いじめなど「労働トラブル」で退職したのは二三％であった。

iii　**デザイン系専門学校卒・男性・三三歳**：自動車工場（正社員）八年⬇【工場閉鎖】⇩精錬工場（期間工）⇩半導体工場などいくつか（製造業派遣）⇩引っ越し手伝い、運送、倉庫作業など（日雇い派遣）⇩建設作業（飯場）⇩路上

iv　**高卒・男性・三六歳**：農産物加工場（正社員）三ヶ月⬇【新たな可能性を求めて退職】⇩警備（アルバイト）二年強⇩原発作業（アルバイト）⇩カーエアコン工場労働などいくつか（製造業派遣）各一ヶ月〜六ヶ月⬇【生産調整のため派遣切り】⇩路上

v　**情報系専門学校卒・男性・三一歳**：ファーストフード店販売（正社員）三年⇩魚卸業販売（正社員）六ヶ月⇩新聞販売店での配達（正社員）一年⇩機械加工作業（製造業派遣）四年⇩牧場の畜産作業（アルバイト）一年⇩特殊車両会社作業員（製造業派遣）

vi　**高卒・女性・三二歳**：会計事務所（正社員）三年⬇【気力、体力の消耗】⇩居酒屋、遊園地、雑貨店（アルバイト）⇩カメラ工場の部品組立作業（日研総業から製造業派遣）三ヶ月⬇【減産で雇い止め】⇩松下電器横浜工場の携帯電話組立作業（コラボレート社から製造業派遣）⇩四カ所で派遣労働一年半⬇【怪我・実家滞在】⇩……日雇い派遣仕事（グッドウィル社から）⬇【鬱状態→首都圏青年ユニオン訪問・生活保護申請】⇩難渋の求職活動、簿記検定受検準備

＊紹介例中の⇩は転職経路、⬇はなんらかの事情の変化を表す。

＊資料出所：i／iii／ivは飯島裕子の上記学会報告資料（研究テーマ上、職歴の帰結は「路上」）、ii／vは、さがみはら若者サポートステーションの利用者一一名の経歴を分析する樋口明彦、仁井田典子編『若年者の不安定雇用に関する社会学的分析』（法政大学社会学部）二〇一一年、viは、朝日新聞二〇〇八年四月三〇日（諸麦美紀記者）。

これらの文献では、それぞれの仕事内容や就業期間や退職理由など、情報の具体性はさまざまである。しかし多くの文献が、転職の重なりに、あわせてさまざまの生きがたさがまとわりついてくることを報告している。たとえば、両親との関係がどうしても緊張して疎遠になり、物心両面で困難に陥ってももう実家に帰れず、故郷喪失となる。派遣される職場の立地が転々とするとともに住居がいつも一時的な仮のものになる。友人もみつけがたい。そしていっそう求職と就業の気力を奪う、面接などでもアイデンティティを語れないほどの抑鬱状態にさいなまれる――そんな環境にとらわれてしまう高い蓋然性を避けられない。おそらく若者たちの職業的流転のもたらす心身の本当のしんどさは、とても私のような概括では明瞭に把握できないだろう。職歴のジェンダー差などもふくめてもっと立ち入って考察したい気持ちに駆られるのである。けれども、とりあえず次のようにまとめておくことは許されよう。

頻繁な転職は、正社員であれ非正社員であれ、新しい可能性を求めての自発的な投企である場合は少なく、たいていは長時間労働、低賃金、仕事の拘束性、（それなのに）将来を展望できるようなキャリア展開の不在などのゆえにやむなく選ばれた行動にほかならない。この選択を強制する構造はいったん非正規の世界に入るといっそう抗いがたく、製造業派遣、登録型派遣、日雇い派遣、あるいはアルバイト、飯場……と雇用形態が展開する過程でますます頻繁な転職を余儀なくされてゆく。「路上」に至ることももう例外ではない。

非正規労働者の多くは、おそらく主婦パートタイマーを別にすれば、およそ定着というものに恵まれていないかにみえる。あらためて、ふつうの若者が地味ながら一定の職場または職業に「居住権」を獲得することの意義を確認しておこう。

定着は一方では、どんな仕事についても一定の経験の力を育てる。それが仕事について命令する人びとからの要請の適否を相対化し、ときにその要請をやりすごす智恵を与える。他方では定着は、どのような労働現場でも、助け合いかばい合うなかまを見いだす可能性を育てる。「くそおもしろくないこの職場にいるのは友だちがいるから」と語る労働者は少なくない。そしてそうしたなかまがあれば、ひとりではできない上司や会社への物言いもできるようになる。もちろんこのような議論が通るほど「現実は甘くない」し、辞めるのはよくないと説教する資格は誰にもない。だが、若い労働者の今のしんどさが、転職の頻繁さ自体によってもつよめられていることは確かなように思われる。

(『POSSE』一三号、二〇一一年一二月)

5　有期雇用を規制する必要性と可能性

たとえば牛丼のチェーン店では、従業員の八割以上が非正規労働者である。接客、金銭管理、在庫管理、掃除などすべての業務を一人でこなす深夜の「ワンオペ」に携わるのもアルバイトだ。あるチェーンの店員指導では、注文一〇秒で牛丼を供するという。そのように作業管理は厳しい。そのくせ、法律を守った労働時間管理や残業代の支払いや安全施設設置などの企業労務は、訴えられればまずとても申し開きできないほど恣意的である。

ワンオペの中国人店員の働く東京郊外のそんな一店に、二〇一一年七月、「強盗」が押し入った。防犯カメラの映像のためほどなく逮捕されたのは二三歳の若者。北関東の高校を出てコンビニやスーパーのレジ、工場派遣などで働いてきた。愛知の自動車部品工場への工場派遣では、日に一一時間以上もラインに追われながらコンプレッサーのねじを打つ作業をする。三重の家電工場でも仕事は類似のものだった。このままではもたないと、二〇一一年はじめに上京して配送や営業の求職を試みた。しかしうまくゆかず、貯金を使い果たしてサラ金に頼った。犯行時の所持金は牛丼の「並」なら支払える三〇〇円だった。その店は、上京したばかりのとき一人で食事をした店だったという（朝日新聞二〇一二年一月六日、西本秀記者）。この「事件」から浮かび上がるものは、包丁を突きつける者と突きつけられる者の状況の共有性、あえていえば両者の互換性にほかならない。

4節で述べた非正規雇用の底辺に近い人びとの「流転の職歴」は、今さらいうまでもなく、かなりの数の若者たちに働いて生きてゆくことの不安と鬱屈をもたらしている。たとえば連合総研二〇一〇年一〇月の調査によれば、「今後一年間で失業する不安を感じる」二〇代は三三％、男性非正社員では五四％、同女性では三五％、正社員でも女性は二四％にのぼるという（朝日新聞二〇一〇年一一月二一日）。事実、二〇一一年版の『子ども・若者白書』では、失業率は二〇代前半で九・一％、二〇代後半でも七％にもなる。

また、厚生労働省の二〇〇九年度『雇用実態調査』の示すところ、働く若年層一五～三四歳のうち「自分自身の収入のみで生活している者」は四四％（正社員の五二％、非正社員の三〇％）であり、親の収入などにパラサイトする若者が四七％に達する（日本経済新聞二〇一〇年九月三日）。それゆえ、周知のように必然的に非正規労働者を中心に未婚者が多くなり、未婚者の親との同居率も増加の一途を辿っている。その数値は、一九八〇年には二〇～三四歳層で三〇％、三五～四四歳層では二％であったのに、〇八年にはそれぞれ四六％、一五％に高まっている（総務省統計研修所調査）。とくに未婚男性の同居率の増加が著しい。しかし、人口高齢化とともに親は年金生活に入

って ゆく。若年ワーキングプアを抱擁する「家庭力」は確実に衰えてゆくだろう。その衰えは、親にも子にもいたたまれない気持ちを鬱積させ、緊張の高まる波頭では、たとえば家庭内暴力の頻発となって現れている。

一方、家庭という福祉国家の「含み資産」が乏しくなってゆくのに、社会的なセーフティネットは、非正規の若者にはとくに粗く、将来の社会保障による生活サポートはきわめて不確かである。国民年金保険料の納付率が〇九年、二〇代前半で四九％、同後半で四七％と史上最低になったこと（日本経済新聞二〇一〇年一〇月三日）、また国民健康保険料未納者も継続的に増加しつつあることなどは、その端的な証拠といえよう。労働でまともに生活してゆけない非正規雇用の若者の増加はこうして、いちはやく累積されつつあるロスジェネ、壮年層のワーキングプアに合流して、貧困層の大きな塊を形成するだろう。すでに路上生活者に占める若年層の比率が高まっている。事態がこのままで推移すれば、今は主として貧困高齢者の現象である孤独死の全年齢層への広がりも予想されよう。「流転の職歴」が孕む社会の構造的危機は、すでに萌しの域を超えて目前に迫っている。

非正規雇用というものの多岐にわたる問題性が有期雇用であることに発するとすれば、この暗鬱な事態の推移を押し止めるには、とりあえず有期雇用の規制が模索されなければならない。

およそ労働関係の諸問題に対処する規制は、一方では労働組合活動を中心とする労使関係の営み、他方では法律制定または行政措置によって可能になる。私はこれまで一貫して、日本においてはとくに前者の充実強化が不可欠とみる立場であり、既存労組の非正規雇用問題への「身銭を切り身体を張った」取組みや、非正規労働者自身の組合づくりをなによりも重視してきた。しかしながら、この持論は、総じて非正規労働者が今のところ生活の安定をめざしてみずからの手で事態を改善できる発言の機会や機構を失っている現実を前提にすれば、虚しくきこえるかもしれない。そこでとりあえず、ようやく政治課題になりつつある有期雇用の法的規制のあり方について考えてみることにしよう。

有期雇用を入り口において規制する方法がありうる。イタリア、フランス、ドイツなどではすでに、有期雇用は「正当な事由」（期間限定の仕事であること）の立証なくしては認められず、例外的に承認される有期雇用契約の回数も期限も厳しく制限されている。つまり無期雇用が原則なのだ。私たちの国では、この入り口規制はなく、企業はとくに規制緩和の二〇〇〇年前後から、「業務量の中長期的な変動に対応するため」（企業の三九％）、「人件費を低く抑えるため」（三八％）、「業務量の急激な変動に際して雇用調整ができるようにするため」（二四％）、自由に有期雇用を活用することが許されている（厚労省『平成二一年度有期雇用契約に関する実態調査』）。そして残念ながら、企業の享受するこのフリーハンドをはねのける力の行使を、民主党政府（執筆当時）や既存の労働組合に期待することはできないだろう。日本の政治世界における、非正規雇用に関する企業論理に制約を迫ることのやりきれない難しさを、私たちは改正パート労働法における均等待遇適用のおそるべき限定や、派遣活用をいっそう無規制にする「派遣法改正案」（二〇一四年現在では未決）で思い知らされている。また労働界でも、均等待遇の政策表明だけはするナショナルセンターを別にすれば、企業別の単組は多くの場合、職場での有期雇用者の存在を正社員の雇用を守るクッションとして、本音では黙認しているかにみえる。

それでも二〇一一年末には、有期雇用に関する厚労省労働政策審議会の答申がまとまっている。それに応じてそれなりの労働契約法の改正がなされるだろう。この答申に注目すべき処ありとすれば、それは有期雇用で雇える期間の上限を「三〜五年」と主張する組合側と「七〜一〇年」と主張する使用者側の間をとって、「通算」で五年としたことであろう。この「通算」の導入によって、総じて半年〜一年の契約を数回ほどくりかえして結局、平均して数年ほども同種・類似の仕事で非正規雇用のまま働かされてきた「有期雇用」労働者に、少なくとも通算六年目以降は無期雇用になる道が開かれることになる。

とはいえ、ここに問題なのは、答申のなかにある「有期雇用の上限期間を迎えても、一定期間、会社を離れればまた同じ会社で有期雇用で働けるようになるクーリング期間」の設定であろう。クーリング後の再雇用では、前回までの「通算」雇用期間はゼロにリセットされるという（朝日新聞二〇一一年一二月二七日）。これは上限期間を迎えた労働者が失職せずまた働けるようにする、労働者のための措置だろうか？　だが、上限期間直前に契約を打ち切ろうとする非情の会社の続発が予想されるからといって、それまでの通算をリセットするのでは、無期雇用になりうる機会はいつまでも労働者に訪れないだろう。

なすべきことははっきりしている。仕事が継続的であるなら、企業はその仕事に関する契約更新時に当該の有期雇用者を別人に置き換えることはできないとすべきである。労働史の教えるところ、非専門職の労働者は、もとの職場に一種の先任権を請求できるシステムができなければ、つまり誰を採用するかの選択の自由が企業に温存されている限りは、本当の雇用の安定を望めないのだ。先任権は本来、専門・熟練職ではない、誰にでもできる仕事にこそ必要だったのである。

（『ＰＯＳＳＥ』一四号、二〇一二年三月）

〔二〇一四年付記〕二〇一二年八月の労働契約法の改正によって、有期雇用期間「通算五年」で無期雇用へ転換が可能になった。同改正はまた、有期雇用者と無期雇用者の間で、「仕事の内容や責任が同じならば」、雇用期間の定めの有無を理由に賃金や福利厚生などの労働条件に「不合理な差」をつけることも禁じた。これらの条項は二〇一三年四月から施行されている。なお多様な解釈の余地がある不十分な規程ながら、ようやく一歩が踏み出されたというべきである。

6 正社員のしんどさの根にあるもの

二〇一〇年春、大学を卒業して社会人になった若者のうち、正規雇用は七七・三％の五六万九千人であった。しかし二年後の春には、そのうちの約三分の一にあたる一九万九千人は早々に退職しており、そこに当初からのフリーターなど非正規雇用と無職の一四万人、大学中退六万七千人を加えると、一〇年に大学を出た若者のすべて七七万六千人のうち正規雇用でない者は実に五二・三％に及ぶという。この合計比率は高卒者ではもっと高く、卒業生の六八％にもなる（政府推計、読売新聞二〇一二年三月二一日）。

注目すべきことは、若者に数多い不安定雇用者や無業者に占める、正規雇用からの早期退職者の高い比率であろう。これは衝撃的な報告だったかもしれないが、すでに労働研究者の間ではあらためて驚くにたりない事実であった。たとえば二〇〇六年に『若者が働くとき――「使い捨てられ」も「燃えつき」もせず』（著書21、巻末の著書リスト参照、以下同じ）をまとめた頃から私は、若者労働の枢要の問題のひとつは正社員雇用の不安定さであり、増大する非正規労働者のワーキングプア化と、正社員の働きすぎや心身の疲弊とは、地続きの相互規定関係にあるという見解を持論としてきた。非正規労働者のワーキングプア化は正社員の過重労働への鞭となる。一方、正社員の働きすぎや心身の疲弊はしばしば彼らを早期退職に追い込み、高い蓋然性をもって、次の就職先をやむなく非正規雇用とさせる（たとえば『ＰＯＳＳＥ』九号の特集「ブラック企業」での私の発言を参照）。それゆえ、正規雇用の労働のありかたを不問に付したまま「フリーターを正社員にしよう」と誘導するのは空しい政策目標にすぎない。若者労働論は今や、ブラック企業の「周辺的正社員」のありようはもとより、一般企業のふつうの正社員の状況をも凝視しなければならない。

連載も後半に入るこのあたりから、あらためて「正社員のしんどさ」の諸相を考察し、その打開の方途を模索することにする。今では、企業社会の労働実態を長年の研究テーマとしてきた私も総じて共感できる、正社員に関する批判的分析が続々と公刊されている。そこでこれからの叙述は、すでに読者に既視感のあるような状況報告というより、私が状況把握のキイとしてきたいくつかの命題をふりかえり、あらためて枢要の論点を提起するというかたちをとりたい。これまでの私の著作になじみの読者にはそれこそ「既視感」があるかもしれず、いささか気も引けるけれど、以下は、私の近年の「ライフワーク」、『働きすぎに斃れて』（著書23）を補うようなエッセイになるだろう。

競争と選別の職場のなか、「サラリーマン」とよばれる正社員・従業員に、その主要な様相ともいうべき働きすぎを強いる、または「強制された自発性」を通じてそれを受容させる根因はなにか。端的なひとつの解答は、いつしか深く浸透した日本的能力主義管理の当然の帰結としての労働条件決定の〈個人処遇化〉ということができる。

どの国、いつの時代にも、労働者が受け取る労働条件の総体は、（Ａ）労働法や労働協約や労使関係の慣行に規制されて従業員の誰にも共通して決まる部分と、（Ｂ）会社や上司の査定を通じてその人だけについて決まる部分とに分けられる。（Ｂ）では、ときに「強い個人」が独自の個別労働契約で有利な条件を保障させることもありうるとはいえ、それは例外的であり、決定権は総じて経営サイドにある。そして日本では、賃金が職種によってではなく年功+査定によって決定され、労働条件決定の規範というものが企業間ではもとより企業内の従業員間でも不明瞭だったゆえに、ユニオニズムが強靭な諸国にくらべて伝統的に（B）の比重が大きかった。そこに（それゆえに、といってもよい）日本的能力主義が浸透し、（A）に属する年齢・勤続といった要素が払拭されるに応じて（B）が全面的に拡大したのだ。今では、サラリーマンの配置、仕事範囲、残業や休日出勤、昇格や昇進、賞与額、給与格差など、要するに労働条件の総体が、あまり（A）の規制を受けず、直属の上司による個人査定によって格差づけられるのである。

では、この〈個人処遇化〉が能力主義管理の日本型によって決定的になるのはなぜか。ここで日本的能力主義のくわしい経緯を辿るいとまはないが、私なりにその性格をまとめておく。それは、限られた特定分野の仕事ができる能力の有無が問われる欧米ふうの能力主義ではない。日本企業が正社員メンバーに要請する「能力」の内容は、次の二点である。

（1）仕事の種類や範囲、配属、ノルマや残業量などにおける、企業の求める不断の変動に適応できること

（2）そのために生活全般において仕事と会社の都合を第一義とすること。

前者を「機能的フレキシビリティ」、後者を「生活態度としての能力」と私はよぶ。前者はともかく、後者については例えば、その日のノルマが残っているとき家庭責任を顧みず残業を引き受け

るかどうかなどは、「生活態度」ではあっても断じて「能力」ではない。だから思えば奇妙なことながら、日本の企業社会ではふつう、潜在能力、実績・成果、情意（積極性、責任性、規律性、協調性）の三面評価をする人事考課を通じて、生活態度も評価の対象とされている。ちなみに近年になって加味されたいわゆる成果主義は、こうした日本的能力主義の根幹を襲うことはなかったとはいえ、さすがに生活態度の評価や情意考課の重視を一定程度は後退させる可能性ははらんでいる。

一九六〇年代後半以降における労使関係の「安定」このかた、三〇年以上にわたってじっくりと浸透したこの日本的能力主義こそが、上の〈個人処遇化〉を常態化させている。多面的ともいえる「日本的能力」の有無は結局、個人ごとに評価されるほかないからだ。ここに、多くの、または複数の従業員が同じ定型の仕事を課せられることは少なくなったという労働そのものの形態変化の影響も重なってくる。要するにホワイトカラーを中心とするサラリーマンの配属や職務分担やノルマ――以上を「労働の態様」と総称する――は、現在では総じて人によって異なることになる。経営はそこで、各自が最大限のフレキシビリティを発揮するよう競わせ、がんばってくれる程度を上司が査定して選別的に処遇格差をつけるわけである。

そのがんばらせる方法としては、ブラック会社では、罵詈雑言や暴力、ときにあからさまな退職強要もみられる。だが、法令遵守を旨とする大企業でよく用いられるのは、従業員自身による能力開発や実績目標の自己申告→②上司との面談→当初の申告を超える達成の「約束」→結果のフィードバック査定→処遇格差……という周知のプロセスである。〈強制された自発性〉がフル展開するのは、この「目標管理」においてにほかならない。「あなたはできる」「チャレンジしてみよ」と励まされて、従業員は企業の要請をいつしか内面化し、仕事を過重にする「約束」をしてしまう。その挙げ句、彼／彼女はその「約束」の遵守を自己責任と考えるに至り、残業のない「九時から五時まで」の働き方なんて「都市伝説」と諦めることに慣らされてゆくのだ。

【日本的能力主義―労働条件決定の個人処遇化―目標管理―〈強制された自発性〉による過重労働の受容―「約束」の自己責任視―心身疲弊の働きすぎ】という連鎖！　それが労働者間の競争と選別をさらに激化させるのは当然であろう。なんらかの事情でその連鎖から外れる従業員は、これまた「なかば強制・なかば自発」で企業社会から放逐されることになる。今日の正社員の労働条件の劣化も労働組合機能の空疎化も、結局はここに起因するのである。

（『ＰＯＳＳＥ』一六号、二〇一二年九月）

7　ノルマのくびき

河原聡美（仮名）は、私立大学の経済学部を卒業して七年の今、都市銀行Ａ行の地域限定勤務の準総合職として、大都市の営業窓口で働いている。彼女の仕事分野は（１）投資信託の販売、（２）医療保険など各種保険の勧誘と契約の見直し、（３）一時払終身年金・一時払個人年金の販売、ほかに後輩育成である。割当ての目標「数字」は、販売額ではなく、上の（１）～（３）を合算した収益だ。河原の場合、その額は月二〇〇万円、年二四〇〇万円。収益は（１）で三％（つまり一〇〇万円の販売で三万円）、（３）は五％、外貨建終身保険など特別の金融商品は七％などとカウントされている。

この数字の決定は、本店→地域単位の複数支店→各支店→行員個人レベルへと下降してくる。総合職の仕事は富裕層を対象とした外交販売が中心であり、目標「数字」も、経験に応じて若手は二〇〇万円、精鋭の三〇代は一千万円で、主として来店の顧客と接遇する、全国平均で一四〇〇万円くらいの準総合職より高い。制度上の性差別はないとはいえ、実際には総合職には男性が、準総合職（および一般職）には女性が多いと思われる。また、最終的な「数字」は、それまでの実績の評価などをめぐる上司との面談の結果、個人ごとに異なるだろう。ちなみに総合職と準総合職とは昇給線も大きく違う。

「数字」が達成できないと、月ごとに把握される目標と達成のギャップを埋めるため、次の月に「数字」が上乗せされる。そのギャップが数ヶ月も埋められなければ、A行系列の子会社や証券会社に出向させられもする。給与も激減する。こうしたインパクトは外交販売の総合職ではとくにつよいようだ。女性の河原の場合、「数字」未達成の責任追及はそれほど厳しくないけれど、それでも賞与や昇給には響き、支店での居心地も多少悪くなる。とくに厳しい上司や先輩のいる支店ではストレスもなまなかのものであるまい。

要するに仕事は楽ではなく、残業も少なくない。しかし成績もまず良好な河原聡美は、目標を達成できたときの充実感、給料アップ、上司の賞賛、表彰などのもたらすはりあいに恵まれている。最近結婚した河原は、総合職・外交販売への挑戦を考えないではないけれど、ワーク・ライフ・バランスの点からは、今の仕事をつづけてゆきたいと思う……。

ある若い女性銀行員の仕事の目標「数字」と、それをめぐる職場状況をくわしく紹介したのはほかでもない。私はかねてから、正社員の働き方にもっとも直接的に影響する要因として、会社によって目標、数値、数字、ターゲットなどと多様なよばれ方をする、従業員個人への仕事量の割当て

＝ノルマの枢要性を指摘し、労働者の体験を描くときにはわかる限りノルマの実態を記してきた。たとえば最初の岩波新書『能力主義と企業社会』（著書16）には一七件のノルマ例がある。しかし実のところ、過労死・過労自殺の裁判記録などを別にすれば、これほど数値が具体的で、それに関連した職場の状況もよくわかるヒアリングができることは稀なのだ。ここでは金融機関の営業職で働く聡明な女性が、「数字」の諸相について働きすぎの告発に偏らない立場から、それでいてやはり厳しさを否定できない職場状況について率直に語っている。

もう少しノルマの一般状況を概観しておこう。呼称ばかりでなくノルマの形態も職種によって多様である。たとえば、今では非正規労働者によって担われることの多い単調労働の場合、そのうちの工場でのコンベア作業などでは、ノルマは生産計画・コンベアのスピードと一人の労働者の担当作業数から自動的に決まる。数個の作業で計二五秒の仕事を一日八〇〇回くりかえす携帯電話の組立てなどがその実例だ（戸室健作『ドキュメント 請負労働１８０日』岩波書店、二〇一一年）。またもう一群の単調労働である定型的な接遇、例えばコールセンターやテレフォンセールスの職場では、アルバイトが一日に五〇〇人もの顧客とたいていは不愉快な電話を交わさねばならない。一方、正規雇用と非正規雇用が混在する販売職では、多くの量販点で店員に金額ノルマが課せられている。デパートに出店する店では、ときに社員自身の買取りも求められる売上げ目標がある。

過労死・過労自殺の事例研究のなかで私はまた、ほかに二種の厳しいノルマのあり方を学ぶことができた。一つは納期としてのノルマである。これが開発・設計技術者たちを、それから「〇〇時現地必着」が至上命令であるトラック運転手たちを、追いつめている。もう一つは、管理者の場合には、「班」や「係」などの作業単位に割当てられる集団ノルマがすなわち個人ノルマになっていることだ。班長や係長は、そのグループ全体の業績に責任を負うゆえに、部下のすべてが割当てられた個人ノルマを達成できているかどうかを厳しくチェックしなければならない。部下がだめなのは上司の責任とされるからだ。このチェック・指導は、その役職固有の業務のうえに重なって管理者の心身を消耗させる。この階層に過労死・過労自殺が少なくないのはそのためである。

とはいえ、販売額・契約額などのかたちでノルマが数値的にもっとも明瞭なのは、広義の営業職であろう。営業活動が全社員のノルマ化している場合もある。『日刊SPA！』二〇一二年七月号の連載は、上のA銀行の事例よりははるかにラフな紹介であるが、男性ホワイトカラーについて、次のような多くの事例を紹介している。

銀行の融資係（三一歳）：貸出残高で年三五〇億円／**OA機器のリース営業**（三二歳）：売上げ目標で年六～七億円。一件は一〇〇万円～数千万円の取引きである／**大手ディスカウントストア店長**（四〇歳）：売上げ額で前年度の二〇〇％の三千万円／**人材派遣会社管理職**（三九歳）：一週に年間の手数料一千万円。手数料は派遣料の三割弱なので目標達成のためには年間の派遣料が五〇〇万円の労働者を七人派遣する必要がある／**証券会社営業**（二七歳）：新規取扱い額で月一千万円／**建築会社営業**（二五歳）：照明、エアコンなどの新規契約額が月に一千万円。これが未達成ならばボーナスは支給されない／**グルメサイト**（二九歳）：月に一〇件の新規顧客開拓。これが未達成ならば職場で大声で「反省」させられる

もうひとつ、ノルマ経営で注目すべきは、かつて全逓労組が作業量や職場定員に関する強靱な規制を確立していた郵便局、民営化された日本郵便の職場である。

たとえば二〇一〇年暮れ、東京支社内八八支店での年賀状販売の個人ノルマは、集配正社員七千

枚、非正規社員三千〜四千枚、郵便内務者はすべて一千枚であった。東海地方ではそれぞれ一万四千枚、五千枚、七千枚にのぼった支店もあるという。そのほか季節によって「かもメール」「ゆうパック」などにもノルマが課せられる。一万枚近い年賀状を売る労苦を考えてもみよう。無理は明らかである。郵便労働者はそこでどうするのか。一部はディスカウントショップに持ち込まれる。そこでは四六円くらいで年賀状が買われる。また一部は、「ゆうパック」の場合もそうだが、自費で買う、つまり「自爆」するのである。いずれをも拒みきる少数の労働者もいる。だが、局の覚えをめでたくして正規雇用になろうと望むゆえに抗えない非正規労働者もふくめて、郵便職員は、ときに信じられないほど巨額の「自爆」を余儀なくされるのである（ミニコミ『伝送便』二〇一一年一二月号、二〇一二年九月号。付記すれば、朝日新聞二〇一三年一一月一七日付が、より過酷な最近の状況を伝えている）。

すでに述べたように、ノルマは、当該企業の財務によって、また職場や職種、さらに経験年数や個人の「やる気」によってさまざまであり、その仕事量の多寡の評価も個人によって異なるだろう。この多様性ゆえに、私たちは一般的な労働問題としてのノルマの深刻さを忘れがちになる。労働研究の記述にノルマが登場することは少ない。

しかしながら、少なくとも次の諸点は明らかだ。ノルマこそは〈個人処遇〉の枠であり、労働者を働きすぎに誘うもっとも具体的な梃子である。そのノルマの決定にはおそらく、一方的・強制的命令と、目標面接を通しての誘導的「指導」とが混じり合っているけれども、今では労働者は基本的に、労働時間数以上に、この問題に対抗的な発言を許されず、組織された職場でも組合はこの領域にまったく介入してはいない。ちなみにそもそも個人の仕事量は、いかに過重であっても、過労死の労災申請の場で争われる余地はあれ、それ自体はまず違法ではない。是正には労働組合規制の介入を待つほかないのである。

（『POSSE』一七号、二〇一二年一二月）

8 人べらしの修羅

企業が「個人処遇」としてノルマを自由に決定できることは、従業員の残業をふくむ実労働時間や賃金格差についての規範なき決定の起点である。ノルマ達成の「約束」に縛られたサービス残業や休日出勤をふくむ超長時間労働、働きすぎのモメンタムがここから生まれることはいうまでもあるまい。他方、企業によるノルマ決定の専権は、正社員べらしの確実な出発点ともなる。今回は、終身雇用の建前の下で労使間の摩擦を避ける有効な方策として現時点ではますます愛好されるようになった、業績査定を通じてのリストラについて考えてみよう。

長期の景気後退が続く今、社内失業者を意味する「雇用保蔵者」は二〇一一年九月時点で四六五万人（内閣府の経済報告書）、同年一一月までの上場企業の希望退職者募集は一・七万人（東京商工リサーチ調査）である。地方自治体への解雇や退職勧奨に関する相談件数も二〇一二年五月までには約二・五万件で、すでにリーマンショック期に近い水準に達した（朝日新聞二〇一二年五月二五日）。私が上の報道のなかで今とくに関心を寄せるのは、経営側からの「解雇」と労働者側の「同意」にもとづく「退職」とをわけて集計する東京都では、二〇〇九年までは前者が後者を上まわっていたけれど、一〇～一一年度には順序が逆転していることだ。「高い数値目標を与えられ、未達を理由に退職を迫られた人が多い」という。ここに凝視すべき現時点の様相がある。

企業は「解雇」を避けたい。経営危機の際の「整理解雇」は労働契約法の「四要件」を満たさねばならないし、「普通解雇」や「懲戒解雇」にしても、争いになれば立証できる正当な理由が必要になるからである。そこで平成不況期の大規模なリストラには、退職金の加算を伴う希望退職の募集が人員削減の一般的な方策であった。私は『リストラとワークシェアリング』（著書19）のなかで二〇〇〇年代初頭のリストラを分析し、対象者は主に中高年層なのに、なぜ希望退職の要請人数はかくもみごとに満たされるのかに注目したことがある。当の労働者は、それまでの査定結果を突きつけられて、あなたはこの会社にもはや不要だと告げられると、能力主義的選別そのものは承認してきただけに、踏みとどまる気力を失ってしまうのだ。それに、それでも退職しない人は、まったくの雑業に追いやられたり、当時すでにセガ・エンタープライズなどいくつかの会社に設けられていた隔離部屋に送り込まれたりもしたのである。

リーマンショック期の不況を凌ぐとされる二〇一二年以降にも、半導体大手のルネサス、シャープ、ソニー、パナソニック、リコーなどを代表例として、少なくとも二千人以上の希望退職が募られている。円高の迫る二〇一三年初頭の今も、その勢いは留まるところを知らない。いくつかの企業では、すでに募集を上まわる応募があったことが伝えられている。すでに述べたように、みずからの「能力」の限界を突きつけられる個人別の退職勧奨に、従業員はなかなか抗えない。そして平成不況期のリストラ時から引き続く、この実質的には強制的な退職誘導は、最近、新たな手法を加えてさらに狡猾になり、はばかりなくなってきたように思われる。

たとえばパナソニック系列の二社では、退職を勧奨されても応じない従業員四四九人を、「事業・人材強化センター」に「配属」している。会社によれば、そこは「新たな技能を身につけ新しい部署に再配置するためのセクション」らしいけれど、決まった仕事も技能訓練もなく、他部門での雑業的な応援要請がないかぎり、配属者は終業時間までこの「追い出し部屋」に待機しなければならない。「退職を強要するものではない」（朝日新聞二〇一二年一二月三一日）という会社の言い草は欺瞞的である。

リコーのように、ヴェテラン技術者を倉庫での箱詰作業に配転して勤続の気力を奪う伝統的ないじめも跡を絶たない。新機軸のひとつは、業務命令で「ＰＩＰ――業務改善計画」なるプログラムを受けさせる方策である。そのプログラムでは、形式的には、ゆきすぎれば法的に問題にもなる退職勧奨すらせず、これができるなら残してやるといわんばかりに、とても過大なノルマを課して、その未達成を理由に退職届けを出させる。差別ではない、成果主義による評価だというわけである。「あなたにできる仕事はもうない」「退職して新天地を求めるべきだ」「あなたの仕事は転職探しです」――こうした「説得」と、能力とやる気を試すまったく別の「出向」就業を、外部のコンサルタント会社に委ねる事例もある。鈴木剛『解雇最前線――ＰＩＰ（業務改善計画）襲来』（旬報社、二〇一二年）の語る、大手不動産会社のシステム系ヴェテラン技術者で管理者の中沢芳雄（仮名）の体験が印象的だ。中沢は退職勧奨を拒んだため、「キャリア・コンサルタント会社」に出向させられ、くりかえし転職を勧める圧迫面接を受けるとともに、「営業力」を身につけるため、まず生命保険会社に送られてノルマの明瞭な保険外交の仕事を強いられた。次は営業委託会社への出向。狭い部屋にぎっしり押し込められ、日に一〇〇～二〇〇件も電話をかけて英会話の教材やパソコンの部品を売り込む仕事に追い立てられた。この中沢を、自宅待機を経てもとの会社に戻したのは、ひとえに彼が加入した東京管理職ユニオンの団体交渉であった。

いずれにせよ、新しい人員削減の労務は、なんらかの事情で辞めさせたい従業員を「解雇」でなく「自己都合退職」とさせるために、本人の瑕瑾とか、もともと達成困難なノルマの未達成とかをあげつらい、「やる気」のエネルギー源となる自己肯定感を徹底的に損ね、過度の自責の念をもたせ、退職を拒む気力を奪おうとしている。こうした人格誹謗の色濃い働きかけは、有名企業のリストラの最前線でも事例にこと欠かないけれど、いわゆるブラック会社では平時にも、より日常的に行われつつある。

こうした企業では、従業員の定着や技能的なキャリア展開はまったく顧慮されず、若手社員の使い捨てが常態である。今野晴貴『ブラック企業――日本を食いつぶす妖怪』（文春新書、二〇一二年）の鋭利な分析を紹介しよう――まず、カウンセリングで「自己反省」をくりかえさせる。それを通じて自己を内面から否定させ、みずから選択する退職に追い込ませる。たとえば業績の上がらない理由を、本人の適性、育った環境、これまでの「怠惰な人生」などを反芻させながら納得させる。これによって、企業が低く評価する労働者のビヘイビアを、自分自身に起因する解決不能の問題だと「認識」させてゆくのだ。本人は次第に、自分は雇用されるに値しない無能な存在だと「認識」するにいたる。たとえば強引な営業などに不向きな若者が自尊感情のまったき喪失の末に鬱状態になれば、今度は「あなたの健康のためには辞めたほうがいい」と「忠告」できるから、それはそれでよいという次第である。こんな措置を今野は、若者が法的な訴えのできる主体性を奪われるという意味で、「民事的殺人」と名づけている。

このようなゆがみは終身雇用の慣行や厳しすぎる解雇規制からくる無理にほかならず、企業に解雇の自由を保障すれば解消すると論じる「識者」がいる。こうした議論は、労働者が怯えなく自由な発言が許される職場というものをおよそ考えてみることなく、現在の要員水準、能力・成果主義にもとづく選別、「剰員」の排除について企業労務が専決することを、頭から正当とみなす偏見に立脚している。私は八〇年代を通じて東芝府中人権裁判に関わっている。その過程で心に刻んだ命題は、企業はある労働者を排除する理由をかならず広義の「能力」不足に求めるということ、そして企業は同じ人間素材から「精鋭」も「無能力者」も造型しうるということであった。まっとうな労使関係、すなわち要員、労働時間、雇用機会の配分などに関する現場労働者の発言権の保障なくして、選別の正当性などありはしない。この種の労使関係を欠くまま規範的にも法的にも解雇を無規制にすれば、企業は労働者の退職「希望」を捏造する苦労すらまぬかれ、正規・非正規を問わず、労働者の使い捨てを今まで以上にはばかりなくできるようになるだろう。

発想を転換すれば、長期雇用と職場への定着を前提にした雇用調整を、しかるべき労使関係のなかから造り上げることもできる。くわしくは著書19や近著『労働組合運動とはなにか』(著書24)に譲りたいが、それはワークシェアリングであり、アメリカ労使関係にみるような、セニョリティにもとづく再雇用の優先権をもつレイオフ制である。具体的なアプローチにはなお議論の余地こそあれ、企業の「洗練された」選別のなかで、仕事の質と量に関する発言権ばかりか、不当な人べらしに対して抗議のできる人格の主体性さえ破壊されている労働者の今はかなしすぎる。

(『POSSE』一八号、二〇一三年三月)

9　パワーハラスメント論序説

職場のいじめ、いわゆるパワーハラスメント（以下パワハラと略）が増加の一途を辿っている。厚労省によれば、民事上の個別労働紛争の相談事項に占める「いじめ・嫌がらせ」の比率は、二〇〇二年の六％から一〇年の一六％に増えた。それに他の相談事項、たとえば、退職強要、不利な配転、過大なノルマ、サービス残業や休暇取得の困難、不当な賃下げ……などの場合にも、たいていパワハラがまとわりついている。人権抑圧と自尊感情の破壊を通じて、それはもちろん、労働者のメンタルヘルス不全を頻発させる有力な原因ともなる。職場のいじめ＝パワハラは、現代日本における労働を心身ともにつらい営みにする、もっとも深刻な職場の病弊といえよう。

では、このパワハラは、これまで職場史に記憶されてきた多様な人権抑圧や差別とくらべると、どのような特徴と歴史性を帯びているだろうか。

人権抑圧と差別は、A：それは労働法上、疑問の余地なく違法となる処遇か、B：合法か違法かを峻別できない（しばしば合法とみなされる）処遇か――を表すX軸と、a：それはあるグループや階層を一括して対象とする処遇か、b：特定の従業員個人を標的とする処遇か――を表すY軸とによって、四つの象限にわけることができる。

象限ごとの代表例をあげよう。第一象限（A―a）では、女性なるがゆえの低賃金、「闘う労働組合」メンバーの昇給遅延や不利な配転、第二象限（B―a）では、非正社員の低賃金やキャリア分断、第四象限（A―b）では、あからさまな暴力やセクハラなどがある。その点では、いじめ＝パワハラが属するのは、残された第三象限（B―b）、しばしば「合法」ともみなされる個人対象

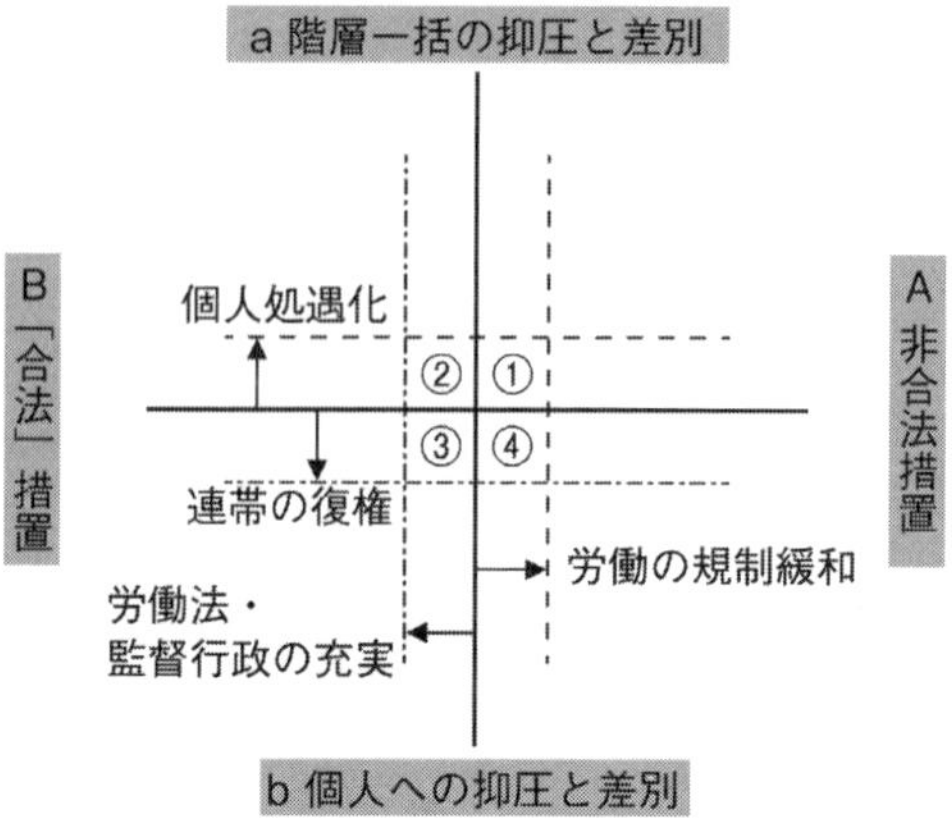

図　職場における人権抑圧の位相

の処遇という領域である。

一般に、Ｘ軸のＢよりはＡの分野のほうが闘いやすい。法的な意味でも第三者に正当性を主張しやすいからだ。またＹ軸のｂよりもａの分野のほうが、複数の受難者同士の共闘が可能なゆえに闘いやすい。そうみれば、パワハラは最も闘いにくい領域の抑圧となる。

さらに深刻なことには、傾向として、この第三象限は他の象限よりも広がる傾向にある。すなわち労働の規制緩和はＹ軸を右に引き寄せる。「合法」とみなされうるケースが多くなるのだ。また、能力・成果主義的選別の帰結としての「個人処遇化」の進展は、Ｘ軸を上に引き上げる。パワハラが可能な前提は、従業員の仕事配置、ノルマ、残業・休暇取得の許諾などを、直属の上司が「業務命令」として、いくらか労働者の意向打診はあるにしても、総じて労働者が抗えない環境のなかで個人別に決定できる状況だからである。この〈個人処遇化〉はいうまでもなく、近年とくに顕著になった傾向であるとはいえ、もともと従業員に「フレキシブルな働き方」を強いる「指揮命令範囲の無限定性」という、欧米にはみられない日本的経営の特質にしっかりと裏打ちされている。

パワハラには、（１）暴行や傷害、（２）脅迫、名誉毀損、侮辱、暴言、（３）職場の人間関係からの隔離、仲間外し、無視、（４）達成不可能なノルマなど仕事上の過大な要求、（５）雑用の指示など仕事上の過小な要求、（６）私的なことへの過度の介入など、実にさまざまの形態がある。これらは、端的に言って、合法性の拡大のもとでの〈個人処遇〉による「業務命令」の越境とみることができる。

みずからも重いチームノルマ負う上司は、部下の能力開発とノルマの達成をひたすら督励する。その結果が思わしくなければ、いきおい督励は叱責になり、叱責は罵倒になり、罵倒は、たとえば仕事より家族や余暇を重視するかにみえる部下の私生活への改善の「忠告」にもなる。そして、その部下を「見込みなし」と性急に判断するに至れば、ついには排除の意向を秘めて、あんたはもうだめ、給料泥棒、どこへ行っても役立たず、などと言い募り、仕事仲間からの疎隔も画策して、彼／彼女を職場にいたたまれなくさせるのである。前節に述べた近年の強力な「退職勧奨」は、このハラスメントの最後の段階を描写したものだ。さらにパワハラの事例から透視できることは、その点は学校でのいじめに似て、総じて自分もその立場に追い込まれないようにという世智にしたがって生き延びようとする職場の同僚が、「ぱっとしない」仲間へのハラスメントに協力する、あるいは少なくとも傍観する、そんな寒々とした状況である。

これらのまぎれもない人権抑圧は、開き直って「出るところへ出て」体験を事実として認定させれば、違法という司法判断を獲得できるかもしれない。だが、パワハラの起点となる〈個人処遇〉の業務命令それ自体は、能力主義的選別の自然な帰結として一般的には、いま支配的な新自由主義のもとでは思想的にも、その正当性を保証されてもいる。督励・叱責・罵詈雑言の境界も、穏当な業務上の指導とプライヴァシー侵犯との境界も、明瞭に区分できるわけではない。結局、ターゲットとされた従業員は、重い鬱屈を抱えて不遇の待遇に耐え続けるか、心を壊されて退職するほか道はないようにさえ思われる。

現代日本の職場に蔓延するこのパワハラの克服は、どうすれば可能だろうか。問題は根ぶかく根絶の即効薬はないけれども、多方面からの鍬入れが試みられるべきだろう。

その一。手近なところでは、労働・雇用に関する法的規制の強化によってY軸の右移動に逆転をかける、つまり奇妙にきこえる表現ながら「違法」領域を広げることだ（右の図を参照のこと）。たとえば緩みつつある労働時間規制を思い切って強化し、残業制限の実効性を高めるならば、疲れ果てて屈するまでに追い込まれることもいくらかはまぬかれよう。

その二。とはいえ、業務命令の無限定性、能力主義的選別、「個人処遇」そのものなどを労働法で規制することは、基本的に困難であろう。それらこそ効率性を誇る日本的労務管理の神髄であり、経営側はその専権を死守しようとする。それゆえ、こうした「経営権」の聖域に立ち入る法律は、強靭な社会民主主義の政府が蛮勇を振るうことなくしては議会に提案もされないと思われる。まして「世界で最も企業が活躍しやすい国にする」ことをめざす安倍政権のもとでは、それは「木によって魚を求める」の類である。いつもの私の持論ながら、ここは産業内労使関係のフロンティア拡大、端的にいえば労働組合運動の新しい展開によって、日本企業での働き方を変える職場環境を培うほかあるまい。立法が困難ならば組合規制も困難とはいえるけれども、財界は、その強調する「産業自治」の建前からしても、労働組合が働かされ方を交渉のアジェンダとすること自体を一方的に拒むことはできないはずである。

そのアジェンダ化の手がかりは、さしあたり人事考課への介入にほかならない。具体的には、評価される「能力と実績」の内容規制、評価ランクが労働条件に影響する程度（たとえば賞与のプラスマイナス二〇%以内へ!)の限定、恣意的な解釈の余地ある責任性・積極性・規律性・協調性などの評価、つまり情意考課の排除などである。査定規制は、ノンエリート従業員をあまりの生きがたさからなんとしても脱出させるための最小限綱領なのだ。たとえばノルマの多寡そのものを団体交渉のテーマとすることは今のところ難しいにしても、一方では勤務時間のインターバル規制、他方ではこうした査定規制があれば、能力評価の名目で「なんでもできる」〈個人処遇〉はかならず一定チェックできるのである。

その三。上のような営みへの心の土壌として、働く人びとは、人権とは「いやな奴」のためのものと気づくような感性を育てたい。学校でも職場でも、その界隈の「空気」に靡く多数派はふつう、人権の大切さ、それが抑圧されるときの、あえていえば死にたくなるほどの苦しみを実感できない。とりあえずいじめられていないからだ。だが、とくに職場では、誰かに対するハラスメントは、基本的にその人固有の能力不足や性格のゆえではなく、サバイバル競争を強いる構造の産物なのである。対象者の選択は総じて偶然的でさえあり、明日は自分にまわってくる可能性がある。個人の受難に対してはそれゆえ、労働組合によって連帯的に立ち向かうという思想性を日本の労働者は復権させなければならない。もう誰ひとり過労自殺なんかさせるな! あまりに理不尽なハラスメントが横行する状況は、「いやな奴」、なんらかの事情から「精鋭」たりえない「のろくさい奴」、「鬱陶しい奴」、「私生活中心の奴」などは、仕事の場で「ある程度」人権を侵されても仕方ないとする鈍感な世智に支えられているのである。

(『POSSE』一九号、二〇一三年六月)

10 〈被差別者の自由〉のゆくえ——女性労働論の今日

二〇〇〇年刊行の『女性労働と企業社会』（著書18）は、男女雇用機会均等法以後に再編された新しい女性差別の現実を女性の階層分化を意識しながら描くとともに、地味な仕事を担い続けるノンエリート女性の多数に特有の〈被差別者の自由〉という発想を掬い、その地点を足場に能力主義的な競争・選別の企業社会への批判に進みゆく可能性を模索する試みであった。〈被差別者の自由〉とは、雇用労働の界隈で差別されている女性は、それゆえにこそ、企業労務の要請を最重要視しなくてもよい自由を享受しうるという理解である。

この書には、何人かの女性から、「無理しなくっていいんだと思え、救われた……」という思いがけない感想が寄せられた。一九八〇年代後半以降の女性労働者は選別の基準が性そのものから能力査定に変わった代償として、それなりの「自己責任」を求められるようになった。彼女らはしかし、平等の理念と性別格差の現実との懸隔に立ちすくんで鬱屈し、否応なくまきこまれた能力主義的競争のしんどさを痛感していた。上の感想はそんなありようを反映していたようである。

現実の労働市場と労働現場では、従業員が平等に扱われる前提は日本的能力主義を原理とする選別の受容であった。この連載の現状分析すべての基底でもある日本的能力主義の内容は、会社の都合にあわせた柔軟な働きかたと、それを可能にするような社業の遂行を第一義とする生活態度であった。女性労働論の文脈上、ここに枢要なことは、その種の能力主義に駆動される労務管理は、ふつうの女性たちが大切にしたい余暇および家庭生活をふくむ、多面的な人間的欲求の抑制または一定の放棄を要求してやまないことだ。要するに会社の第一線で働けるには、働きすぎの男性総合職に自己を似せなければならなかったのである。

「もう男だ女だって言ってる時代じゃない」と、そこにきっぱりと挑戦する高学歴の女性たちもいくらかは輩出した。その挑戦の意義や成果を軽視するつもりはない。だが、私が注目する多くのノンエリート女性は、仕事の場でも輝きたいと望んでいても果たせず、たとえば月に一〇〇時間もの残業は引き受けられず、ここでも〈強制された自発性〉に従ってキャリア展開の乏しい「一般職」を選び、さらに人減らしのなか正社員の一般職もまた労働強化に駆られるとなれば、増加の一途を辿る多様な非正規雇用に身を投じていった。

こうして雇用均等法と能力主義管理の枠組のなかで、およそ二〇〇〇年代初頭まで、次のような新性別分業のモデルが成立するにいたる。ここでは男女間のそれなりの相互依存関係が、日本企業も家庭生活も支えている。

【男性】①主に正社員／②終身雇用と年功昇給→相対的高賃金／③長時間労働／④総合職・管理職／⑤仕事態様のフレキシビリティ／⑥家事・育児・介護の免除

【女性】①高い非正社員比率／②短勤続と昇給の停滞または欠如→低賃金／③生活スタイルにあわせて「選べる」労働時間／④単純労働または補助職／⑤数量的フレキシビリティ（雇用調整）／⑥家事・育児・介護の専担、加えて家計補助の稼ぎ

企業社会を支配する男たちは、こうしてかぎられた支払能力のもとでも相対的高賃金と雇用安定、それに下位職務から脱出できるより大きな可能性を享受し、「大きな仕事」に専念することができた。それは男たちの狡智の産物ではあれ、なおジェンダー規範のなかにあったふつうの女性たちに

とっても、このような男たちを夫とすれば、それはひとつの安定した生き方であった。それなりの男女共生というべきか。

しかしながら、二〇一三年〜一四年の現在、男女労働者の多数が上の相互依存モデルに依拠できる条件は大きく失われている。要因は重層的ながら、まず、一九九〇年代末から男性正社員の賃下げやリストラが恒常化し、男性の非正規雇用化も明瞭になった。つまり、もともと深刻だった低賃金や雇用不安という女性労働者の問題を社会的には潜在化させる必須の要因であった夫や父親へのパラサイトを、抱擁できる男が少なくなったのだ。

非正規雇用の被差別的な待遇を継続的に体験してきた若い女性の間では今、「主婦願望」が復権しつつあるという。けれども、主として若者の貧困ゆえに未婚比率が高まり、また、十分に稼げなくなった夫のいらだちからくる夫婦関係の緊張もあって離婚する既婚女性も、したがってシングルマザーも増えている。こうして経済的自立を望む女性が必然的に増加しているのに、用意される雇用機会はますます非正規雇用に重く偏りつづける。最新版二〇一二年の就業構造基本調査によれば、一九九二年から二〇一二年までに、男性の非正規雇用比率も九・九％から二二・一％に上昇したとはいえ、女性ではその間、その比率は三九・一％から実に五七・五％に高まったのである。

それゆえ、女性労働者にとって現時点のもっとも深刻な問題は貧困者の累積にほかならない。常用労働者の所定内賃金だけの比較では女性の賃金は男性の七〇％くらいといわれるが、雇用形態や労働時間をすべて込みにした総平均では女性の賃金は依然として男性の五〇％以下にすぎない。また先の調査によれば、同じ正規雇用でも、年収三〇〇万円未満層は男性では二二・七％なのに、女性では五一・八％に及ぶ。女性の半数以上を占める非正規雇用のパートとアルバイトに至っては、九三%が二〇〇万円未満である。巨大な性別賃金格差自体はむろん今にはじまったことではない。しかし今、かなりの女性がパラサイトできなくなって家計の中心的支持者として生きてゆかねばならなくなったゆえに、ジェンダーバイアスのためにこれまでは潜在化し見過ごされていた女性の貧困問題が、鋭く意識されるようになったのである。

女性のニーズが変わったのに、女性に許される生活改善の方途はなお厳しく限定されている。女性の低賃金の背景は結局、職務担当、キャリアルート、雇用形態などにおける性別の偏りにほかならないけれども、それらの偏りは女性が「初職」に長く定着することによって多少は是正されよう。だが、日本的能力主義の要請をなんとかこなして女性が個人生活の変化にかかわらず勤続を重ねることは、どれほど難しいか。ワーク・ライフ・バランスのかけ声も虚しく、二〇一三年の男女共同参画白書によれば、結婚前から仕事についている女性のうち二七・七%が結婚で、三六・〇%が第一子の出産を機に退職している。雇用均等基本調査では二〇一三年の育児休業取得率は八三・六%に登るとはいえ、結局、結婚、出産を超えてはじめの職場で働き続けている女性は三六%強に留まるのが現実である。最近では、企業によっては妊娠した従業員に公然・隠然と退職を迫る「マタニティハラスメント（マタハラ）」という奇怪事にさえ、私たちは出くわす。

多くの企業はなお、一八万円ほどの賃金で、非正規雇用の女性たちを工場の手組立・検査・包装の単純作業に、データ入力や受付の事務に、大量販売店の店員に、コールワーカーに、ファーストフードのキッチンやフロアに動員している。そればかりか、これまで主として男性正社員のものであったノルマやサービス残業を課して、ときに彼女らを過労自殺にさえ追い込んでいる。〈被差別者の自由〉は、誰が稼ぐのであれ家族がいちおう生活できる収入と、女性職場での一定のゆとりあってはじめて享受できる。現時点のノンエリート女性には、この立ち位置も覚束ない。性差別を払拭するとされる雇用機会均等法と純化した能力主義管理から彼女らはなにを得たのだろう。安定という点では、現在は「新性別分業時代」よりも後退しているかもしれない。

私の印象では、フェミニズムが男女共同参画論に「発展」してゆくにつれて、一九六〇〜七〇年代のウーマン・リヴによる労働に関する暗黙の示唆は、次第に忘れられていったようにみえる。リヴの中心的なメッセージはおんなの身体と性の自己決定であり、無名の女性たちが営む日々の労働について語るところは多くなかった。けれども、その声のなかには、企業社会のなかで効率主義と能力主義に殉ずる男たちの労働の秩序にからみとられることを拒否する思想も息づいていた。そうした思想はおそらく今、そのままのかたちでは復権できないだろう。だが、もともと企業と労働への献身を相対化してきた「女性性」はしかるべく顧みられるべきだ。新性別分業体制のもとで一定享受していた〈被差別者の自由〉も失った現在の多くのふつうの女たちは、結局、経済的自立が不可欠なのに処遇は被差別のまま、裸の労働者として熾烈な能力主義的選別の働かせ方に勝算なく投企しなければならない。同様にかつての相対的特権を失いつつある「冴えない」男たちとの連帯を通じてノンエリート男女の自立をはかる、労働組合運動のほかに道はあるだろうか。

（『POSSE』二〇号、二〇一三年九月）

11　産業民主主義と組合民主主義

私たちの国は、近代・現代の歴史を通じて、本当に産業民主主義の根が浅い国であったと思う。

この特徴はそして、近年いっそう際立ってきたようである。

　産業民主主義とは、広義の労働条件は、その労働現場で働く人びとのニーズに執着する団体交渉やストライキを通じて決定されるべきだという思想と営みである。彼ら／彼女らの要求は、のちに経済または国政の管理者の要請に応じてふつうは一定の譲歩を迫られる。とはいえ、まずはその産業、その職場の労働者が、賃金や労働時間や仕事量について発言権・決定参加権をもたねばならない。そのためには当然、労働組合の存在と機能が不可欠になる。でなければ「政治家」でない現場労働者にとって、ひっきょう民主主義は虚妄なのだ。それゆえ、およそまともな民主主義国は、団結権、団体交渉権、争議権を保障し、労働組合と雇用主が論争と争議を経て妥協点を探る労使関係のなかで日々の労働条件を決めるという慣行を、当然のありようとして承認してきたのである。

　けれども、現実の日本では、労働組合運動は不毛に近い風土と厳冬の季節のなかにあり、多数の労働者は労働の条件や環境についての発言権・決定参加権を喪っている。日本を「民主主義」の国とすれば、産業民主主義を軽視する民主主義レジームも一応ありうるということだ。では、戦後の日本はどのような意味で、それでもなお民主主義の国なのか。

　この種のレジームではまず、産業社会に不可避の階層というものは、戦後民主主義のある達成ともいうべき「機会の平等」を前提にした競争の結果として形成されるという想定がある。恵まれた階層に加われるか否かは、したがって能力と努力の結果、つまり「自己責任」とされている。その負の惰力は、ふつうは地味な仕事を担い収入も高くないノンエリート労働者が、その立場のままで、権利拡大と生活向上のために闘う意義の軽視であり、ときには反感でさえある。それらを求めるなら、競争機会は開放されているのだから恵まれた階層に入る努力をすればいいというわけだ。もっとも、戦後民主主義の達成のうちには「福祉国家」建設という合意もある。落ちこぼれは死ねばいいというほど戦後レジームは酷薄ではない。それゆえ、恵まれない階層に固有のニーズは、その程度に応じて、一方では福祉給付に委ねられ、他方では選挙結果の示す国民多数の意向を汲むとされる支配政党の政権によって、抑制された方向で調整されるのである。

以上を要するに、ここでは階層を経上がる競争の公認と産業民主主義の軽視とが対をなしている。ちなみにこの組み合わせは、経済政策的には、階層別の要求の適否はひとえに「市場」に判定されるべきだとする新自由主義にまことに適合的である。

労働者を中心とする現時点の日本国民の多数は、民主主義のこの日本型レジームをまずは受容しており、「戦後革新」陣営も論壇も、日本固有の産業民主主義の脆弱さをあまり問題視することはなかったように思われる。ではあらためて、それがなぜ問題なのだろうか。

あるとき大きな成功を夢見て懸命に努力することがあっても、分業の貫徹する産業社会では、大きな資産、豊富なコネのある純粋エリートの出自、抜群の才能や頭脳や体力など、それら特別の競争資源に恵まれないふつうの労働者は結局、命令されることの多い仕事、必要生計費いっぱいの収入という地味な労働生活の一生を送るだろう。この多数の人びとが賃金や労働時間や仕事量に関する切実なニーズのため発言し行動する。この権利ほど大切な民主主義の要素があるだろうか。この連載が紹介してきた労働者のあらゆる受難は、この命題の正当性を証明する。それに、たとえヒューマンな行政や立法が労働者の生活に有利な介入を試みるにしても、労働条件の具体的な詳細はさしあたり「経営権」であり、行政や立法にできることには限界がある。早い話、例えば仕事ノルマの多寡や残業指令には総じて介入できないだろう。それらは、現場労働者の痛感するニーズを汲む労働組合の要求行動と経営側の意向とのすりあわせによってしか決定できないのである。

特定職場の労働条件の決定にも国民多数の意見を反映させるべきだという考え方もありうる。これは良識の声にきこえるかもしれない。しかし率直のところ、一般国民が特定職場の労働者にとっての切実なニーズに共感することはほとんどあるまい。むしろ多くの場合、特定職場の労働条件の水準が高くなると、ときにその産業の製品やサービスの価格が高くなる傾向もあって、消費者としての一般国民はわずかながら均分された損失を被る。逆もまた真である！　忌憚なくいえば、国民は特定の職場の労働者の要求にどうしても冷たくなる。公務員の相対的高賃金に対する納税者たる市民のよくみられるバッシングは、その端的な表れにほかならない。それゆえ、ある分野の労働条件の決定に「国民」が過剰にかかわることは、少数の現場労働者に対する多数の国民の暴力になりかねない。

さらにもう一点。強靱な産業民主主義がなければ、ふつうの労働者が個人の人権を守ることも困難になる。労働者の日常はふつう職場、職種グループ、地域労働者の集いといった小さな生活圏（界隈）に属している。そして多くの場合、個人の人権は彼／彼女が帰属する界隈——その内部の人間関係はさしあたり平等で、協同的・連帯的なものと想定しておこう——が、企業や国家から思想的に自立を遂げることを通じて守られてきたのだ。裸の個人が直接、国家や大企業に対峙して人権を守りうるのは、少数のいわゆる「強い個人」だけである。敷衍すれば、それぞれの生活圏に労働組合が盤踞して個人にふりかかる受難に寄り添ってはじめて、萎縮しがちな弱い個人もエリートや権力者に対抗してみずからの人権を主張でき、ときに提訴に踏み出すこともできるのである。

以上の二点は、産業民主主義が希薄ならば、民主主義レジームからも、選挙での国民多数の支持によって正当化されたファッシズムが生まれもする可能性を示唆している。選挙結果を振りかざして現場の第一線で働く地方公務員や教員の声を徹底的に抑圧する大阪の橋下政治が「ハシズム」と呼ばれるのも、たんなる揶揄ではない。

しかしながら、このように産業民主主義の意義を高唱してもなお、無視しえぬひとつの難問があとに待ち伏せしている。それは、労働者の属する界隈の人間関係を「さしあたり協同的・連帯的」と想定することの適否だ。その適否の検証を避けることはできない。

くりかえしいえば、一介の労働者の人権は、その日常が営まれる職場・職業集団、そこに基盤をもつ労働組合の自立を媒介にしてこそ守られる。しかし、その生活圏（界隈）が企業または国家に従属し、その内部を小ボスが支配することによって、各メンバーが平等や自由な発言権を享受できていない場合もある。そのとき、労働者がその生活圏に、自発的か強制的かを問わず帰属するほかないとすれば、その個人の人権は、帰属なき孤立状態にあるとき以上に日常的な危機に曝されるだろう。なんらかの理由で「異端」の少数者とみなされれば、その人は界隈から排除されないまでも、いじめられさえする。

産業民主主義は、いわゆる組合民主主義に裏打ちされなければ、その思想の香り高さを喪うだろう。そして現実に、企業の論理への批判的な視点を欠く企業別組合の多くは、能力主義的選別の絶対性を疑う、過度のノルマや残業に抗う、耐え難い「個人の受難」に寄り添う、ワーク・ライフ・バランスに固執する、さまざまの女性差別に異議を申し立てる――たとえばそのように、ユニオニストとしてまことにまっとうな主張をする労働者を「異端」として、発言の自由を制約しさえする現実がある。少なからぬ組合員は今の組合を「会社の言うことと同じ」「個人の問題に無関心」……となかば絶望視しさえしている。女性社員はとかく組合を「男社会」とみて忌避する。若者は組合は窮屈なものと感じて活動への参加をいやがる。思えばそれも当然の現象かもしれない。

この現実をどのように打開するのか。私の近年の労働組合運動論（著書24）もなお、その不可欠なテーマの模索が不十分である。ともあれ、日本の民主主義レジームに、当事者の決定参加権をなによりも尊重する産業民主主義を構造的・慣行的に再確立すること。職場と労働組合の内部に、自由な発言権を平等に保障する組合民主主義を甦らせること。このふたつは、労働者が明日を託す車に不可欠の両輪にほかならない。

（『POSSE』二一号、二〇一三年一一月）

三章　公務員バッシング対抗論——橋下「改革」と公務員労働組合

『POSSE』編集部（以下、編集部）　このインタビューのテーマは、公務員の労働運動です。大阪の橋下改革においてもっとも攻撃を受けているのは公務員、特にその労働組合です。その非民主主義的な手法については支持も批判もありますが、労働組合のあり方については、橋下改革反対派でも、その評価は曖昧です。橋下改革による公務員批判には、労働組合が取り組むべき活動を逆手に取られている構図も見えます。

そこで、労働組合について研究を重ね、公共部門の労働組合のあり方について三〇年も前から提言されてきた熊沢誠さんに、大阪市の労働運動の実態と課題、ひいては公務員労働運動のあるべき姿について、論じていただきましょう。

1　組合つぶしの論理と背景――新自由主義と大阪市の事情

橋下「改革」の統制主義はなぜ可能なのか

橋下「改革」については、そのベースになる新自由主義の考え方、いまの日本という時代的な特徴、さらに大阪という地域の特殊性……と重層的に論じる必要があります。

ベースになる政策志向は、日本では一九八〇年代に中曽根政権によって始められ、二〇〇〇年代に小泉政権が加速させた行政改革・構造改革です。端的に言えば、企業間競争と個人間競争を徹底的に促進し、人びとが属している中間組織を分解して個人をアトム化すれば、市場原理が妨げられず、すべてがうまくゆくという考え方です。

そこから導かれる主要な攻撃対象の一つは、市場の論理から隔離されてきたとされる公共部門です。公共サービスの供給主体をできるだけ民間企業にせよという発想。確かにとくに現業部門については、技術的には民営化できる事業も多いことでしょう。加えて攻撃の対象は、民間のサラリーマンのような競争主義的な働き方をしていないとみなされる公務員です。そして、こうした公務員のありようは、効率性の重視が後まわしになる公共部門に寄生して労働者の競争ぎらいの働き方を守っている労組のせいであるとされ、結局、労組がもっとも糾弾の的になるわけです。この論理は、中曽根行政改革の中心課題が国鉄の民営化と国労（国鉄労働組合）解体でもあったという経緯からもわかるように、橋下政治ではじめてみられる新しいものではありません。

ただ、現時点の橋下「改革」では、多くの人が注目するように、統制主義・管理強化の側面があまりに強烈で、ファシズムのようにさえみえます。市場主義や自由競争論自体は統制主義・管理主義とかならずしも同じではありません。むしろ建前としては「自己責任」と同時に「自由」が謳われもします。しかし現実には、世界的にみても、市場万能主義・新自由主義は、ナショナリズム的な統合の鼓吹を伴うことが多いのです。市場万能主義はかならず格差を拡大し、底辺に「落ちこぼれ」を生み出しますから、国民規模の統合が危うくなり闇雲の反抗も勃発しかねませんから、つよい締めつけが必要視されるのです。

橋下「改革」についてとくに注目すべきは、民主主義や人権を顧みない抑圧を、選挙での勝利によって府民・納税者の支持を得たことを楯に遂行していることです。府民多数の支持を援軍として極端に管理・統制をつよめ、抵抗を封じ、公務員とその労働組合を包囲・窒息させようとしています。教育については、府民である保護者を教育機関の運営に関わらせるともしています。教員の査定は相対主義ではなく絶対主義へと譲歩はしましたが、そのかわり、保護者が学校協議会に、「この教員は不適格だ、処分してくれ」と申し入れできるとされています。全体に、「教育関係者すべての協力を」と唱えながら、教室で子どもたちと日々接する教師の教育過程への参加は徹底的に拒否され排除されているのです。地方行政と一般公務員の関係についても同じです。要するに、それが府民・納税者の願いであるとして、公共部門の労働者はひとえに管理・統制の対象とされ、公共部門の運営への主体的参加から排除されているのです。

それにしても、なぜそんなことが、いま可能なのでしょう。その理由の一つに、格差社会の進行と経済不況のなか、多くの人が生活や労働において閉塞状態にあるのに、その改善の方途はみえないという鬱屈と鬱憤があります。公務員バッシングは、その鬱憤にはけ口を与えもします。ワーキングプアには、相対的に安定しているようにみえる公務員の「既得権」を剝奪してほしいという気持ちがどこかにあるようです。そもそも官民格差がなぜ大きくなったのかといえば、これまでの新自由主義的な政策の結果、民間部門で非正規雇用が増加するなどして賃金が著しく低下したため、かつてはそう高くもなかった公務員の賃金が相対的に浮上したからなのですが、その点は無視されています。

時期的な理由の第二は、政治の停滞でしょう。現時点の政治では、政党間のねじれ現象もあって、すべてがなかなか決定できません。派遣法のいいかげんな改正案や公務員給与を二年間で七・八％カットするなど、労働者に負担を負わせる政策だけは民主党と自民党が妥協して通りますが、たとえば、消費税の引き上げと並行すべき社会保障の抜本的な改革のゆくえは、なおみえません。政治はなにをやってくれるのかと庶民はいらだっている。しかし恵まれない庶民たちは組織的な社会運動による改善という思想を喪っていますから、そこで橋下はともかくいい方向に引っ張っていってくれるのでは、と期待するのです。

橋下「改革」への対抗の論理を構築しようとすれば、その上に、大阪市に特徴的な公共部門の労使関係のありかたという評価の難しい問題が重なってきます。ここでは公務員労働組合がかなり強力な発言権を保持していたのですが、忌憚なくいえば同時にあるひずみもあって、それがいま問題にされているのです。ちなみに以下にみる大阪市の状況は、他の自治体にも多少はあることと私は推測します。

大阪市と大阪市労連が「癒着」した背景

周知のように、ごみ収集の担当者など地方公務員の現業労働者には、労働三権のうち協約締結権までは認められています。しかし、国家公務員、地方公務員の事務職・一般職にあるのは団結権だけです。いずれにしても公務員はストライキ権を認められていない。その代償措置として日本には、民間賃金の引き上げに準じて公務員の賃金を調整する人事院勧告（以下、人勧）があるわけですね。

この人勧体制はしかし、およそ八〇年代からかなり厳しい局面を迎えます。一九八二年に中曽根政権がはじめて、人勧にもとづく公務員賃金の引き上げを凍結する、いわゆる人勧凍結をおこないました。このとき大きな労働争議が起こると私は予測したのですが、全体的な新自由主義への傾斜のなか労組はすでに抵抗力を喪っており、体制は楽々とこれを乗り越え、その後は人勧の凍結や削減が繰り返されてゆきます。

それでも、八〇年代以降、地方公務員の賃金水準は、現業部門を中心にかなり高くなってきます。そこで、国は地方自治体の賃金の抑制に取りかかります。国家公務員の賃金を一〇〇とするときの地方公務員の賃金比率、つまりラスパイレス指数は、大阪市やその周辺の堺市、豊中市、高槻市など労働組合運動が強靱であったところでは、確か一三〇前後でした。政府はその数値を抑えることを基本的な政策として、ラスパイレスの高い自治体には地方交付金や補助金をカットするなどの措置をとる。こうしたなか、大阪市では、マヌーバー的な（面従腹背的な）対抗策がとられ、その結果ある種の労使間「癒着」が生まれるようになったと思われます。

市職員の賃金の決定については、国の人勧を受けて、市の人事委員会による勧告が出されます。市の人勧では、ラスパイレスを高めないように、かなり厳しい金額が出されます。この水準をベースとして、市職員の諸労組は市当局を相手に「確定闘争」を行います。大阪市当局と交渉するのは大阪市労働組合連合会（市労連）。大阪市の職員労働組合（市職）、現業労働者の大阪市従業員労働組合（市従）、大阪市交通局労働組合（大交）、など七つの労働組合で構成されています。市職は事務職の組合で団体交渉権はありませんが、市労連に団交権をもつ組合が加わることによって、その賃金も交渉される慣行でした。

一方、市長・市当局は、職員が不満をもつことを怖れてきました。市側が組合の要求を突っぱねると、とくに現業部門の組合は、有形・無形の順法闘争によって労働を一定サボタージュすることが可能です。「もう時間が来たから仕事を終えます」とも言えるし、人力に依存する仕事であれば労働強化を避けて作業を遅らせることもできます。これではもともと人員不足の市の業務が滞ってしまいます。そうすると、市民の不満は市長に寄せられ、市長の政治的責任が問われます。もっとも、こうした傾向は欧米にもみられますけれど。

そのうえ、歴代の大阪市長は自民党、公明党、民主党、そして連合系の市労連など、共産党を除く「オール与党」相乗りの支持を受けて、当選してきた人でした。橋下市長が市職員による市長選挙の運動を極端に厳しく追及しているのは、このためでしょう。

大阪市職員の実績と「厚遇」

これらが「癒着」の背景ですが、では、そうした構図のなかで、およそ九〇年代末までの大阪市では、どのように職員の労働条件が決定されていたのでしょうか。

市当局は、市労連の交渉に際しても、国の圧力を無視できませんから、ラスパイレスを高めることはできず、その他さまざまの「既得権」への国の厳しいチェックも考慮せざるを得ません。そこで、市当局と市労連はどうしても、結託して一種のマヌーバー的な対応をすることになるのです。

賃金表の額自体の引き上げはできないけれど、運用には裁量の幅があります。たとえば昇給時期の短縮、昇給条件の緩和などができます。日本の公務員賃金は一応、形式的には年功的職務給であり、民間企業のような職能給ではありません。職務給の原則では、同じ職務である限り同じ昇給線上にあり、年々の昇給はあるにしてもわずかで、頭打ちもあります。仕事が変わる、つまり昇進があってはじめて、そこから枝分かれする、年々の昇給幅がより大きい昇給線に移行する仕組みです。しかしマヌーバー的対策をとれば、その労務管理の運用をルーズにして、昇給線の一定の地点までくれば、仕事が変わらなくても上位の昇給線に移れるようにする、いわゆる「渡り・通し号俸」を隠密裡に慣行化する余地がありました。また、成績の良い人への特別昇給についても、その査定を不公平と批判して、みんなが順番に特別昇給を受けられるようにもしました。それ自体はユニオニズムとしてすぐれた考え方だと私は思いますが、「もぐり」であることは事実です。さらに福利厚生面では、市と組合員が折半で拠出するはずの共済制度において市側の拠金を大きくしたり、特別の支給や便宜供与をつけ加えたり、退職金に色をつけたりすることもありました。そのようなかたちで、市は組合員の不満を抑えるように、しかも国に対しても方針通りにやっていると言えるように、市の予算をかなり「流用」していたといえましょう。

二〇〇四年末頃から、マスコミでは大阪市の「厚遇」バッシングが苛烈になりました。私は、大阪市人事委員会の資料による市労連の算出資料と各年の『賃金センサス』を使って、この頃の大阪市職員の全職種の賃金を、日本全体の労働者の賃金と比較してみました。それによれば、全体としての官民格差は、一一五・五％（九一年）から一二七・六％（〇四年）へと拡大していることがわかります。企業規模千人以上の大企業の労働者の賃金と比較しても、九七・四％（九一年）から一〇五・二％（〇四年）へと変化し、公務員の賃金は逆転して大企業を上回っています。また、職員の福利厚生施設でも、ここで例をあげませんが、「厚遇」は否定できません。（資料省略。くわしくは『大阪社会労働運動史』第九巻、有斐閣、二〇〇九年の拙稿を参照）。こうした長年にわたる一定の恵まれた労働条件と福利施設の享受が、公務員は「得をしている」という世論を、とくに貧困世帯の多い大阪市で普及させる背景になっているのです。

とはいえ、一方では、労働組合が査定の規制をして労働者同士の競争を制限することの意義は、私たちもはっきり認識しておかねばなりません。残業制限や労働強化を防ぐための要員確保も大切な組合機能です。それに組合が非正規・臨時職員の正規化を果たしてきたため、現業部門に基本的に非正規雇用者はいないのもめざましいことです。それから、現業部門の労組、市従が提起している「コミュニティ労働論」も高く評価できます。どのような公共サービスを提供して市民のニーズに応えるかというプロジェクトをいくつも提起し実践しています。たとえば、子どもたちが温かいパンを食べられるように給食の調理師たちが学校でパンを焼ける工夫をしたり、ごみ収集の人びとが高齢者の住むアパート上階の戸口までごみ袋を取りに行ったり。そんなことに知恵を絞っており、感銘を受けます。

けれども、私の限られた情報では、いま大阪市労連系諸組合も教職員組合も、橋下市長の組合攻撃を前にして、みずからが実践してきた活動の光と影の意味を社会に投げ返さないまま、低姿勢に終始して後退を続けている印象です。退職者も、板挟みの管理者の自殺も増えているとか。情けない状況です。結局、癒着の上の強さだったから癒着の相手が開き直ればもう闘えないと、他産業の労働者から辛辣に見離されてしまいかねません。

2 日本の公務員労働運動——厳冬の風土と季節

編集部 大阪市の特殊性の背景にある、日本における公務員労働運動の歴史を少し振り返っていただきたいと思います。

産業民主主義が脆弱なままの日本

では、なぜ公務員の労働組合運動は日本ではあまり国民的な支持に恵まれなかったのか、その理由をもう少し考えてみましょう。前提になる事実は、先進国で公共部門の労働三権が大幅に制約されている国は日本だけだということです。国によって少々の違いはありますが、とくにヨーロッパでは公務員のかなりの高位職や専門職にも労働三権があって、中央官庁でも学校でも病院でも、労働争議が起こります。

イギリスでサッチャー首相が当選した一九七九年に、消防士のストライキがありました。そのとき私はイギリスにいてテレビのニュースを見ていたのですが、そこで意見を求められた街なかの中年女性は、要旨およそ「確かに迷惑だけど、危険な仕事を引き受ける消防士にどれだけの賃金が払われるべきかについて、当の労働者自身がまず発言し行動するのは当たり前」と語ったものです。感銘を受けました。特定の仕事の労働条件は国民的多数決や世論によって一方的に与えられるべきでない、労働現場で日々その仕事をしている人こそが本当のニーズを痛感することができる、そのために労務提供の拒否をもって闘う権利がある――そんな考え方。これが産業民主主義です。民主主義のシステム一般のなかでも、これがふつうの労働者にとってもっとも大切な要素なのです。

日本は明治の近代化以来、産業民主主義の根が非常に弱い国です。ここでの私の説明は簡単すぎるでしょうが、建前上、国民は平等で、それぞれの地位は立身出世の競争の結果として決まるというのが、天皇制の下での日本の近代国家の構成原理でした。しかし、この階層上昇の承認の替わりに、農民が農民として、労働者が労働者として、その階層のままで連帯的に権利を要求し生活を改善しようとする運動は、断固として許されませんでした。だから、戦前の日本はついに労働組合法をもたず、ストライキなどで国民に迷惑をかける者には懲罰的でなければならないとされてきました。もちろん戦後初期、官公労働者はストライキをふくむ労働運動の第一線を担いましたが、情勢の激変のなか、さまざまの反動的な勢力の合力で一九四八〜五〇年頃、公共部門の職員から労働三権が奪われて以来、この戦前来の負の伝統が甦り、それを今なお引きずっているのです。

もっとも、公共部門のストライキ権がどこかでは制限されるべきであるという議論はありうるでしょう。しかしこれは、基本的にスト権を認めた後で考えればいいことです。たとえば、サービスの一時的途絶が国民の生命にかかわるようなライフラインのストライキの際には、最低限の稼働・保全要員はおくべきだと言っていいと思います。でも思えば、サービスの常時不可欠性という点では、今では官民間にさして違いはありません。

公共部門に残る「欧米的」側面への攻撃

西欧社会では、六〇年代の末くらいからむしろ、公共部門が賃上げ闘争のリーダーになっています。労働運動の本場であった製造業が、この頃から相対的に衰退していったこと、公務員のなかで仕事内容や賃金が階層化し、多数者が一般労働者と変わらない存在になっていたことなどが、その背景にありましょう。

日本では、労働三権剝奪以来、公共部門の労働運動は賃金闘争ではリーダーシップをとれませんでした。とはいえ、職場での組合規制は、六〇年代〜七〇年代にかけて民間労組がそれを喪ってゆくのとは対照的に、なお強靱でした。その力のゆきつくところ、公労協（公共企業体等労働組合協議会）は、悲願であったスト権の奪還に挑む七五年スト権ストに突入します。しかし、比較的リベラルといわれた当時の三木政権下でも、派閥抗争に明け暮れていた自民党もこのときばかりは一致して、断固として要求を拒み、条件付きスト権さえ認めませんでした。イギリスの轍を踏むな！公務員にはもとより公共企業体労働者にもスト権を認めないできた「日本の良さ」を守り抜け！という次第です。政財界は当時、公務員までストをするような西欧はもう産業社会のモデルにならない、民間部門でも労使協調が定着してストがない日本型資本主義、それこそがスタグフレーションを避けうる体制であると主張したのです。

少しさかのぼりますが、彼らの認識では、公共部門は日本にまだ残っている「欧米」的な側面でした。民間部門では、六〇年の三井三池闘争の敗北を契機として、それ以来、仕事のありかたと労働者の異動についての職場における労働組合規制がどんどん後退していました。経済成長のなか、正社員の雇用保障と昇給さえあれば、働き方や人事異動ではもう文句を言わず、そこでは経営側の専制が容認されるようになっていました。そこに昭和四〇年代の日本的能力主義、私の規定では、経営の都合にあわせた「柔軟な働き方」と「生活態度としての能力」が浸透してくるにつれて、労働者は競争と選別を受け入れる生きざまに傾いていきます。それまでは労働者の独自的な要求がまだみられた賃金闘争でも、企業の財務や生産性を脅かすようなストライキ闘争はほとんどなくなりました。けれども、技術革新の進んだ現場で組合機能が著しく後退した民間部門とは対照的に、公共部門の労組は、賃上げの主導権こそ握れませんでしたが、職場における人の動かし方や仕事のやり方についてはなお、かなり強靭な組合規制が生きのびていました。国鉄の新幹線、郵便局の小包集中局、電電公社のデータ通信局などがその代表例です。ここでは、労働者間の競争制限、平等な処遇、ゆとりある働き方の慣行が、社会的には目立たないかたちで存在していたのです。

けれども、公共部門の赤字が累積し、他方では経済構造の新自由主義的な見直しによって公共部門の効率性や生産性が厳しく問われるようになると、「日本にまだ残っている」労使関係の西欧的な側面はあらためて政財界の攻撃の的になったばかりか、公共部門の労組自身もそれまでの組合主義的な職場規制に執着する考え方を次第に希薄にしてゆきます。この性格変化にはもちろん、七五年スト権ストの敗北、七九年全逓（全逓信労働組合）での職場闘争の弾圧、そして決定的には八五年の国労の解体が関わっています。それ以降、公共部門の労組は穏健化して、企業の利益と歩調を合わせる民間労組に体質的に接近してゆきました。こうしてはじめて、民間主導の戦線統一が可能になったのです。

はじめに攻撃を受け、生き延びるために変質したのは公共企業体の労組でしたが、自治体の労組への本格的な攻撃は、その一五年ほどあとにまわされていました。そして今、公務員バッシングはあらためて熾烈化しています。橋下「改革」はその端的な表れといえましょう。しかし不幸なことに、八〇年代末には、労働組合はすでに全体として日本的な体質で固まっていたようです。働き方では能力・成果主義、労使関係論では支払能力主義の色彩を濃くしています。とくに民間労組は、「公務員の職場だから効率が悪い」といわんばかりで、公務員バッシングでは、どちらかといえば、政財界の側に立つような状況なのです。

一九七五年のスト権ストのときには、民間労組はすでに、たとえば私鉄総連関西地連が臨時列車の増発を拒むという連帯の良心を示しただけで、ほとんど支持を寄せませんでした。ちなみにスト権ストを破った物質的な力としては、鉄道に変わって日夜貨物を運んだ運送業界のトラック運転手、この総じて未組織の労働者の活躍が大きいといわれています。

国民はかならずしも労働組合の味方ではない

公共部門の労働組合の苦境を見過ごす日本の労働界の傾向は、いまいっそう強くなっています。そして、新自由主義に対抗的ではない労働運動の路線に自信をもつ民間労組が増えるとともに、市民意識のレベルでは、税金が低く、社会保険料の負担も低く、自分で使える金が多いほうがよいという可処分所得万能論が強まります。税金が高く社会保険料の負担も大きくなると、社会保障が充実する可能性はあるけれど、中産階級以上の可処分所得は減り、「大きな国家」になってよくないと考える新自由主義的市民が台頭しているのです、とくに大阪のような大都市では。今ではかなり多くの組織労働者も社会民主主義とは対極に立つ、このような考え方になびいているようです。

しかしながら、ある意味で悲劇的にも、戦後日本の労働組合は伝統的に、国民や納税者はかならずしも労働組合・組織労働者の味方ではないという考えになじまず、戦後民主主義を支持する「労働者・国民」という「ナカグロ主義」の幻想に頼ってきました。左翼はつねに、労働者・国民は、反動的またはファシズム的な国家権力と独占資本の横暴に苦しめられてきたのだから、利害の一致する両者は協力して闘おうと訴えてきました。しかし、組織労働者が市民と本当に連携するというのは、その一定の難しさを見すえた上で懸命に模索すべき課題であって、まずは両者の間に緊張関係が生じることも多々あるということを労働組合は認識すべきでしょう。産業民主主義を大切にすることの、それは不可避の代価なのです。けれども、戦後の労働運動には、民主主義の代表的な担い手だという意識の惰力として、組織労働者と国民の間に生じうる緊張関係への自覚がありませんでした。公労協のスト権スト以降の組織労働者にとっての試練として、政財界の組合への加圧を一般の国民はどちらかといえば支持するという状況が生まれていたにもかかわらず、です。

最近では「社会的労働運動」論が盛んですが、その意味内容はきちんと検証されるべきでしょう。広く国民が実現を望むような要求項目を掲げればそれが社会的労働運動とみなされもしますが、どうでしょうか？　もし組合が「社会的労働運動」を唱えるのであれば、問われるのは、みずからの手でやれること、すなわち労働条件の標準化、つまり均等待遇をどれだけ広げていくか、その方向にどれだけ協約を拡大してゆくかということのはずです。組合が関与する労働条件標準化の範囲を、たとえば特定企業の正社員に限定したままで「社会的労働運動」を名のるのは、排他性の免罪符を求めるにすぎません。

国民と組織労働者をいつもイコールにおくという発想自体は捨てられなかったけれど、組織労働者には当該の労働現場で働く者に固有の切実なニーズがあるというスタンスを持ち続けたのは、港湾労働組合など民間の一部を別にすれば、かつての国労や動労（国鉄動力車労働組合）、地方自治体の労働者などでした。それゆえにこそ、それらの組織労働者こそが、労働者独自の闘争を「迷惑」と見る「国民」を応援団とする政財界の抑圧に曝されてきたのです。こう考えれば、現代日本の橋下「改革」に代表される公務員とその組合へのバッシングの「成功」の根はふかいといえましょう。

3　公務員の労働条件維持にどう取り組むのか

編集部　大阪市労連の課題、ひいては公務員労働組合の課題として、職場の労働条件を中心に、どこが、どこまで改善されるべきなのでしょうか。判断の線引きが難しい問題です。

「階級的もの取り主義」から「自主管理的労働組合運動」へ

国民と公務員組合の関係をシビアにとらえた上で、公務員の労組が本当に国民の期待に応えうる道は、公共部門の仕事そのものへのみずからの主体性発揮、ある意味での「自主管理」をつよめ、社会的ニーズを満たすように仕事の中身を変えてゆくことでしょう。

日本の左派労働運動にはかつて、公共部門を中心に、私の表現では「階級的もの取り主義」という思想がありました。そのベースはある種の硬直的な階級認識で、資本は労働者を搾取する存在なのだから、労働者は仕事についてはできるだけ楽をしながら高い賃金を要求することによって「搾取の軽減」を追求すべきだという路線です。この考え方の非現実性、不適切さは、公共部門の労働組合の場合、決定的で、完全に放棄されるべきです。

国労が解体攻撃に曝されつつあるとき、私は国労委嘱の研究者による国鉄労使関係委員会（兵藤委員会）の一メンバーでした。国鉄を守ろうとするなら、国鉄はどのような鉄道であるべきか、そのために国労はこれまでの実績のなにを守り、どこを改善すべきか、そのために組合は職場でなにができるか――そうしたプランを労働者の側から提起することが当時の課題でした。その文脈で、私たちは、労働者もおかしいと感じるような慣行は進んで返上する一方、なかま間の平等や鉄道の安全に不可欠なゆとりを守る既得の慣行は堂々と擁護すべきだという提言を出しました。基礎にあったのは自主管理的労働運動論です。なお強靱な力を残す国労は、そのために現場で連帯的力量を発揮すべきだということです。しかし、単行本規模のこの文書（文献リスト・共著8参照）は組織内で配布もされず、むろんいささかも国労の運動方針には反映されませんでした。

それでも私は、公共部門の労働運動論としては、「階級的もの取り主義」の対極に立つ、この自主管理的労働運動論に固執しています。職場の秩序やルールについて現場の労働者たちが発言し、管理者との交渉や協議を経て、それらを改善しながら決定してゆく。「われらの仕事・われらの職場」と考えようということです。その仕事には立派な社会的な意義があると労働者が確信していること、仕事の進め方について労働者が一定の裁量権をもっていること、その有意義な業務にあたる経営体が財政的に危ういこと。こうした自主管理的労働運動が芽生え育つ条件は、その三つです。

多くの公務員は、仕事の内容をいちいち細かく命令されるわけではありません。経営学者の太田肇さんが『公務員革命』（ちくま新書、二〇一一年）という本を出しています。いままで私とは意見の違いもあった方ですが、これはみごとな好著です。公務員バッシング、査定や成果主義の強化、懲罰的統制は絶対だめという見解。公務員がモラールを発揮するに絶対必要なのは、要するに「自律」だという内容です。仕事のやり方、仕事のペース、労働時間の配分、キャリアの積み方……について徹底的に自律を促進することで、公務員の働き方を変えるという提言です。組合論の観点からの研究ではありませんが、基本的に賛成です。橋下「改革」のように、行政や教育の改革の主体から公務員労働者や教師を完全に排除して、統制と懲罰の管理強化をすることはグロテスクなのです。

一方、労働者のほうも内心で後ろめたいと思っている職場慣行は大胆に放棄すべきでしょう。働く者としての良心に立ち返りたいもの。癒着で可能になった変な「既得権」もだいぶなくなりましたが、たとえば大阪市役所では、批判を受けたものに「雨中手当」がありました。雨の程度、労働者が仕事をするために入る水溜りの深さなどを判定して手当を支払う制度。それがいつしか慣行化して、ろくに雨が降ってなくても手当支給というわけ。こうした慣行もないではなかったのです。

橋下市長はいま熱狂的に、これまでの労働組合員による市長選での特定候補者の支援活動を告発しています。そんな問題を突然取り上げて労働者の処分を考えるのはアブノーマルです。自分こそ政党活動に異様に熱心じゃないですか。しかし私は、公務員の労働組合による首長の選挙運動はやめたほうがいいと考えます。橋下「改革」を批判する人たちもこれには決してふれないことですが、「癒着」を絶つためです。癒着の存在はやはり疑いを容れず、それを絶つためには、首長や上位管理職の論理は組合のそれとは異なると割り切って、それゆえにこそ労働三権を強く要求することです。教師も公務員も普通の労働者であり、これからは普通の労使関係に入ってゆくという覚悟で、賃下げやリストラに対しても、団体交渉やストライキを対置する必要があります。管理者と労働組合は対立するものだと考え、癒着による以心伝心のマヌーバー的対応は克服したいものです。

法律違反というより人権抑圧の問題

労働組合は、職場の人権、仕事の内容、均等待遇の三つに執着しなければなりません。大阪市を念頭においてはいますが、論理は現代日本の公務員一般にも共通のものです。

まず最初のテーマ。橋下「改革」を批判する人たちは、橋下市長のやることは労働組合法違反、憲法違反と批判しています。首長が国法に違反することはもちろんあってはならないことですが、私は意地悪く、公務員は橋下施策が違法だから反対するのかと問いたい気持ちになります。あの「労使関係に関する職員アンケート」をイギリスの役所で実施すれば、労働者はすぐに破り捨て、すぐに山猫ストライキが起こるでしょう。そんな感覚がほしいですね。法律以前の人権問題です〔付記：当然にも二〇一四年、アンケートは労働委員会によって違法と裁定されている〕。

もっともひどい橋下市政の人権抑圧は、反対なのに賛成と口に出して言えということです。内心の自由、秘匿の自由を奪うからです。いうまでもなく、学校の式典で、君が代を起立して斉唱し（東京都では「一定の声量で」でしたね）、従わねば処分というのはそのきわみでしょう。職員アンケートにしても、選挙運動をしたか、組合活動に参加したか、組合運動をやめたらどんなデメリットがあると思うか、誰が組合活動に誘ったか、その名前を書くのがいやなら担当弁護士にメールをくれ……。新自由主義云々をぬきにしてもそれは嗤うべき愚行。こんなことにすぐ反発できなければ、もう組合じゃありません。

査定反対ではなく、どのような査定を認めるのか

次のテーマは、やはり仕事の内容についてです。すでに言いましたように、公務員の仕事は社会的に必要なもの、そしてその遂行に一定の裁量権をもちうる仕事ですから、それをよすがとして、自分たちの仕事が本当に市民のためになっているかを問い続けたいものです。仕事の社会的意義を確信しうる労働者は今日、そう多くありません。でも、公務員の仕事というのは、だいたいにおいてそう思える仕事でしょう。そこに立って、公務員は仕事に前向きになって、言葉の素朴な意味での無駄を排除し、本当に不当な慣行は返上して、額に汗ばむ程度にはがんばって働いてほしいです。個々の公務員の働き方については、臨時職員のほうがずっとよく働いているということもよく耳にします。

仕事に関して大切なのは査定論です。査定の完全排除の主張はもう通らないでしょう。能力主義

管理に帰依する若手公務員も少なくないはずです。組合に不可欠な考え方は、能力主義との上手な付き合い方でしょう。公務員労働者の実感に即して、なにが査定されるべきか、なにが査定されても仕方がないか――そう問題を立てるべきです。

日本の職場では、正当な査定というものがまだありうると思います。もちろん、今の民間労働者の査定はいきすぎていますし、なかまを選別させないために査定に反対という立場には、なお一定の正当性があります。とはいえ、いま働きぶりや仕事内容が問い直されている公務員はとくに、「なにが評価されるべきか」を考えなければなりません。これまでの「闘う」労働組合の考え方は、査定に反対したのだから、入ってしまった査定に組合が規制を加えると「ダーティワーク」になってしまうというわけで、その査定の運用に組合は責任をもたないというものでした。しかし、査定の内容とその影響度に組合が関わらないと、労使関係での労働者の発言権はかならず衰退します。査定導入と決まった以上は、どういう査定であるかを規制する、それが労使関係の基本です。公務員の場合には、たとえば市民の諸権利や生活保障制度に関する知見の程度などはきちんと査定されるべきですが、数値的なノルマ（なんのノルマ？）の達成度の評定などは拒んで当然なのです。

均等待遇の実現という難題

第三のもっとも悩ましいテーマは均等待遇でしょう。原因はどうあれ、労働条件の官民格差が開きすぎますと、譲歩せざるをえないということもあります。橋下市政は、大阪市営バスの運転手の給料を三八％カットして「民間並み」の水準にするという提案をしています。市バスの平均年収は七三九万円で、大阪府の民間バス事業者での平均年収は四六〇万円。だから二八〇万円、三八％をカットするという、ものすごく単純な計算です。こんな攻撃がこれからも引き続くでしょう。忌憚なくいえば、たとえば市職員のベテラン保育士の八〇〇万円もの年収は、長期的には五〇〇万円くらいに引き下げられても仕方ないでしょう。民間では保育士には非正規雇用が多く、現実に二五〇万円も出せば採用できると事業者は判断しています。労働組合は、市の保育士の給料を下げれば、保育サービスの質が落ちると申しますが、その論理の市民への説得性にはおのずから限界がありましょう。

もっともつらいところですが、公務員労組は、おそらく技能的に一人前になった労働者の一定年齢時点での昇給ストップというかたちで、正規職員の現行の賃金水準が低下してゆくことを認めざるをえないでしょう。けれども、同時に追求しなければならないことは、もう三〇％近くになっている臨時職員、いわゆる「官製ワーキングプア」と、公共サービスの民間委託企業の雇用者の賃金引き上げに、身体を張り身銭を切ることにほかなりません。とくに臨時職員であれ、委託企業雇用者であれ、広義の公務で働く非正規の女性専門職はとても低賃金です。公共サービスを担いながら正規公務員ではない労働者の労働条件について、その改善のために力を尽くすことは、公務員労働組合にとって今もっとも枢要の課題なのです。もちろん、その際、採用すべき賃金論は、性や雇用形態を横断して適用されるペイ・エクイティ以外ではありえません。そこへのあゆみがなければ、公務員労組はワーキングプアの味方たりえません。自治労などの奮起が期待されるところです。

4　公共部門の労働運動に期待されるフロンティア

編集部　公務員労働運動の役割は、自分たちの労働条件の維持の他には、どのような社会的役割があるのでしょうか。

日本は公務員が少ない国です。人口千人当たりの公務員の数は、日本を一とすれば、イギリスはフルタイム換算して一・九。フランスは二・三、ドイツは一・六、アメリカでも一・八です。けれども、賃金の官民格差はたしかに欧米にくらべて大きい。西欧社会では労働組合が企業横断的に組織されていて、労働協約の拡張適用もあるからでしょう。要するに、経営体によって労働者の賃金があまり変わらない西欧とくらべ、賃金が企業別に決まる日本では、公務員数が少ない一方、賃金の官民格差が大きいわけです。

民営化反対より均等待遇を——公共サービスの担い手は公務員とは限らない

だから、公務員賃金の抑制はともかく、公務員数の削減なんてもってのほかです。労働時間短縮のワークシェアリングによって公務員数を増やすのが正当です。短時間正規公務員を増やしてもいい。賃金を均等待遇にしながら、労働時間の短縮に応じて正規職員の収入を抑制するというワークシェアリングがとるべき方途です。

官民格差の是正についてもうひとつ。ＩＬＯ条約の勧告には、公共サービスを民間委託する場合には、それまでの公務員賃金と同等の賃金を保障しなければならないとするものがあります。日本の現実からみると考えられないような香り高い条項ですが、これは、いま公共部門の労使関係を考える際、決定的に大切な示唆を与えます。ヨーロッパでは一般的に、民間委託労働者の賃金を公務員のそれと同等にする法律や慣行、そして労働組合の規制が作用しているのです。

いまの日本でも、自治体が公契約条例——公務を民間委託する企業に一定水準の労働条件の保障を義務づける制度——を制度化して委託労働者の労働条件の低下に歯止めをかける試みがようやくはじまっています。歯止めの内容はといえば、公共事業の場合には、国交省の工事見積積算単価によって賃金基準を決める方法がよく使われます。しかし行政サービスの民間委託の場合には、賃金水準の具体的な歯止めを決めているところはまだほとんどありません。請負事業者の資格として、サービスの質、環境への配慮、コンプライアンスとしての障害者雇用などが総合評価されて審査されるのがふつうで、現場の労働者の労働条件について基準設定のメスを入れるところはまだ少ないのです。それでも千葉県の野田市、東京都の多摩市、神奈川県の川崎市、相模原市などの貴重な実例がみられます。

もっとも、運動の主役たるべき自治労や自治労連でも、賃金基準を明示した公契約条例の獲得はいまだに正式な方針にはなっていないようです。しかし、公契約条例への身体を張った運動は、自治体労組にとってもっとも偽りない均等待遇の営みであり、もっとも確実に市民の支持を期待できるルートにほかなりません。

それと同時に、一方では、これからの公共サービスの担い手は公務員だけでなく、臨時職員はもとより、委託企業労働者、NPO、ボランティアなど多様な人びとになるという認識が不可欠でしょう。もう「民営化絶対反対」で通せる状況ではありません。それだからこそ、民間委託企業での労働条件がダンピングされないようなしかるべき公契約条例が不可欠なのですが、ともあれ、今まで役所だけで遂行していた公共サービスのいくつかが、どうしても公務員以外の多様な人びととの協力のうちに供給されることになる。それはかならずしも否定すべきことではありません。公務員が労働の意義を再開発してゆく「コミュニティ労働」の実践にしても、これからは公務員自身が住民のために仕事をするというばかりではなく、広義の公共サービスを担う非公務員たちの組織者として、専門的アドヴァイザーとして、協同する体制をつくるべきでしょう。

あえていえば公共サービスは民営化されても構わないのです、サービス供給が利潤原理によってゆがめられず、労働条件が相場を割る劣悪さでなければ。労働者にとって雇用主は誰でもいいというのがむしろまっとうな労働者思想です。公務員でなければ生活が保障されないということがおかしいのです。民間に委託されてもいいよと労働者が思えるほどに、労働条件の標準化が進められなければならないのです。

幅広い公共サービスが、均等待遇を受ける人びとの協力によって担われるなら、諸事業体のなかでは協同組合が大きな意味をもちます。社会的企業とよぶにふさわしい事業も生まれるでしょう。なんといっても地域の問題は、最後は雇用です。「雇用が生まれなければなにを言ってもだめ」というのは本当です。私は社会的企業が、無償のボランティアではなく、食える賃金の雇用労働者でやってゆける条件や実例を探ってゆきたいと思います。

公務員労働運動の領域拡大と仕事のやりがい

最後に、それでもやはり役所の公務員が働くのがふさわしいと思われる固有の分野について、素人ながら、かねてからの私見を少し述べておきましょう。

市場では、消費者の大きな負担になるすごく高価な製品やサービスも取引きされています。たとえばマンションの購入、歯科のインプラント治療、さまざまの講座の受講などを想定しましょう。これらを自由市場で買うとき、それは市民と企業組織、もしくは市民と専門家の取引きになります。しかし両者の専門的な情報格差は決定的ですから、取引きは本来的に市民に不利になりかねません。こうした取引きが、品質的にも内容的にも正当に行われているか、そのチェックをするところに公共部門の新しい役割はないでしょうか。

市場化が進めばかならず、そのようなチェックの必要性も増えてくるはずです。たとえば、マンションがきちんと工事されているかなんて、私たちにはわかりません。でも、たとえばイギリスには、エンバイロンメンタル・オフィサーという、建築のあらゆる段階で工事をこまめにチェックし、不適正な工事をあらためさせる公務員がいます。医療でも、私たちはいま、医者に「なんのためこの治療をしているのか」と聞くのも気が重い。医者と患者の発言権は圧倒的に不平等だからです。医療も市場に委ねるのであれば、その適正さの外部チェックが不可欠で、手術は必要か、投薬は過剰でないかなど、市民が気軽に相談でき、アドヴァイスを受けうる、医療専門家を備えた厚生行政があっていいでしょう。突飛な思いつきではありません。これは公的な消費者センターの拡大・強化のイメージなのです。

それから、労働条件が平準化されていれば、雇用主は役所でも民間企業でも労働者にとっては同じだと先に申しましたが、それでも、絶対に市場的取引きになじまない、事業が利潤動機に駆動されるならば貧しい人びとの享受が危うくなるようなサービスは、やはり公共部門の供給とさせ続ける闘いが必要です。ライフライン、社会福祉の基幹部分、交通、教育、環境保全などの一定部分です。これら公共部門の不可欠性を、公務員労働運動は臆せず語らなければなりません。民主党はもとより労組さえ、胸を張って公共部門の擁護論を唱えることも今はなくなりましたが、それでは市場万能主義に歯止めがかかりません。

今日は、橋下「改革」の考察と批判にはじまり、この日本での「公務員バッシング対抗論」という文脈で、ずいぶん脱線もしてとりとめない話になりました。はじめの話題に立ち返れば、地方公務員や教師といった現場労働者の発言権、主体性、仕事のやりがいなどを無視した、およそ産業民主主義を踏みにじるような「改革」には、いかなる未来もないといえましょう。

(『ＰＯＳＳＥ』一五号、二〇一二年六月。坂倉昇平氏によるインタビューは同年三月)

四章　労働・社会・私の体験——ホームページ・エッセイ抄

1　仕事のありかたをめぐって

福島第一原発の「復旧」作業を担う人びと

東日本大震災がもたらした広く深いダメージのなかでも、特別に私たちの心を鉛を呑んだように重くさせるのは福島原発の事故の影響とそのゆくえである。

大地や海洋のこれ以上の放射線被曝を防ぎながら福島原発を廃炉に着地させる作業をとりあえず「復旧」と呼ぶならば、その復旧の確実なプロセスや、結局は現場作業者に求められることになる献身の内容と程度はなお不明瞭なままだ。とくに作業と労働者の実態については、マスコミが作業現場に接近できないためか、情報が伏せられているためか、系統的な報道は少ない。それゆえ、事故後二ヶ月も経ていない時点では考察は不十分にならざるをえないけれど、それでも、断片的な情報を整理したメモは残しておきたい。私がまず関心を寄せるのは、程度はともかく、放射線被曝に耐えながら、「日本」の熱い期待を背に復旧のために働いている人びとである。

朝日新聞によれば、関係各社が三月末時点で復旧現場に派遣している人数の「判明分」は、東京電力（復旧全般）四五〇、ＩＨＩ（冷却システム復旧支援など）三〇、関電工（制御機器の復旧など）延べ二〇〇〜三〇〇、東京エネシス（電気設備関連作業など）五〇、原子炉メーカーの日立（機器類の交換など）一七〇以上、同じく東芝（仮設電源の設置など）一〇〇以上、大成建設（がれき撤去、燃料運搬など）一三〇であった。著名な大企業も名を連ねているが、たいていは頻繁な交代要員を合わせた延べ人数であろう。また、東電と同じく「協力」大企業もむろん多数の下請労働者を就労させている。右に報道された派遣人数は「下請けなどを含む」のである。

一連の報道では東電の「協力会社」と「下請会社」の区別がしばしば曖昧である。しかし、さしあたりその点を措けば、もともと福島原発では東電社員の四〜五倍にのぼる「協力会社」の労働者が働いていた。震災前の福島原発の人員構成は、東電社員約一〇〇〇人、協力会社員約四〇〇〇人。また二〇一〇年七月時点では、それぞれ約一八五〇人、約九五〇〇人だったという。震災後の復旧に携わる労働者は、公表されるかぎり、当然のことながらさすがに東電社員が多い。三月二八日に敷地内に入ったのは、東電社員三八一人、協力会社員六九人、三月三〇日の作業者は、それぞれ二五三人、五〇人。四月八日早朝時の構内作業員は、東電社員二九〇人、「社員以外」六二人である。もっとも、ここでも「『協力会社』社員らの詳細な稼働状況は公表されていない」のである。

「公表」の曖昧さを差し引いても、今では東電正社員の技術者や現場労働者が復旧作業の労苦をもっぱら社員外の労働者に負わせているとはいえないだろう。とくに現場作業や事務の社員にとって、東電はおそらくきわめて有利な地元の就職先であり、あらゆる困難に耐えて守るべき職場だったに違いない。「緊急時対策本部に缶詰」の過酷な労働で心身が疲弊した四六歳の事務職女性は、本社のもと上司に次のような切実なメールを送っている――所員の大半は地元の住民で「みんな被災者」、彼女自身の両親も津波に流され未だにゆくえがわからない。実家は避難指示が出ている区域なので立ち入ることもできない。しかし「被災者である前に、東電社員としてみんな職務を全うしようと頑張っています……現場はまるで戦場のようでした。社員みんな心身共に極限まできています」。「今回の地震は天災です。でも、原発による放射性物質の汚染は東電がこの地にあるからです。

みんな故郷を離れ、いつ戻れるかどうかもわからない……不安を抱え、怒りを誰にぶつけてよいのかわからない！」と。職場としての原発に対する愛着と、肉親と故郷が奪われたことへの怒りとに引き裂かれた社員としてのやりきれない思いが、私たちの心をうつ。

地元の東電社員は、おそらく地域の人びとに、原発がもたらす経済的利益と、その絶対の安全性を説いてきたことだろう。それだけに、「事故のことをどう説明すればいいのか言葉が見つからない」ままに、福島県内の避難所で「隠れるように」ボランティアで働く社員もいる。東電も交代でボランティア三五人を派遣しているという。

もちろんみずからの被曝もある。東電の報告によれば、作業員がそれまでに浴びた放射線量は、一〇〇mSv（ミリシーベルト）～二〇〇mSvが三〇人、五〇mSv～一〇〇mSvが一一九人、五〇mSv未満が五六二八人であった。原子炉への注水や放水に従事する消防車の案内をしていた五〇代の女性一七・五五mSvの被曝もある。一方、事故以来ずっと作業者の避難所である「免震重要棟」で働いていた企画広報グループの村田泰樹（四四歳）は、取材に応じ、そこでの食事や休養やトイレなどの厳しい環境、安全確保のルールなどは語ったものの、約一ヶ月にわたり累積された自分自身の被曝線量については「言えません。個人情報でもありますし……」とかたくなに口を閉ざした。被曝線量は語らないというのが従業員たる者が遵守すべき暗黙の（？）規範とされているのかもしれない。

東電労組は会社に「徹底した安全管理を」と申し入れ、現場の放射線量や作業員の健康状況などの情報提供を受けている。電力会社の企業別労組は伝統的に、危険作業をもっぱら「社員外」の非正規労働者が担う体制を容認してきた。かつての組合大会では、「〇〇作業は被曝の可能性があるので関連会社にさせてほしい」という発言がきかれたものだ。今は、言うところの「徹底した安全管理」の対象に下請労働者もふくまれているだろうか？　ともあれ、周知のように厚労省は早くも三月末、それまでの緊急時被曝線量の上限一〇〇mSvを二五〇mSvに引き上げている。東電は、一〇〇～二五〇mSvの従業員については「本人の意思を確認しながら作業にあたってもらう」としている。この引き上げが科学的にみて許容範囲にあるかどうか、私には自信がないが、五〇〇mSvを超えると体内のリンパ球減少などの影響が出はじめるのは確実という。いずれにせよ、産業医たちの診断するように、現場作業の東電社員が、被曝の危険がある作業、肉親との死別を含むみずからの被災、社員としての加害者意識、疲れのとれない居住環境など、幾重にも重なった苦しみにさいなまれ、心身を極度に消耗させていることは確かなように思われる。

東電は巨額の賠償金や復旧費用を捻出するため、二〇一二年の新規採用を見送るとともに、従業員の報酬を役員は半減、執行役員は四割減、管理職は二五％減、そして平均年収七五八万円であった一般社員は二〇％減とする提案を行い、四月末、組合に了承されている。ちなみに毎月勤労統計によれば二〇〇九年、「電気・ガス、熱供給・水道業」の月間現金給与総額は六一・七万円で、平均三五・五万円の一四産業のうち断然トップである。控えめに言ってもやむをえない犠牲負担というほかはない。

そしてむろん、原発復旧の作業員についての考察は、なおその規模や実態は不明瞭ながら、下請労働者への要請を見逃すことはできない。次にそこに眼を転じよう。

およそ三〇〇種類にのぼるという原発関連の仕事は、ひとまず次のように大別することができる。

A作業群：制御室での計器監視など

B作業群：主要な機器や制御系の保守・点検・修理・更新

C作業群：建屋のほかダクト、パイプなど多様な設備の放射能汚染の除去、汚染水処理、清掃と用品のラウンドリー、運搬など

Aは、技術・事務・営業とともにもっぱら電力会社の正社員が担当するが、熟練と経験を要するBと未経験者にもできるCは、電力会社の委託による協力会社の業務だ。しかし少なくとも事故前は、協力会社の大手筋である関電工、東芝、日立、鹿島、大成建設などの正社員が作業群B、Cを現場で遂行しているわけではなかった。協力会社は「元請け」であって、現場作業はその傘下にある下請け→孫請け→ひ孫請け……に降ろされる。最後には数人グループの「人出し業」（親方）が作業員を集めてくる。企業のランクが下がるにつれて、境界は不明瞭ながら作業内容も、BからCの比重が高まるのがふつうである。親方が作業の管理者（たいていはまず孫請けランクの企業の社員という）のもとへ連れてくるのは、一般作業Cか、熟練作業Bの「手元」（手伝い）として働く人手「ハンズ」としての日雇労働者であった。

以上の叙述は、とりわけ多数の下請労働者が動員される定期検査に関する過去のドキュメントによるものである（参照文献は末尾に示す）。一九七八年一二月末から二ヶ月ほど福島原発で働いた堀江邦夫の記録を読むと、いくらか具体的なイメージをえられる。堀江は、前の職場、美浜原発の定期検査では機器の粉塵除去など（C作業群）が主であったが、福島では、人入れ手配人、神山工業に誘われ、大手バルブメーカーの下請けであるウチダバルブ社の一員として、一号機や二号機の主としてタービン建屋内で、実に多様な調節弁やバルブの組込み、分解、錆落し、サンドペーパーがけ、搬出、取替え、つまりB作業群またはその「手元」作業などに従事している。また、堀江は、次の職場、敦賀原発では、やはり神山工業の一員として、日立プラント→原山電工→竹井工業と下

請けされてくる作業につき、原子炉格納容器内で、わけても原子炉圧力容器の真下で、配線や制御棒稼働機構の交換などにも携わった。高レベルの放射能のため、長くても一時間しか作業を続けられない仕事であった。業務を説明する日立社員が格納容器内に入ることはなかったという。

過去のことを記したのは、現時点の「復旧」作業については、具体的にどのような雇用形態の労働者がどのような作業を遂行しているかを伝える報道がないからだ。すでに書いたように、今は確かに、東電社員や元請大企業の社員が危険な前線に立っている比率は、かつての定期検査時より高いだろう。だが、必要な作業の慣れという点からみても、下請労働者が多数動員されていることはまず疑いを容れまい。その稼働人数はこれまで伏せられていた（!?）が、被曝の報告が相次ぐなか、遅ればせながら五月末から始められた厚労省の元請会社二二社への聞き取り調査によれば、下請一次は一六二社・一四二八人、下請二次は二六七社・一五四二人、下請三次は一六一社・八九四人、下請四次は四二社・二二七人。元請けもあわせた労働者数は五一七八人を数えた。当然であろう。たとえば、格納容器、調節弁、バルブ、配管などの損傷の予測やその修復の方途については、設備近くに接近した経験の乏しい東電社員や大手電機会社社員には、下請け労働者よりもわからないことが多いのではないだろうか。

このような作業員の給源についてもある程度のことはわかる。それは、東電社員でも、B作業、C作業の担い手でも、「地元」出身者の比重が高いことである。

東京電力福島原発は、第一次産業の相対的衰退とともに深刻な過疎化に悩んできた福島県では、ましてそのなかでも「福島県のチベット」とよばれもした浜通り地区では、原発立地の七〇年代以来ほとんど唯一の雇用先であった。建設後も継続的に運転保守の仕事需要がある。二〇〇九年、福島原発の関連企業には福島県内で九三〇〇人の雇用口があった。原発に生計を頼る人も数多い。たとえば六町二村で人口七・二万人の双葉郡では、二世帯に一人は福島原発で働いていたという。

それまで福島県の若者は集団就職によって東京に移住し、農業の父親や夫は毎年の農閑期には全国の建設現場や工場へ出稼ぎに赴いたものだった。原発は国策の電源三法にもとづく交付金によって少なくとも一定期間は貧しい地域の財政を潤したばかりか、雇用期間や雇用身分や作業の危険度からみた雇用の質をともかくとすれば、人びとに家族とともに故郷にあって働くことを可能にしたのだ。幸運にも高賃金の東電社員になった人のみではない。溶接工、配管工、とび職といった技能をもつ作業群Bのブルーカラーや、農業を離れて作業群Cにつく不熟練工を主体とする下請け労働者も、その現金収入の機会を大切に思って懸命に働いてきたのである。たとえば、東電は一人あたり七万円を支出するのに彼の手に渡るのは一万円という、重層的雇用構造のなかで多大のピンハネがあるにも関わらずである！

もちろん被曝の危険性は下請け作業の場合いっそう高い。「かなり前」の定期検査時には、被曝量の限度を示すアラームが鳴っても仕事を続けた、ノルマがあり、時間内に仕事を終えねば契約額の減額などのペナルティがあるからだ――ある下請け労働者はそう述懐する。また、作業の実態をつぶさに語る堀江の記録によれば、高温多湿の環境、窮屈きわまるスペースのなかで、息苦しい防護装備をつけたまま作業をするのはおそろしい苦痛であって、ときには被曝の危険を顧みず装備を外したくなる。実際にそうする人もあったという。そればかりか、放射線被曝の労災申請でもしようものなら、東電ににらまれて発注者から二度と仕事が回ってこないこともありうる。今回の事故のあとも、被曝の実態については下請け企業の関係者は一様に口が重く、「現場では箝口令が敷かれている」。「免責重要棟では周囲の東電社員に気兼ねして口をつぐむように」下請けの雇用会社から注意されている。そして、安全基準の変化をさておいても、下請け労働者の被曝隠しが、公然とまたは暗黙裡に、行われている。

それでも地元の下請け労働者は、自分自身が被災者・避難者であってさえ、復旧作業のため会社に召集されればたいていは応じるという。自分のような「歴戦のベテラン」でなければ故郷を救う仕事はできないという自負と愛郷心。「召集」がかかる間はまだ働けるというさめた判断。「お世話になってきた福島原発」を見すてられないという恩義。しかしこうした受容の大きな要素は、いま拒めば次に仕事が来ないという不安である。「原発さえなければ」という現時点の痛恨を嚙み殺して、「原発があったからこそ生活できた」という「恩義」に身を投じる人びと。今にして思えば、福島という過疎地ではこのように考えてくれる庶民たちが存在するという予測こそ、東電がゆたかな東京に電力を供給する原発の立地としてここを選んだ理由でもあった。

とはいえ、今回の事故処理のマンパワーは、もう地元だけでは賄えないだろう。定期検査時のような全国的な人集めがもうはじまっている。全国のワーキングプアもここで働くことになる。この人集めや被曝の実態が、さらに追求されなければならない。

（二〇一一年五月七日／六月二四日記）

〔付記〕以上について、参照した報道は、朝日新聞二〇一一年三月二六日、二九日、三〇日、四月三日、七日、二六日、二八日、五月三日、六月二一日、二二日／河北新報三月二五日／東京新聞三月二六日／産経ニュース三月三〇日／共同通信配信四月七日、八日／『東洋経済新報』四月二三日／信濃毎日新聞四月二四日。参考文献は、樋口健二写真集『原発』オリジン出版センター、一九七九年／堀江邦夫『原発労働記』講談社文庫、二〇一一年／『ＰＯＳＳＥ』一一号（二〇一一年）への木下武男、岡田知弘、樋口健二、今野晴貴の寄稿など。

卒業して五年――浜野美帆の軌跡

二〇〇三年に高校を卒業した若者の「その後」を追跡するすぐれた調査研究から、ひとりのフリーター女性の就業経歴を紹介しよう。その人、浜野美帆（仮名）は、下町にある「入学難易度ではもっともやさしい」都立高校を卒業して五年の今、「インターネットで男性客との会話の相手をするチャットレディのアルバイト」をしている。

美帆がまだ小さいとき、母は夫の暴力から逃れ四人の子どもを連れて東京にきた。母は化粧品会社のデモンストレーターとして働いたが、やがて病気になり、生活保護を受けるようになる。姉と兄は家を出ていたので、高校三年の美帆の家族は母と弟の三人だった。卒業に際し、美帆は当初、専門学校での美容師資格の取得を希望したけれど、合格した学校の学費を用意できなかった。そこでやむなく、美容院に見習い就職をして、資格をとる通信教育をはじめようとする。

卒業後一年、美帆はチェーン店の美容院で働いていた。接客係では声が小さいと叱られ、動員係では他の人より「戻り」（配ったチラシを見て来店した客）が少ないとなじられた。勤務は準備や閉店後の練習時間もふくめると一三時間にもなった。手当こみの給料は一六万円ほど。すべてがつらく何度も辞めたいと思ったが、何度も自分を励まして思い直した。しかし二年目の六月、同窓の親友と行く約束をしていた、美帆にとってはかけがえのないインディーズ・バンドのライブ直前に出勤を命じられたことから、「こらえていた気持ちがくじけ」、ついに辞めることになる。

卒業後三年、浜野美帆は派遣で働くインターネット回線販売のテレフォンアポインターであった。一日に何百本となく電話をして、取れる契約はよくて七〜八件。当初の時給は一五〇〇円だったが、研修が終わると成績給になり、一〇五〇円しかもらえなくなる。やる気が萎えて徐々に勤務時間も短くし、もう半ばニートみたいなものと面談者に語っている。そのほかはパチンコ屋、倉庫管理、カラオケ店などのアルバイトにも入った。そんな美帆に、母や日曜ごとに帰ってくる姉は、美帆が家に入れる金額が不確かなこともあって、仕事に腰が据わらないと責め続ける。美帆がやりたいことは「もう専業主婦」であった。漠然とした希望にすぎない。「一〇年後には、すげぇ疲れていると思う。精神的に病んでいるかもしれない」とつぶやく。

テレアポの仕事を辞めたあとは和菓子屋、葬儀屋、漫画喫茶、居酒屋などのアルバイト。休みの日には日雇い派遣にも携わる。個人に電話で融資を進める金融関係のアルバイトもしてみたが、仕事のいかがわしさになじめず一ヶ月で辞めている。弟が就職したために生活保護が打ち切られたことも新たなインパクトになった。姉、弟、美帆の三人で入金して病身の母を支えるのだが、母の治療費がかさむため、美帆には月二〇万円という家族ノルマが課せられた。ダブルワーク、トリプルワークでやりくりするものの困窮は続き、そんな緊張から母や姉との間で激しい諍いも生まれる。しかし家を出れば、美帆もまた「ネットカフェ難民っての、確定だな」というわけだ。

それでも美帆は、この五年間で「一つの仕事がいくらかは長持ちするようになった」。「フリーター」という不安定な身分であっても、一年を超えて同じところで働き続けられるようになってきた」と感じている。そう感じるのは、現在のチャットレディの仕事が比較的に働きやすいためか、転々とした非正規雇用体験からくるある悟りのためか、なおよくわからないけれども。ともあれ、一番思うのは、先が見えないこと、「すごい狭い空間のなかを、一生懸命脱出しようと思っている感じです。追い込まれて追い込まれて……」という意識がつきまとって離れない。

このような浜野美帆の生活史の紹介は、乾彰夫『〈学校から仕事へ〉の変容と若者たち』(青木書店、二〇一〇年)が記すところそのままである。これと類似する非正規ワーキングプアの経歴はときにすぐれた報道などに散見できるけれども、乾らのヒアリングは、高校三年時、卒業後一年、同三年、同五年という各時点ごとに、転変きわまりない非正規雇用者の労働史を、被調査対象者との培われた信頼関係なしには知ることができない詳細さをもって明らかにしている。労働研究はこのような記述に学びたい。あえてノートのごときものを記した次第である。

あらためて教えられ確認させられた諸点について、二、三のコメントを加える。フリーターや派遣労働者の若い女性たちが、まさに格差社会の底辺を漂っている。父親のDVからくる母子家庭化、母の不健康、生活保護、偏差値の低い高校、職業能力を身につけるうる進学の難しさ――それら重層的な要因によるバックグラウンドの文化的・経済的な資産の乏しさが、次世代の若者の職業生活に大きなハンディキャップとなっている。

それに今では女性に限られないとはいえ、彼女らがたいていは非正規雇用で就職する多くの会社は、長時間労働なのに低賃金で、しかも人を育てるよりは人を使い捨てて「結果」を出させる「ブラック会社」である。きびしさはあれ、よい先輩もいて、そこで働き続ければキャリアが開けてゆくという展望をもてる、そんな職場ではない。離職率が高いのも当たりまえ、しかし辞めれば次の職場はより「ブラック」かもしれない……。それでも彼女らは、テレアポ、チャットレディー、キャバクラなどをふくむサービス職、販売、受付、労務など、オンコールの単純労働を求める都市雑業のパノラマのなかを必死で仕事を探し求めている。ひどい待遇の連続に倦んでニート化したり、もう専業主婦になってしまいたいと願うのも、もっともというほかはない。

音楽やコミックの楽しみをともにした同窓の友人たちの存在が、不器用な女性たちの心の瓦解と絶望をぎりぎりのところで救っている、乾らは心を込めてそう論じている。この「地元ネットワーク」のところを読むと暖かい気持ちになる。とはいえ、この種のネットワークは、今ではぼろぼろになりがちな家族以上に帰属意識を与えるかもしれないけれど、地域ユニオンとは違って、職業生活の方途を見出す一助となる協同の営みにはならないだろう。それができるようななんらかの界隈・小社会はどこに構築の手がかりを求めうるだろうか。これからの若者たちの課題はそれである。

（二〇一〇年五月二三日記）

労働者としての教師

教師グループや教職員組合から講演を依頼されることがある。要望されるテーマはまず、著書でも論じたことのある「若者の仕事と職場」と「職業教育の意義」である。この二領域をあわせて考えようとする問題意識は確かに的確であろう。それでも、とくに組合主催の講演の場合、「教師の労働環境・労働条件」について語れという依頼が意外に少ないことが私には不満なので、講演ではあえてその領域にふれることにしている。教師がみずからもふつうの労働者にほかならないと自覚し、職場としての学校の深刻化しつつある状況を凝視し、みずからその状況を改善してゆく方途を模索することなくしては、正規雇用であれ非正規雇用であれ、卒業生たちが就職先で体験するしんどさを「わがこと」のようには実感できず、若者が労働の場で生きてゆくに必要なことを語るべき職業教育の主体性が構築されないと思うからである。

教育の現状を嘆く人は多い。しかし、「労働者としての教師」「職場としての学校」の労働条件・労働環境にみる近年の過酷さとの密接な関連を意識して、それを論じる人はそう多くない。その一端を概観してみよう。

たとえば小・中学教師の勤務時間は、文科省久方ぶりの調査(〇六年)によれば、夏休みをのぞく五ヶ月平均で日に一〇時間四五分におよぶ。年間では一九六〇時間。OECDの平均を二六五時間も上回る。月当たりの残業は四〇年前の五倍に増えて四二時間だ。愛知県では二〇一〇年春、残業が月八〇時間超の高校教師が一三%にのぼった(県教育委員会調査)。以上は、この職業にとくに多い在宅仕事をのぞく数値である。

ここに注目すべきことに、日本では授業(およびその準備)以外の諸業務——生徒指導、学校の運営と行事、会議、書類作成、クラブ活動、保護者への対応……などの所要時間がきわめて長い。上の一九六〇時間内では五九〇時間。授業時間そのものはむしろOECDの平均以下なのだ。とくに小・中・高校では事務職員数がきわめて少なく、教師は授業や生徒との対話、あるいはあらたに自己の視野を広げる読書や旅行などに時間とエネルギーを使うゆとりをもてない。また、教員のうちでも、賃金が低く、授業以外の仕事は頼めない非正規教員が、小・中学校ではすでに一四%強になっている。

長時間労働にみる仕事の過重さそれ自体は、仕事そのものに大きなやりがいを感じることのできる教師には、かなり耐えられるかもしれない。だが、近年の統制と管理の強化、そのもたらす職場の人間関係の索漠が、教師の仕事を耐えがたくしている。

現在では【自治体の首長→教育長→校長→主任→一般教員】という上意下達の統制体制に、教師はいつしか抗いがたくなっている。天皇でさえ「まぁ強制になってもね」とやんわりたしなめたほどの、東京都での「君が代斉唱・日の丸掲揚」の業務命令化、教師個人の組合活動への関わりを同僚の行動の見聞きもふくめて校長に詳細にきさとらせる北海道教育委員会の調査などは、その代表例といえよう。しかしより日常的な統制管理としてインパクトになるのは、自己申告制をもとに教職員の勤務成績を五段階に査定して昇給時期やボーナス額に反映させる、たとえば「評価・育成システム」や能力給制度の導入にほかならない。

こうした制度は、査定によって生まれる処遇格差の程度はさまざまであれ、すでに東京、大阪、神奈川、香川、広島、などに導入されている。東京都品川区で実施されている「目標管理・PDCAサイクル」を紹介してみよう。『教育』誌上の対談で佐貫浩に教えられたことだが、ここでは、学校が「学力テスト○○点達成」などの目標を掲げる、各教員はそのラインに沿ってプラン・実践・評価・改善行動の計画書や結果報告書の提出を求められ、面談で年間の「自主的な」達成目標を明らかにして努力を誓う、校長は年度末にその「成果」を評価して、定昇額の格差をつける……という。

私には不思議なことに、いやもう不思議ではないのか、保護者も総じてこの制度に肯定的だという。ここには現時点の市民の競争主義的な世智というもうひとつの難問が立ちはだかっているけれど、ともあれ、こうした統制と管理の強化は、教師間の助けあい・庇いあい、問題の共有と対処の共闘、要するに連帯をずたずたにしている。教師は自分の処遇や配置に響く査定を怖れて、自分のクラスで遭遇する教育上、生徒指導上、または対保護者関係上の問題そのものを同僚や学校に知られまいとして、一人でむなしくあがくことになるだろう。かつては討論の場であった職員会議も管理者の一方的伝達機関に堕している。困難を抱える教師は孤立せざるをえない。

ゆとりのない過重労働をなかまの助けあいのない職場環境のなかで黙々と遂行する。その鬱屈の蓄積が、教師を心身の消耗に追いつめている。すでに旧聞に属することだが、二〇〇一年から一〇年にかけて、公立学校教員の病気休職者は一・七倍、うち精神疾患による者は二・二倍、前者のなかでの後者の比率は四八％から六二％に増えている。一〇年には病気休職者八六六〇人、うち鬱病や適応障害など精神性疾患者は五四〇七人、いずれも過去最高の水準であった〔付記：執筆時点での数値を二〇一二年の文科省報告によって更新〕。こうした疲弊の波頭ともいうべき教師の過労死・過労自殺も後を絶たない。一方、かつてはあまりなかった教師の定年前退職が、ここ数年では年平均一万二千人を超えている。総括してみよう。仕事範囲の拡大と長時間労働、非正規雇用の増加、能力成果主義による査定の強化、連帯の風化と労働者の孤立、それらの総結果としてメンタルクライシスに陥る人の激増、そしてみずからの仕事のあり方に関する労働者の発言権の衰退……。以上にその一端をピックアップした教育労働の深刻な状況は、多くの民間企業の正社員がいま体験している深刻さと基本的に同じなのである。

にもかかわらず、小学校から大学にいたるまで、多くの教員は意識の上ではなお、みずからをふつうの労働者と区別し、そのことを通じて無意識のうちに、みずからを卒業生を待ち受ける労働の本当の状況について疎くしている。さらにその結果、とりわけ就職の椅子取りゲームで恵まれた椅子を得られない中高卒者や非ブランド大学卒の若者たちに、仕事の場で生きるすべを語ることができないままでいるようにみえる。

以上にみたような教師の労働・職場・管理の変化こそは、教育労働運動が衰退した最大の原因である。しかし逆に、まぎれもなく組合が弱くなったから教師の仕事がこのようにもつらくなったのだ。今「労働者としての教師」「職場としての学校」という把握を疎んずるような、「ふつうの労働者ではない」という教師自身の奢りと、教師＝聖職者とする「世論」の過剰な期待とが、耐えがたい教育現場の状況を変革する手近な方途、すなわち組合運動の活性化から教師たちを遠ざけている。「日教組の支配が教育をだめにしている」と自民党右派の政治家は言う。マジかよ？　と思う。教師の組合は弱体に、臆病に、なりすぎているのだ。それが教師の尊厳と発言権を低めることを通して、仕事に向かう若者たちを元気にするような教育の質を危うくしている。


（二〇一一年二月一五日記）

関越自動車道の事故に思うこと

二〇一二年四月二九日午前四時三〇分、金沢から東京ディズニーリゾート（ＴＤＲ）に向かうツアーバスが関越自動車道で防音壁に激突、大破して七人が死亡し三九人が重軽傷を負った。時速九〇～一〇〇キロでの居眠り運転であった。またか⁉という苛立たしい思いを抑えきれない。なにが運転手、河野化山（四三歳）にこの取り返しのつかない過失を起こさせたのか。

この大事故の原因は、多くの他の交通事故と同様、幾重にも重なっている。河野の運転する貸切り観光バスは、二八日午後一〇時一〇分に金沢駅を出発、二九日七時四〇分にＴＤＲに到着する予定であった。全行程五四五キロ、九時間半の深夜運行、ひとり乗務である。金沢からこの地までの運賃は三四〇〇円から九八〇〇円まで大きな価格幅があるが、これは「格安バスツアー」で、料金が最低に近い水準だったことはいうまでもあるまい。原因をさらにさかのぼれば、貸切りバス事業者を免許制から許可制に、運賃を認可制から事前届出制に変えた二〇〇〇年の規制緩和にゆきつく。この乱暴な政策によって、事業者は二倍化して四三〇〇社になり、しかも車両数わずかの中小零細業者の比率が高まった。必然の結果は企業間の激しい価格競争であり、とめどない「格安」サービスのセールス戦だった。この競争激化への企業の対応の有力な方途として、日本の運輸業界に特徴的な請負制・下請制の活用がある。

今回、ツアーを企画する旅行社「ハーヴェスト・ホールディングス」の千葉県内の貸切りバス仲介業者への発注価格は一七万円であるが、その額は次の段階、千葉県内のバス会社では一六万円、さらに実際にバスを動かす「陸援隊」には一五万円であった。

実際にバスを運転するのは小企業、陸援隊の従業員ですらない。河野は陸援隊では月数回ほど日雇いで働くアルバイトにすぎず、中国残留孤児二世といわれる彼の本業は、四台の自家用バスで成田空港と都内の間で中国人観光客などを運ぶ自営業であった。中小バス会社と、（「白トラ」をもじっていえば）「白バス」自営業との間の臨時契約は、「傭車」と呼ばれる。傭車はそして、休日勤務になるため正社員の出勤率が低くなりがちな連休などによく活用されるという。陸援隊の社長は、河野を勤務前は休ませていたというけれど、その時間はみずからの「管理外」であった。そればかりかこの会社は、河野が陸援隊の名で自営業の仕事をすることを認め、便宜をはかってもいる。雇用関係など、この社長にはどうでもいいことなのだ。

事故の要因を遠因のほうから分析すれば、【規制緩和→過当競争→格安バスサービス→業界の下請構造→従業員間の格差構造→「白バス」利用】という連鎖が、とどのつまり労働者のすさまじい働かせ方を招き、安全性を軽視させたと総括すべきであろう。要因は重層的であれ、直接の原因はひっきょう運転手の労働問題にほかならない。

こうした事故に遭遇すると、マスコミの報道や評論は、さすがに原因は運転手の働かせ方にあるという視点にまでは進む。だが、それからは、ツアー価格を「手の届く水準にした」規制緩和自体の功罪について立ち入ることなく、責任はもっぱら、国交省の貸し切りバス運転に関する安全基準の水準と監督行政の成否に求められるのがふつうである。現行の主な安全基準の内容は次のようである――一日の拘束時間：例外的に延長しても一六時間まで／一日の運転時間：二日平均で九時間以内／一日の運転距離：六七〇キロまで／連続運転は四時間以内／休日労働は二週間に一回／勤務終了後は八時間以上休息。これらの基準が満たされれば一人乗務も許される。陸援隊が「不法行為はない」と言うのはそのためだ。しかし細かい基準では一般道路は高速道路の二倍の距離に相当するゆえ、今回の五四五キロは八三七キロにあたり、法令違反である。それに、この安全基準は許容限度にすぎず、この水準が現場の運転手にとって過酷な要請であることは、どの運転手アンケートをみても明らかであった。それに、さなきだに手薄な公務スタッフによる四三〇〇社もの労務実態の厳密な把握はほとんど不可能に近く、あまりにも多くのもぐりの違反があとを絶たないことはすでに関係者の常識であった。もちろん、安全を担保できる公的な運転規制のハードルはもっと高められねばならず、監視・監督は、「複雑でわかりにくい」という弁解が許されぬほどに厳密化されねばならない。けれども、重層的な格差の底辺近くにあって労働条件の劣悪な運輸労働者の安全性の確保を、政府の不確かな規制と、業界の良心への心細い期待に委ねていいものだろうか。

枢要の論点に立ち入ろう。人の命に関わるほどの事故に遭遇すると、日本の良識は、安全問題という文脈においてようやく労働者の働く環境に思いをいたす。だが、労働研究の観点からあえて言う。例えば正社員の働きすぎや非正規労働者のワーキングプア化などは、安全を脅かす域に達するまでは、むしろ商品やサービスの価格を引き下げる「社会的貢献」を果たしているのかもしれない、人びとはそう希望的に観測して特定職場の深刻な労働問題をあまり気にとめないものだ。労働問題に鈍感な現代日本の世論は、とはいえ、労働者の働き方が安全問題や命に関わる事故を引き起こすと、今度は一斉に「政府の責任」、「役所の怠慢」と非難しはじめるのである。

このことの系論として、日本のマスコミや評論は、このようなルートでようやく労働のありかたに関心を向けるとしても、労働問題を労使関係のなかで、すなわち、状況の改善に関する現場労働者の発言権・決定参加権との関連でとらえることは決してない。この点は以前、今の教師の過酷な状況に関する朝日新聞編集部のルポの欠落点として指摘したことがあるけれど、今回も例えば、関越自動車道の事故に関するテレビ報道のコメンテーターとして、実際のバス運転手や運輸関係の労働組合の担い手がまったく登場しないのは、日本の「良識」の視野狭窄を示す証拠というほかはない。労働条件は、労働者でなく会社と政府だけが決めるものと思っているのだろうか。

中小零細企業で働く、技能が必要とはいえ高度の専門職とまではいえないトラック、バス、タクシーなどの運転手の労働条件については、もちろん厳しい公的規制が不可欠である。けれども、たとえば各種の車両運転手たちが、欧米のような企業横断の労働組合を擁して、業界との間に運転労働に関する詳細な労働協約を結ぶならば、公的規制の安全基準の内容がどうあれ、運転手の現場体験に根ざしたもっとゆとりある働き方が慣行となるだろう。拘束時間、休息時間、乗務員数、走行距離など、すべてについて運転手こそがまず発言できなければならない。今でも「労組がうるさい」会社では、仕事の仕方はすでに不遇の河野化山のそれのようではないはずである。

（二〇一二年五月一三日記）

2　日本社会の影をみつめて

若い世代の貧困と医療格差

格差社会への推転が若い世代の健康に及ぼす深刻な影響に関する情報はすでに数多いけれど、わけても忘れられないのは、学校の養護教諭らによる次のような報告であった（朝日新聞二〇〇九年一〇月一八日）。

登校中に自動車事故にあった埼玉県の高校生は、家には「保険証がないから」と救急搬送を拒んだ。兵庫県の高校では、三千円の予防接種料を出せないという生徒も少なくなく、昨年の摂種率は一七％に留まった。和歌山県の中学では、視力が〇・九以下になると渡される視力手帳を「ぐちゃっと丸めてしまう生徒がいる。母子家庭の母親に眼鏡代の負担をかけまいとしている」のだ。病院に行くのを避けて、身体の不具合はできるかぎり保健室で直すよう保護者から言われている生徒も多いという。貧困世帯では歯の検診結果への対応についても大同小異であろう。東京都立川市の相互歯科医院の二〇〇八年調査では、ひどい虫歯の放置による「口腔崩壊」二四例のうち、半数は経済的困窮を訴え、三割は父親が失業中や一人親だったという（毎日新聞二〇一〇年三月二一日）。健康保険料未納者も多い。いま国民健康保険の収納率は低下の一途を辿っており、未納率は全国で一〇％超、フリーターなどが多い大都市では一三％以上に及ぶ。歯科治療など、三割の支払いでもその高額に驚かされるほどだから、保健証のない場合の一〇割負担（保険料滞納一年半の間ではいったんは全額負担）が、よほどのことがないかぎり、貧困世帯の通院をためらわせることは確実である。

やむをえない「育児放棄」にも似た子どもの不健康の放置は、それ自体が悲惨であるばかりか、将来にもハンディキャップを残す。たとえば、歯科医療保険のない人は国民の三人に一人、約一億人に及ぶというアメリカ。そこでは歯の状態は就職の成否を大きく左右するという。他の病気とは違って歯には自然治癒というものがないだけに、子どものときに歯の治療ができなければ成人後、ふつうの職に就く可能性はかなり閉ざされる（堤未果『ルポ 貧困大国アメリカⅡ』岩波新書、二〇一〇年）。日本についても、面接のとき明らかな「ひどい歯」は、健康面でのマイナス点としてチェックされるに違いない。費用のかかる歯の健康と美容は今日、働けるためにも必要なのである。

もっとも、病院に行けないのは貧困や健康保険料未納のためだけではない。過労死・過労自殺の事例研究のなかで痛感したことだが、この日本では仕事が忙しすぎて働き手たちが休めず、必要な通院をとかく引き延ばしてしまうという事情もある。しかし、この点は今は措いて、さしあたり以上の文脈から思うに、およそ良質の社会とは、まずはすべての人びとがお金の心配なく必要な医療サービスを享受できるシステムをもつ社会にほかならない。

その点では、一九八〇年代の「サッチャー改革」の挑戦にも耐えぬいて、いくつかの修正は経たとはいえともかく患者負担なしの国営医療（ＮＨＳ）の基本を守っているイギリスは、やはり質の高い国ということができる。一方、少し前までのアメリカはどうだったか。国民皆保険制度はまずなかった。国民の六〇％は民間医療保険会社と契約を結び、二五％が低所得者のためのメディケイド、高齢者のためのメディケアからなる公的保険制度の適用者だった。残り一五％、四七〇〇万人は無保険者である。もっとも保険会社に支払われる高額の保険料のかなりの部分は労働組合の交渉によって企業内福利施設として会社負担とされているけれども、中小企業や自営業者の場合はもっぱら自己負担である。しかも、マイケル・ムーアのドキュメント映画『シッコ』（二〇〇七年）が伝えるように、医療保険会社はあくなき利潤追求の民間企業であって、保険金支出の節約を社員のノルマとさえみなして、あえて「持病あり」と審査して保険金の支払いを拒んだり、保険加入後に高額の治療が必要になった患者の契約を一方的に打ち切ったりすることを辞さない。医療サービスにもこのようなむきだしの市場原理が貫徹していたアメリカは、その点、とうてい質の高い国とはいえまい。ちなみにここに具体的に紹介するいとまはないが、もうひとつの大国、中国もまた、医療サービスの享受にみる格差の巨大さは今やアメリカに匹敵するようにみえる。

　周知のように二〇一〇年三月、オバマ政権はようやく医療保険加入率を九五％までに引き上げる改革を達成した。だが、それは、当初のマニフェストであった統一的な公的保険制度の確立をあきらめ、民間保険会社への加入を国民に義務づける内容であった。不合理な保険料設定や既往症を理由とする保険加入拒否を禁止する、従業員の医療保険への資金拠出を事業主に義務づける、高額な医療保険には課税する、それらが規定されたことは、従来の医療保険会社の横暴をチェックする上では大きな前進と評価できよう。しかし一方、従来のメディケア、メディケイドは医療費ののびを抑制するため「効率化」がはかられるという（朝日新聞二〇一〇年三月二三日）。あらゆる国民皆保険を「社会主義」とみなす「世論」がなお根づよい国アメリカでも、ここまでは来た。しかし、医療をも利潤獲得の機会とする資本の意志を結局は規制できないアメリカでは、ここで留まるほかなかったというべきだろうか。

国営医療であれ医療保険であれ、国民の全階層に必要にして十分な医療サービスを保障するシステムの確立には、いうまでもなく財政的にも人的にも膨大な資源が必要である。それゆえ、望ましい医療のシステム論は、どうしても過剰医療の抑制を中心としたしかるべき資源配分論を要請されるだろう。しかし、医療はゆとりあるかぎり誰しもが最高のサービスを求めてやまないだけに、これは難しい議論になる。

素人の私に創見があるわけではないが、イギリスでは、すべての患者は、救急の場合を除けばまず地元の診療所で「かかりつけの医師」（ＧＰ）の診察を受けねばならず、専門的な検査や治療が不可欠と診断される場合にのみ専門病院に送られる。統計ではＧＰ受診者の二〜五％のみがこうして専門病院を紹介されるという（武内和久、竹之内泰志『公平・無料・国営を貫く英国の医療改革』集英社新書、二〇〇九年）。このＧＰ制度がなければ、イギリスの医療はとても財政的に保たないだろう。

一方ではまともに診療を受けられない貧困層が増え、他方ではさしてさしせまった病状ではない、お金も時間もゆとりある高齢者などが、いささか乱暴にいえば「過剰」と思われる検査のために大病院の待合室を埋める――現在の日本にはそんな状況もある。予想されるいくつかの困難を超えて、第一に、なにはともあれ未成年の医療を無料化すること、第二に、すべての地域を網羅してイギリスと類似の「ゲートキーパー」、ＧＰ制度をなんとか確立することが課題であろう。

（二〇一〇年三月三〇日記）

小さな生活圏のいじめと暴力

いじめと暴力の時代というべきだろうか。ときには悲惨な死を招く児童虐待は二〇〇九年、児童相談所へ通告されたものだけでも四万四千件。ドメスティック・バイオレンス（ＤＶ）は、〇九年の警察庁の報告では二万八千件。学校のいじめは、〇六年の文科省調査によれば一二万五千件。小学校の四八％、中学校の七一％、高校の五九％になんらかのいじめがあったという。職場ではパワハラやセクハラが絶え間ない。〇七年に東京都労働局へ寄せられた労働相談五万五千件弱のうち、前者は五二五八件、後者は二七二三件を数える。以上のようにおおよそが把握されるいじめと暴力は、深刻なことにいずれも増加または激増の一途にある。〔付記：厚労省によれば、全国の労働局が二〇一三年に受け付けた相談の内容では、「いじめ・嫌がらせ」が対前年一五％増、トップの五万九一九七件である。朝日新聞二〇一四年五月三一日〕。

これらの増加や激増の一定部分は、それぞれのいじめの定義の拡大、それぞれの被害の訴えを受けとめる機構の一定の整備、そこで働く感性ゆたかな人びとのがんばりを反映するものかもしれない。とはいえ、なんらかの事情で訴えない、訴えることのできない受難者のほうが、訴えて認知される人よりもはるかに多いことはほぼ確実だ。こう考えるならば、日本の現時点では、無視しえぬほど多くの人びとがそれぞれの生活圏のなかで、社会の良識からみれば「なぜこんなことが？」といぶかしく思われるほどのいじめや暴力に耐えているといっても、さして過言ではあるまい。

なぜこんなことが起こるのか。それぞれの生活圏にみられるいじめと暴力にはそれぞれ固有の要因もあるゆえに、児童虐待もDVも、教室のいじめも職場のハラスメントも一括して論じるのはあまりにラフな議論であろう。しかし、ここではあえて共通する性格に注目することにしよう。こう推測することができる。

ふつうの人びとの日常は、家庭や学校や職場という小さな生活圏＝「界隈」に属している。その界隈にはたいてい小権力者・ボスたちがいて、その境界内では習慣的に彼／彼女の支配に服する下位のメンバーに、意識的または無意識的ないじめや暴力を行使するのである。ボスたちの信じがたいまでの非情の言動は、「出るところへ出れば」社会的には容認されないので、たいてい隠密裡に行われるけれども、問われれば、しばしば嗤うべきことに「躾」、育成・指導・訓練、ときには「愛情」などをその「理由」としてあげる。しかし本当のところ、この小権力者たちはおそらく、ままならぬ外部世界の実生活のなかで胸中に沈殿した重い鬱屈を、従わせうる者たちへのいじめや暴力で発散させているのだ。長く失業中の父や「母の男」、ゆとりのない勤務ゆえにどうしても育児を耐えられぬ負担と感じてしまう母、仕事でのやりきれなさから妻につらく当たる夫、学校で学びのよろこびを見つけられない悪童、そしてみずからに課せられたチームノルマの達成に十分に寄与できない部下にいらだつ会社の上司……。小さな生活圏のなかではまだ威張れる、そんなボスたちがしばしば加害者になる。

それにしても、では被害者たちはなぜその界隈から逃れないのか。幼児や子どもはもとより多くの成人でさえ、ひとりでは安定した生活の保障されない環境下では、なんらかの「界隈」なしには生きてゆくことができない。ふつうの人は、家庭や教室や職場という小さな生活圏で人間として尊重されてはじめて、元気にやってゆけるのだ。そこから脱出するには、一人でも自立できるという経済的資源も、他に生きるよろこびを見つけることのできるという文化的資源も必要である。しかし被害者たちはふつう、年齢的にもジェンダー的にも、社会的に十分に評価される仕事能力の点でも、それらの資源に恵まれていない。加害者のいじめや暴力は、そうした資源格差をみすえたうえで続けられる。「お前なんかどこへ行っても役立たずだ」というわけだ。それに「内」のことを「外」へ訴えることは、メンバーシップの「掟」を「裏切る」こととみなされ、あえて裏切ればさしあたりいっそうの処罰を招きかねない。被害者がなかなか「外」へ受難を訴えず、しばしば寡黙に終始するのはそのためであろう。

こうして不運な受難者たちは、ボスの言動など社会的には通用しないとわかっていながらも、小さな生活圏にうずくまり、生活時間のうちそこで過ごすことが多いこともあって、いつしか自分の居場所はここだけだという諦めに囚われてゆく。だが、その界隈にあることに時間と意識の上で全面的に囚われたままであるならば、ストレスがきわまり、心のバランスは危うい。あきらかにこの生活圏でのいじめと暴力の頻発が、世にいう「メンタルクライシスの時代」の背景にある。そしてこうしたメンタルクライシスが、またいっそう被害者の囚人化をもたらすのである。

くりかえしいえば、子どもであれ大人であれ、人はその生活圏が安んじて帰属できる居場所でなければ平穏に生きることはできない。歴史的にみても、そうした生活圏はときに、優勝劣敗の競争という「悪魔の挽き臼」に個人を投げ込もうとする外部社会に対する庶民的抵抗の培養基でさえあった。けれども、その生活圏が人権抑圧の場であるならば、人はいっさいの帰属のない場合よりもさらに生きづらい。だからこそ小さな生活圏でのいじめと暴力は、決して見過ごされてはならないのだ。児童虐待、ＤＶ、教室のいじめ、職場のハラスメントなど、どの場合についても、それゆえ、ボスたちの調教が社会的に通用しないことと見定めて、まずは「馬鹿野郎、あんた何様と思ってんだ！」と怒鳴ってみよう。これはボスたちが弱者と見くびっていた者たちの「想定外」の反撃であって、案外、状況は一挙に好転するかもしれないのである。

もうすこし立ち入って論ずるなら、平凡ながら次のような提言は可能であろう。

小さな生活圏は不可欠であるだけに、その界隈をメンバーのすべてが抑圧されることのない、自由な発言の通るソサイエティに変えることが必要だ。その大前提の上で、ひとつには、一般社会の市民常識がその界隈のいじめと暴力に早々に介入できる制度や慣行を樹立することが要請される。介入を控えさせる楯となっている家庭内のプライバシーや「学校の体面」や「不可侵の経営権」はひっきょう、支配を享受するボスたちの私権にすぎないことが多いからである。そして今ひとつには、制度上も、受難者の意識の上でも、界隈に住むことを部分化する工夫やノウハウが求められよう。

たとえば、訴えた者が決して不利益を受けない内部告発の権利は絶対に擁護されねばならず、さまざまの「駆け込み寺」が設置されねばならず、そこで働くスタッフは「護民官」として有給の専門的職業人でなければならない。労働組合の上部機関などは今こそ、「職場の自治」を装う上司の専制が個人の人権を抑圧しているという陰の部分を忌憚なく見つめ、職場の組合をその名に値するソサイエティに作り直すべきである。現時点の日本において、いじめと暴力はすでに、例外的に人格のいやしい家庭や学校や職場のボスだけが行使する、まれに起こる事件ではない。

（二〇一〇年九月五日記）

熱中症に斃れる貧しい高齢者

二〇一〇年八月一五日、七六歳のもと大工、無職の佐藤孝夫（仮名）が、さいたま市の２ＤＫの自宅で死亡した。その日の正午ごろ発熱して床に就いた佐藤は、同居する四八歳の長男、満夫（仮名）が近くの薬局で買ってきた氷と解熱剤で「表情が和らいだ」ものの、夕方になるとまた苦しみはじめ、そのまま死にいたる。猛暑のその日、さいたま市では午前九時にもう三一度、佐藤の死亡時の直腸内の温度は三九度だったという。熱中症による死であった。

三〇数年前に妻を亡くして満夫とふたり暮らしの佐藤家では、エアコンも冷蔵庫も稼働していなかった。一〇年ほど前から電気もガスも電話も解約していたからだ。極度の貧困のためである。長男の満夫はといえば、一五年ほど前に腰痛のため運送会社の仕事を失ってからは無職だった。その腰痛もあって再就職もかなわなかった。ふたりの生活はそれゆえ、二ヶ月で十数万円ほどの孝夫の年金だけに頼っていた。月五万五千円の家賃を払うと、食費以外にはほとんど残らない。孝夫は猛暑が襲った七月半ばから体調を崩していたが、病院に通うこともまずなかっただろう。水道だけは解約していなかった父と長男は、まとめ買いして自転車で運ぶ食品をカセットコンロで煮炊きしていた（以上の事実については、仮名を除き『朝日新聞』二〇一〇年八月二〇日。石橋昌也、河野正樹記者）。電灯の明かるさもテレビの華やぎもない夜。このような家族の生活が現代日本にありえたこと、六五年目の終戦記念日に、一庶民がたかが猛暑を直接の原因としてこのように惨めに死んだことに、衝撃を感じずにはいられない。

産業社会の構造的なひずみはかならず個人の受難として現れる。それゆえ、私たちは特定の個人の「不幸」を細部にわたって凝視することを通じて、いま日本の少なからぬ人びとに共通する幾多の生きがたさの認識に至ることができる。佐藤家の父子は必要なときにＨＥＬＰ ＵＳ！と声をあげることになじまない、かたくなで不器用な生活者であり、それゆえこのような不幸も「例外的」なものに思われるかもしれない。しかしそれにしても、彼らの受難をひとえに「自己責任」と切り捨てることは許されない。佐藤家の悲劇から現代日本の抱えるさまざまの問題点が透けてみえる。

たとえば、二〇一〇年一〇月、生活保護の受給世帯数は史上最高の約一四二万、受給人数は史上三位の一九六万人であった〔付記：一四年九月には数値はそれぞれ約一六一万、二一六万となる〕。一九政令都市のほとんどでは増え続ける保護費のために財政が火の車になっている。だから自治体はどうしても窓口規制に腐心する。佐藤孝夫も一〇年ほど前に生活保護を申請したが、若い職員に無下に門前払いされ、その屈辱感から二度と役所に足を運ばなかったという。担当の民生委員はこの二年間、孝夫にも満夫にも会わず、ふたりが「同居している」ことに安心して、佐藤の生活の危機を見逃した。今となれば、長男が失職、家賃を差し引けば月に数万くらいの生活費、そしてなによりも電気、ガス、電話も使えない状況であれば、ほとんど無条件で生活保護が支給されただろう。市の福祉課を中心とする関係者が深刻な事態を傍観した鈍感さは否定できない。

一方、国民年金の水準は、安定した雇用関係にあった人の受け取る厚生年金よりもはるかに低い。そのうえ国民年金について、私たちは四〇年間保険料を支払った場合の満額――それでも月六・六万円――を想定しがちであるが、二〇〇九年の実際の受給額は平均四・八万円、最頻値は三万～四万円にすぎない。現役時代に低所得のため保険料を免除されていた期間があるからだ（『朝日新聞』二〇〇九年八月二二日）。ちなみに、若者の収入不足や政治不信などさまざまな理由によって、国民年金の納付率は二〇〇九年四月～一一月、これまた史上最低の五八・八％に落ち込んでいる〔付記：二〇一三年にはわずかに改善して六〇・九％〕。今の年金制度では生活できないという目前の事態は、将来かならず深刻化する。

年金が収入の圧倒的比率を占める高齢者世帯の所得格差は大きい。ジニ係数の高まりはすぐれて高齢者世帯の増加のゆえとみなされるくらいである。少し前の数値ながら『高齢者白書』によれば二〇〇六年、高齢者世帯の平均年収は三〇二万円、中位数は二四〇万円であった。しかし一〇〇万円未満は一六％、二〇〇万円までの累計は四三％である。多くの高齢者は、持家があっても資産の取崩しがなければ生活は覚束ない。その資産はといえば、ここでの格差はいっそう巨大である。調査会社ジー・エフの世帯主六〇～七〇代の預貯金調査では、二千万円以上の世帯は一三％にのぼり、ゆたかな老人は一定たしかに存在する。だが、「預貯金なし」は一二％、一〇〇万円未満は累計二四％なのである（『日本経済新聞』二〇一〇年一〇月一〇日）。

要するに、生活に困窮する高齢者はきわめて多い。生活保護受給者のうち高齢者が大多数を占めるのも当然であろう。その波頭をみる。二〇一〇年には、二〇年来増え続けている高齢者の万引きが二万七千件余に達した。これも史上最多であった。

佐藤家の悲劇からみえてくるもうひとつの、ある意味ではより注目すべき点は、四八歳の長男満夫の長期の失業である。満夫はいつまで雇用保険を受けていたのか、「一五年」のうちいつまでが再就職に奔走する「完全失業者」であり、いつから「無業者」であったのか、もっとよく知りたいという思いに駆られる。

とはいえ、このような推測は可能であろう。前職の運送会社での仕事はおそらくトラック運転と荷積み・荷下ろしを兼ねた重筋労働であって、彼はそれで腰を痛めたのだ。この業界では、現場労働の激務に多少とも不向きになった労働者を間接部門などに配転して雇用を継続できるような経営余力を欠く中小企業が多く、満夫はおよそ九五年頃、三〇代前半で退社せざるをえなかったものと思われる。再就職は容易でなかっただろう。『職業安定業務統計』によれば、一九九五年、三〇代前半の常用パートをふくむ有効求人倍率はなお一・〇九であったが、この数値はその後、年を追うごとに、年齢が高まるとともにほとんど一直線に低下し、二〇〇九年の四〇代後半では〇・四〇になる。まして満夫の場合、傷害の程度はやはり明らかでないとはいえ、腰の不具合が働ける職場をかなり限定したに違いない。満夫は平成不況が深化し継続するなかで、ハローワークに通ってもまともに再就職できない体験が重なり、その過程で徐々に求職意欲を失って、その結果、父の乏しい年金にパラサイトするに至ったようである。

この過程はいま、より後の世代である「ロスジェネ」が、〔初職の喪失→くりかえす不安定雇用→ニート・無業者〕となる軌跡として、より大規模に再生産されている。その間のいくつかの時点ではおそらく「他にやりようがあった」と指摘することはできるだろうが、労働市場の非情の現状を与件とするかぎり、新卒者でない求職者が働く意欲を失ってゆくことを自己責任と断じることはできない。

二〇〇九〜一〇年現在、生活保護世帯数、高齢者の万引きは史上最多、国民年金納付率、四〇代の有効求人倍率は史上最低であった。佐藤孝夫の事件はこうした史上「最多」または「最低」の社会的状況に、ＮＨＫ調べでは五〇三人もの熱中症の死者をもたらした、これまた史上最高の猛暑が襲いかかったところに生まれた悲劇であった。

二〇一〇年はまた、高齢者の「行方不明」の頻発と、年間三万二千人にのぼる無縁死・孤独死がはじめて認知された年であった。朝日川柳に言う、「国中が楢山だったこの列島」。「孤族元年」である。しかし佐藤孝夫は少なくとも長男に看取られて死んだ。そこになおひとつの救いがあったというべきだろうか。

（二〇一一年四月五日HP発表。初出、鳥取県人権情報センター『架橋』二四号）

大津市立中学校のいじめ自殺

二〇一一年一〇月一一日、大津の市立中学二年のA（一三歳）が自宅マンションの屋上から飛び降りて死んだ。いじめ自殺である。両親は一二年二月二四日、大津市と三人の加害生徒およびその保護者に対して、正当にも損害賠償請求の訴えを起こした。この事件について私たちがこれまで公表されなかった経過を知るようになるのは、両親の提訴後、それもなぜか二〇一二年七月以降である。この遅れそのものが関係者の姑息な隠蔽のゆえであるが、ともあれ、次々に暴露される関係者のビヘイビアにはむかつきを抑えられない。Aの絶望と気力喪失、両親の怒りと無念は、どれほど深かったことだろう。裁判の過程では、まだまだ隠されていた事件の経過などが明らかにされるだろうが、とりあえず、新聞報道に触発されたやりきれない思いを文章にしておきたい。

最初の感想を忌憚なく述べよう。学校のいじめ自殺事件の場合、当然とはいえ大人の教育関係者が批判の矢面に立って、ふつう未成年の加害生徒は後ろに庇われ、その行為の意味するところは不可視になる。しかし、それはおかしいのではないか。

加害生徒たちはくりかえしAに、殴る、蹴る、首を絞める、死んだハチやカエルを食べさせるなどの暴行を加え、部屋を荒らし、三ヶ月の間に合計四〇万円ほどの金を奪っている。裁判の訴状によれば、Aは加害生徒のひとりに「ぼく死にます」とメールしたところ、彼は「じゃ、死ねば」と返信したという。あまりに酷薄にすぎる。自分が持っていないおもちゃをほしがって横取りする類の、子どもの軽い悪意による非行を超える、これは大人の犯罪にほかならない。少年法の枠内であれ、まずもって彼らが刑事罰、その保護者が民事上の損害賠償の責任を追及されるのは当然であろう。加害者も「心の闇」を抱えている、加害者と被害者はしばしば入れ替わる……と、わけしり顔で「理解」して、安易に弁護すべきではない。複数者がひとりを楽しみの暴力の対象として金銭を奪うようないじめは、無条件に許されぬことなのだ。学校がとりかえしのつかぬことを防げなかった以上、そこに強制捜査のできる警察が介入することもやむをえない。

加害生徒には、自分たちは中学生だからいじめをくりかえしてもどうせたいした罰は受けないという卑劣な読みがあったかもしれない。彼らにそう思わせたのはもちろん、深刻な実態に目をつむる教師や学校の態度である。

九月末にはひとりの女子生徒が、「あれっていじめとちゃうん?」と教師に訴えている。複数の生徒の遺族への証言によれば、担任は二〇一一年九月、Aに対するプロレスのような暴力行為を見ていながら、「あまりやんなよ」と軽く「注意」するだけで止めようとしていない(市の答弁書では、これも「止めさせる指導」と弁明している)。そして一〇月五日、再びトイレでいじめられているという通報があって、担任は駆けつけたけれど、暴行はすでに終わっていたので、事情を双方に確認したところ、双方とも「けんか」と答えたという。担任はAに「大丈夫か」とたずね、Aが

「大丈夫や、これからも友だちでいたい」と答えたので安心している。当日、この件で、生徒指導関係教師の数人が一五分（!?）ほど緊急会議を開いた。結論は、これはいじめではなくけんかである、しかしけんかはいじめに発展しやすいのでこれからも見守ってゆく、というものだった。いじめを伝えた女生徒からヒアリングもしていない。

現在の教室環境や生徒の心情をいささかでも見透すならば、いじめられている生徒が「大丈夫か」と聞かれて「大丈夫だよ」と答えるのは当然ではないか。そう聞いてこれは「けんか」にすぎないとみなす教師は、なんと鈍感なことだろう。いや思うに、担任や教師たちはおそらく、これはいじめとわかっていたのに、あえてわがクラスにいじめはないということにしたかったのだ。ここに、今日では不可避的に発生するトラブルの認知そのものの隠蔽を誘う、教員評価制度の役割がほのみえる。

「気がつかなかった」という鈍感さを装う、いじめ問題の事なかれ主義的な隠蔽は、校長や教育委員会のような管理者ではいっそう際立っている。藤本校長は、自殺の直後まず、いじめはなかったと記者会見している。しかし一〇月一七日～一九日には、遺族のつよい要請に答えて全校生徒への第一のアンケートが実施される。生徒たちが答えた結果は、実は最近ようやく明らかにされたのだが、暴力行為の情報一五〇件（半数は記名で見聞）、金銭強要一五件（伝聞、六人は記名）、自殺の「練習」強要一六件（伝聞）、Ａの自殺の予告八件（伝聞）であった。二一日には生徒へのヒアリングも行われたが、こうした調査結果は基本的に伏せられていた。両親の再度の要求で一一月二日、第二のアンケートも配布された。しかしその内容も未発表で、市教委には新しい内容はないと報告されている。こうして一一月二日、学校と教育委員会は記者会見し、いじめはあったが、Ａの自殺との因果関係は判断できないと発表したのである。これで調査は打ち切りであった。彼らはこれで幕引きするつもりだったのだ。

だが、二〇一二年二月の両親の提訴後にどのような働きかけがあったのか、七月以降、主として生徒たちのアンケートの記述やインタビューでの発言というかたちで、隠蔽されていた事実と、教師たちのあまりに怯懦な行動が続々と暴露されていった。すでに紹介した事柄の他には、次のような報告がある。Aは「担任に泣きながら相談していた」(複数回答、学校は記名回答者にもこれを確認しなかった)。「噂でも先生はいじめを絶対聞いているはず」。「葬式ごっこ」もされていた……(以上、第二のアンケートでの情報)。苦境に立った藤本校長は七月一四日、記者会見で「当事者(?)に時間をかけて話を聞いた(?)ので状況を十分把握できている(つまりいじめでなくけんか)と判断した。これは私どもの大きな見落とし」と語り、今さらながら謝罪している。

その二日前、沢村憲次教育長の会見はもっと「役人的」だった。沢村は、いじめと自殺の因果関係は判断できないが、いじめもひとつの要因であるとし、他の要因にはAの「家庭のなかのこと」もある、プライバシーがあるのでくわしくいえないが……とうそぶいた。裁判の帰趨を気遣っている。ちなみに過労自殺の民事訴訟裁判でも、被告側はしばしば、自殺の原因は、仕事というより家庭の夫婦関係などにあるなどと力説する。アンケートの結果にきちんと対処せず、いじめがなければAは死を選んだだろうかと問うことなく責任逃れをする教育長に、その職に留まる資格はない。

以上に紹介した一〇月のアンケートにおいて、生徒八六〇人の二割以上が、自責と後悔と決意を綴っている――「ほんとに悲しい。助けて上げられなくて……なにも気づいてあげられなくてごめんね」、「見聞きしていた自分がなにもできずとても悔しい。見て見ぬふりしても立派ないじめ……

申しわけなかった（記名）」。「気づかなかった僕らにも責任がある」、「（Aのことを）いつまでも忘れず、少し強く、少し優しく、少し前向きに頑張るよう心がけたい（記名）」（朝日新聞二〇一二年七月一〇日）。

怯懦と保身と事なかれ主義にとらわれた者たちが右往左往したこの暗鬱な事件のなか、これら若い世代の言葉だけがほのかな光芒を放っている。頻発する職場のハラスメントとともに学校のいじめに深い関心を寄せる私は、教育関係者が勇気をもって絶対に許さないと身体を張るならば、いじめはかならずなくすことができる、そんな命題を「信仰」している。この種の事件が頻発するともすれば喪われようとするこの「信仰」は、しかし、右に綴られたような柔らかい感性に出会うとき甦る。

（二〇一二年七月一七日記）

3　回顧と体験

わが街四日市で脱原発を訴える市民デモができた！

二〇一一年七月二日、妻と私は、四日市で男女共同参画の委託事業を中心的に担うもと市職員で高校の新聞部一年後輩のK・S（以下、敬称略）ら三人の女性たちと喫茶店でくつろいでいた。そのとき話題が福島の原発事故に及び、私は東京の反原発デモの動画で、いかにもデモにははじめてという印象の若い女性が、手づくりのプラカードに「これまで原発に無関心でごめんなさい」と書いていたことをみて、なにかじーんときたと話した。それを契機に話題がひとつの流れになった。無謀ともいえようか、なんの組織ももたない退職者や主婦など五人が一挙にこう決意したのだ――「わが街」四日市でも脱原発を訴える市民のデモをやろう、なにはともあれ日を決めよう、震災半年後の九月一一日にする、主催は「四日市市民の集い」、政党や労組といった組織に頼ることなく、一〇人でも敢行するつもりでよびかける、ならばデモはできる……。

まず、半世紀にわたって四日市公害を告発し記録し語ってきたY・S、子どもやお年寄りを守るボランティア活動で知られるM・M、もと朝日新聞記者のM・O、喫茶店グループのY・Oなどが依頼に応えてよびかけ人になった。高齢者に偏るのはさしあたりやむをえなかった。さらに、忌憚なく記す、以前から憲法擁護、環境保護などの集会を組織してきた方々でも、「〇〇はあの党の人」と目されている友人はよびかけ人からは外した。だが、敬愛するその方々は、ふつうの市民こそが主体という趣旨をよく了解され、裏方の実務に骨身を惜しまれることは決してなかった。

仕掛人として「市民の集い」の代表になった私は、配布するには文章が多くいくらか「堅い」定番ビラを書いた（後に協力者たちによってより美しい配布ビラがいくつかつくられている）。主張は反原発論として独自性があるわけではないゆえ、くわしく記す必要はないだろう。福島の受難を私たち自身のことと受け止めよ、原発が安く安全だというのはまったくの神話にすぎない、まず脱原発に舵を切れ、国民の七割以上はいま脱原発を支持している、しかし市民運動の全国的な台頭がなければ、その選択も既存のエネルギー供給体制に依存しつづける政財界によって政治的には無力化されてしまう……。私たちはそんなことを主張している。

猛暑の八月一八日、一七名出席のよびかけ人・協力者会議に、私は具体的な作業のこともふくめて細部の企画を提案する。延々三時間以上の討議を経てすべてが決まった。この会議なしにはデモは実現しなかっただろう。これにもとづいて、八月三一日には記者会見をする。横断幕、配布ビラの大量印刷は、かねてから社会問題に関心の深かった四日市市職員組合のリーダーの二氏に委託することができた。けれども、組織の情宣と動員の力もなく、高齢でネットの駆使もままならない私たちにとって、もっとも思い切った働きかけは九月六日〜一〇日の連日、近鉄駅前の通勤路、高校前、そして四日市でもっとも繁華なショッピングモールでビラまきをしたことである。毎回、八人〜一〇人の有志が駆けつけてくれた。

とはいえ、街頭でのビラまきはとても心労に満ちた作業だった。体力のみではない。経験すればすぐにわかることだが、この地方都市の多くの市民は、アンケート用紙には「反原発」と答えても、実際に脱原発の運動をするのは「どうせ共産党か過激派」と考え、関わり合いになりたくないと顔をこわばらせる人びとである。ビラを受け取ってくれる率は、モール、高校前、通勤路の順であるが、もちろん半分以下である。受け取ってくれる人びとの属性では、男性よりは女性（とりわけ子ども連れの女性）、「大人」よりは高校生。総じて「堅気のサラリーマン」風の人がもっとも警戒的であった。彼らの多くは、私たちのゼッケンやビラにある「わが街四日市で脱原発のデモ！」という文字をみるだけで、あたかも平穏な生活を脅かすエイリアンに出会ったかのように顔をこわばらせて足早に通り過ぎる。社会の中堅層には、社会運動というものへの徹底した不信が定着してしまっているようだ。だからビラまきでは、ある意味で孤立感にさいなまれる。だが、そこにこそ、私たちを例外的な者たちと感じているらしい「ふつうの」人びとにあえてよびかけるところにこそ、これから必要とされる社会運動の決定的な意義があるといえよう。これまでは、公害告発であれ憲法擁護であれ、総じて気心の知れた友人に出会う集会ばかりだったからである。孤立感は避けられなくとも、この未知の市民へのよびかけにどこまでも執着したかった。

ちなみに私は、この四日市市に生まれて、高校卒業時までそこで育った。一九五七年春、大学入学のため京都に赴き、その後、職場の甲南大学を退職した二〇〇六年までのおよそ半世紀、関西にあって故郷を離れていた。伝え聞くところ、その四日市は、七〇年当時の四日市喘息の提訴・勝訴以来、公害に反対する大衆的な社会運動を展開しえないできた。全体として保守的な土地柄で、メーデー以外にあまりデモはなかった。よびかけ人に対して、利用されるだけだ（誰に?!）、深入りするな、と「忠告」する「友人」もいた。だからこの「素人の乱」の成功は覚束なくみえ、一〇人でもはじめるつもりだった私たちは、五〇人参加があれば、まぁいい、一〇〇人きてくれれば成功かなぁと思っていた。届けに行った警察の警備係長も、四日市で一〇〇人は大変ですよと言ったものだ。しかし私たちは、少なくともこの二ヶ月、よびかけに全力を注いできただけに、やはり多くの参加を切望する。当日の天候をはじめいろんなことが心配だった。「事務局」というものがないだけに、最後には、ビラまきの誘いをはじめ、細部の手配のため多方面に連絡することが予想以上に心労の種だった。私の場合、早朝覚醒（午前五時頃目覚めてくよくよ思い悩む症状）が続いた。

九月一一日一六時。デモの前の小集会がはじまるころ、市民公園には確実に数えうるだけで二五〇人、おそらく三〇〇人を超える人びとが集まっていた。女性ひとりも多かったが、家族連れもたくさんいた。若いカップルも少なくなかった。伊勢市、津市、桑名市、名古屋市、岐阜県、京都からの参加さえあった。名古屋近くに在住の大学時代のゼミの後輩にも出会うことができた。さまざまの手製の横断幕、プラカードがある。ゼッケンをつけた車いすの人。小さなゼッケンを胸につけた子ども。ある女性のプラカードは「本当はデモなんかしたくない、原発のバカ」と読めた。先頭の「市民の集い」名の横断幕を支えてくれた女性は、繁華街でビラを受け取った方だった。

主催者の短い集会メッセージ、福島大学准教授による「福島レポート」のあと出発した約三キロのデモは、車の通行の多い横断歩道もありゆっくり歩く高齢者もあって、途切れがちに延々と続いた。素人の手づくりのデモ、緩やかなパレードだった。バックのサウンドに選んだ曲はボブ・ディラン作曲・歌詞・歌唱は忌野清志郎の「陽はまた昇る」。美しいリフレインが印象的だ。私も多様な人びとの自由な歩き方をみつめて自由に歩く。デモというだけで拒否反応する人も少なくない地方都市・四日市でも、ここまでは可能だった。その思いがこみ上げてきて、それまでの疲れと、鬱屈を伴った心労がゆっくりとほぐれてゆく。

（二〇一一年九月一五日記）

〔二〇一四年付記：四日市の脱原発市民デモは以降三年間、毎年九月に遂行されている〕

研究会「職場の人権」の再出発

二〇一二年一〇月二八日、私は一三年の歴史をもつ研究会「職場の人権」を翌年三月をもって閉じることを、例会後に開かれた一般会員も参加できる拡大運営委員会に提案した。むろん主要スタッフと事前に相談してのことである。

この研究会はその当時、すでに一五七回の月例会を重ね、二回ごとに報告と討論の内容を詳細に伝える会誌を七八号まで刊行している。閉会提案の理由は、会員の漸減、それに伴う会費収入の減少、掲載資料の増加などによる会誌発行費の負担などによる財政難（一二年八月までの累積赤字は四七万円余）、それに、一切の事務や編集作業をボランタリーに引き受けてきた在阪主要スタッフの、本務も重なったあまりの繁忙、それに当初から代表を務め企画の中心になってきた私自身が高齢化して、新鮮な視野や感性が枯渇し人脈も狭くなりつつあるように感じたからである。

けれども、私の閉鎖提案には、若手の運営委員ならびに熱心な会員の幾人かから批判が続出した──「職場の人権」状況はいっそう深刻さを深めている、とくに橋下市政の大阪ではそうだ、全国でなお三六〇人余の会員を擁するこの研究会の存在意義はまだまだ大きい、続けてゆこう！　若い世代を中心に、努力と工夫を重ね、収入と支出の両面を改善するとともに、煩雑な事務や編集は職務分析のうえ分担してゆこうというのである。こんな研究会があればありがたい、存続してほしいという意見が多々あることは想定内だった。だが、研究会を担ってゆこうとする若い世代がいつか育っていたことは、いくらか傲慢ながら代表の提案なら承認されると思っていた私には、ある意味ではうれしい誤算であった。順調な存続に不安は残っている。しかし長時間の討議の末、研究会「職場の人権」は、運営方式の変更やスタッフ体制の世代交代などを果たし、困難を超えてなお存続の可能性を探ることにしたのである。

ふりかえってみる。この研究会は一九九九年九月、今や労働のありかたは労働者の経済生活ばかりでなく人権すら危うくする状況に達している、そんな問題意識を共有する研究者一四人、組合・ユニオンのリーダー一〇人、労働弁護士九人など四二人のよびかけによって発足した。所属系統を超えた結集であった。最初の例会、「職場の人権」シンポジウムは盛会で熱気にあふれていた。その感銘は忘れられない。その後、発展は順調で、会員はひととき四四〇人に達している。

敬愛するコミュニティユニオンの担い手たちの実践的な認識に教えられてのこととはいえ、発足後の研究会のテーマ設定に、代表となった私自身のそれまでの労働研究の問題意識が色濃く反映されていたことは否定できないだろう。

たとえばそれは、産業社会の構造的なひずみはかならず個人の受難として現れるという把握にもとづいて、労働者個人の受難の職場体験を凝視する視点だ。それに現時点では、労働者を追いつめる差別と抑圧は、階層や特定グループを対象とするよりはむしろ、特定の個人を対象とする傾向があり、そのうえ、今や労働保護法上の明瞭な「非合法」の措置を通じてばかりではなく、とりあえず「合法」とみなされもする個別の労務管理によっても遂行されている。現在の「職場の人権」の危機は、「合法」的な個人処遇の労務管理をその最も広い領域とするようにさえみえる。その根因はそして、時代に公認された規制なき能力主義的選別にほかならない。ここから、職場の人権を日常的に守る方途としてこの研究会が重視するのは必然的に、仕事量、労働時間、人事異動のルールなどをきちんと規制できるような労働組合運動となる。現在の主流派の組合のこの点での無力さから、受難者が救済をもっぱら法律制定や提訴に期待するのは当然である。だが、この日本では伝統的に脆弱な、さらに今いっそう脆弱になっている産業民主主義の復権なくしては、ひっきょう職場の人権は保障されない……。

とはいえ、労働生活をみつめるこのような視点・分析視角は、厳密には、発足当時から私に備わっていて、それが研究会を牽引したということはできない。むしろ私自身が、研究会での諸報告を聴き討論に参加するなかであらためて培っていったものだ。私の六〇代～七〇代の研鑽の場はすぐれて「職場の人権」研究会であった。事実、岩波新書をはじめとするその後の著作は、二〇一〇年の『働きすぎに斃れて』（著書23）に至るまで、この研究会での学びに豊富な示唆を受けている。

これまで取り上げてきたテーマの一端を一〇月二八日の会議のため作成した資料からふりかえっておこう。大まかに分類して示す。（1）職場の人権、労働組合論、労働論、社会保障、会員の著作評論などの【総括的課題】二八件、（2）ストレスといじめ、過労死・過労自殺、労働時間、非正規労働者差別、性差別と均等待遇、公共部門の労使関係などの【問題別考察】五〇件、（3）工場労働、運輸・建設労働、ホワイトカラー、公務員、教師、医療・介護労働者、サービス労働（ファミレス、パチンコ店、ツアー添乗員、セックスワーカー……）などをめぐる【特定職場・特定職種の検証】三七件、（4）女性、若者、障害者、シングルマザーなどの【属性別考察】二七件、（5）諸外国の労働運動・労使関係、雇用法などを日本と比較する【海外事情と国際比較】一六件である。むろん上の分類の境界は流動的で、上の数値はそれぞれいくらかの誤差をふくむけれど、上のリストは、どこまでも労働者の日常体験を凝視しようとする当研究会の位相は明瞭に示している。

これらのテーマの報告者、サブ報告者はといえば、多い順番では、A研究者八八人、B労組活動家四三人、C当事者・現場労働者二六人、D弁護士二四人、E市民運動・ボランタリー団体の担い手二三人、F公務員・政治家一一人であった。Bの労組活動家とはほとんど、労組のトップリーダーではなく、その職場や職種、当該個別問題に関わる組合活動の担い手である。Cの当事者・現場労働者がそれほど多くないのは、種々の事情からみずから語ることが難しいこともあるからだが、彼ら、彼女らは、主報告へのコメンテーターとして頻繁に登場している。なお勝手ながら、報告は基本的に交通費以外は無報酬でお願いしてきたことも、なんの組織的なバックもない研究会がここまで維持できた一因である。年会費は当初から五千円のままである。

今にして驚くべきことに、一九九九年九月以来、月例の研究会は一度も休むことなく、年一度の京都例会、これまで二度の東京例会を別にすれば、たいてい第二または第三土曜日に大阪の府立労働会館（エルおおさか）で開かれている。いつもは一時間〜一時間半の報告・コメントのあと、一時間半〜二時間ほどの忌憚ない質疑と討論が続く。これらの内容はくわしく会誌のバックナンバーに収録されている。ホームページでも、ジャーナリストの運営委員による内容の要約紹介を読むことができる（二〇一四年末の現在、例会は一七九回、会誌発行は八九号に及んでいる）。

「職場の人権」という小舟は今、若い世代のイニシァティヴによって、政治・経済・労働の厳しい状況という冬の海に、あらためて漕ぎ出そうとしている。それは、多少の自負をこめて言えば、この研究会のユニークでかけがえのない意義と、それなりの伝統を汲もうとする人びとの存在ゆえに可能なのだ。財政問題をはじめとするさまざまの困難はむしろこれから深刻になるだろう。研究会の意義も今日的に新しく発見されねばならず、伝統は、私自身の好みでもあった研究会の着眼点や方向性への一定の批判もふくめて、若く新鮮な眼で見直されねばならない。私も熱心な一会員としてその再出発に協力する。世代を超え党派を超え、正規・非正規を問わず、深刻な労働の今に心を痛めるすべての人びとに、あらためて支援を訴える次第である。

（二〇一二年一一月一八日）

わが高校時代の新聞部活動——桜宮高校事件にふれて

大阪市立桜宮高校のバスケットボール部主将の二年男子生徒が、顧問の男性教員(四七歳)による体罰のくりかえしに耐えかねて二〇一二年一二月に自殺した。その件について市教育委員会は、なにに対して「責任」を感じているのかまったく語らぬまま、とにかく謝っておけばいいと言わんばかりに「申しわけありませんでした」とぺこんと頭を下げ、佐藤芳弘校長は、常々体罰はいけないと言っていたので「まさか」という思いが強かったと述べ、体罰の頻発を知らなかったかのように装った。

この顧問の体罰「指導」は以前から生徒の間では周知のことであり、かつて校長は訴えがあったとき、一応一五分ほど事情聴取をしている。そのときは、顧問が「体罰はない」と答えたので、それで一件落着とされた。さすがに自殺後の一二月二七日には、男女のバスケットボール部員五〇人へのアンケートが実施される。そこでは実に四八人もが「他の生徒が体罰を受けるのを見た」、四割以上の二一人が「自分も体罰を受けた」と答えた。しかし学校は、どこまで欺瞞的なのか、そのアンケート結果を集計・精査していなかった(!?)と「説明」したのだ。

こうした隠蔽の背景には、スポーツ重視の校風のもと、一九年にわたってすぐれた実績を上げてきたとされるこの顧問の「指導」方法に対して、誰もなにも口出しできない雰囲気があったという。高校が「差違化」をはかる手段としてスポーツで強豪になろうとすることの惰力として、生徒に「元気」よりは圧迫感や拘束感を与えてしまうような指導に奔ることはよくある。それは一定理解できる。しかし今回、私がわけても問いたいのは、上のような校風や教職員間の雰囲気のなか、こんな体罰「指導」を受け、それを訴えるアンケート結果をこれほど無視されて、若者たちは無念でないのかということだ。学校に対する集団的な抗議行動がもっとあってよいのではないか。

これに関連して、私の高校時代の追想を語ることをゆるされたい。

私は三重県立四日市高校の新聞部のスタッフの一人だった。現憲法が発布された小学校二年のとき以来、その人権理念を心に刻んできた私は、「表現の自由」を信奉し、国家や学校からの統制というものにとかく批判的な「小ジャーナリスト」であった。そんなとき新聞部に、柔道部が厳しい練習と統制に耐えられず脱退しようとする部員に暴力的な制裁を加えているという訴えが寄せられた。すぐ記事にしてもよかったのだが、柔道部顧問は有名な丸刈りのタカ派教師だったので、やはりトラブルを避け、私たちは道場に赴き、入退部は自由のはず、暴力で退部を防ぎ続けるなら「四高学生新聞」に書くと抗議したのだ。いきり立った汗臭い柔道着の大男たちに囲まれてびくびくしたけれど、結局、私たちの恫喝めいた抗議は実を結んだのである。

もちろん一貫して「反体制的」だったわけではない。四日市高校は、一九五五年に甲子園大会に初出場し、初優勝するという快挙を成し遂げている。その間、高校や地域はあげて熱狂的であり、新聞部もこれに呼応して、臨時増刊号を刊行する。生徒会役員でもあった私は、泊まり込みの派遣記者になって雰囲気を盛り上げるに寄与したものだ。

だが、その後、野球部員はなにかと特別扱いされるようになる。当時校内ではジャンパー着用が禁止だったのに野球部員は「肩が冷える」ということで特別許可になったり、次の試合の練習のため修学旅行参加を控えさせられたり、またの栄冠を夢見てしごきがあったり……という次第である。記事にはできなかったが、私たちは当然それらに批判的になってゆく。ちなみに五五年夏、野球部の低学年の一般部員は甲子園大会に応援にゆくことも許されず学校での練習を命じられていた。この酷薄な措置は伏せられていて、私たちもつい最近、同窓会で当事者に打ち明けられるまで知らず、取材することができなかった。本当に心残りである。

野球部とともに肩で風を切るようになったのは応援団であった。そんなとき、新聞部の文化スタッフが、応援団のビヘイビアを揶揄するような短いコラムを片隅に書いた。それが応援団の逆鱗に触れ、学校は掲載号の他校への配布を差し止めようとした。両部の間での話合いは決着がつかず、問題は生活指導部に持ち込まれる。私はその場で、記事の内容が学校の名誉を傷つけるほどのものでない以上、掲載の採否はあくまで新聞部が決めると主張している。新聞部はそれまでも、服装の規制や「男女交際のあるべきルール」についてとかく批判的だったので、総じて生活指導部には受けが悪かったが、果たせるかなそのときも、生活指導担当の教師は、「熊沢、そら理屈や」（応援団の気持ちを汲め）と大声で私を叱った。そうか、「理屈」は悪いのか、それでも私は、これからの人生で、「それは理屈だ」といった言い草に決して屈することはないだろう、そう思い定めたものである。

そののち私は、社会科学を学び、わけても労働研究を仕事とするようになって、人は誰しも、思うことのみを語り、信じないことは決して語らないとは限らない——そんなこともわかるようになった。自由な発言ができる環境に恵まれる人はむしろ少ないのかもしれない。たとえばふつうの労働者の発言や行動の選択はたいてい〈強制された自発性〉のフィルターを通して行われる……。とはいえ、長じてから得たこのような現実認識とは別に、無条件に人権の擁護や表現の自由の側に立とうとする、一九五〇年代の青春前期に培われた青臭いスタンスは今なお私のものだ。そして五六年の後、故郷四日市で「さよなら原発。今きっぱりと!」を訴える市民デモのよびかけをはじめたとき、私の妻をふくめて協力を惜しまなかったわずかなスタッフのうち五人は、一九五五~五六年当時、クラブ活動をともにした新聞部のなかまであった。

四日市高校はその後、私たちの在学当時よりも遥かに偏差値の高い、全国でも有数の進学校になった。いま若者に「四高卒業」というと、へぇ、おじさんアタマいいんだ、と目を丸くされるほどである。その母校の門前で脱原発デモのビラを撒く。以前より顔の彫りも深く、背も高くスタイルもよい彼ら、彼女らは、街中よりもビラを受け取る人は多い。ご家族にも見せて、と頼むと、はい、と答えてもくれる。だが、校内には、原発問題を語る教師もサークルも、学生新聞の発行も、もうないという。

老人の昔話は若者にはつねにうざったい。このようなエピソードは退屈なだけかもしれない。けれども、冒頭に戻る。校長や教師たちやクラブ顧問による、小宇宙のなかでの理不尽な抑圧と許し難い事なかれ主義。そこに閉じ込められている若者たちの反抗が乏しすぎる。もう「高校反戦」の時代ではないかもしれないが、よくいわれる自治会や新聞部の活動の衰退などは、この無抵抗とまさに相互補強の関係にある。

(二〇一三年一月一八日記)

五月の一〇日間

二〇一三年五月七日、私と同じ七四歳の妻、滋子が、突然に、といっても本当は決して「突然に」ではなかったのだが、体調の急激な異変を来した。思えば前月中旬頃から、頭重や脱力感、それにわずかに歩行の不自由、もの忘れ、失語のような兆しがみられたけれど、この日になって、妻はほとんど判断も応答もできず、夢遊病のような、アルツハイマーのような状態に陥ったのだ。

午後になって私は、ひとりでは歩けない妻を支え、かねてから別件で訪れる予定だったひと駅離れた行きつけの医院に向かった。なぜ脳の障害を予測して、連休明けでなくもっと早く診察を受けなかったか？　なぜ救急車を呼ぶという考えさえ浮ばなかったのか？　おそらく私は、まともな判断ができないほど動転していたうえ、この期に及んでも、それまでの健康な生活からくる「安全神話」にとらわれていて、五分ほど歩いて電車に乗ればいいという判断の奇妙さを顧みることができなかったのである。

簡単なアルツハイマーのテストの結果をみて顔色を変えたT医師は、やがて右側の運動機能の著しい低下を発見し、これは脳障害と推定した。Tの紹介状を得て、私たちはタクシーで桑名東医療センターの救急病棟にゆく。そこで脳内科の医師は、CT診断から「硬膜下血腫」と診断し、その頃からほとんど意識不明の妻と動揺する私を、脳外科のある桑名西医療センターに救急車で搬送した。もう夜だった。すぐに入院、翌日の午後に手術することに決まる。「ご主人ですよ、わかる？」とナースに聞かれるとかすかに反応するだけの妻を集中治療室に残して、私はとりあえず帰宅する。不安と孤独と、いち早く脳外科を訪れずに滋子の苦痛を長引かせてしまったという激しい悔恨に終夜さいなまれた。

この病気は、多分なんらかの打撲――それがいつのことかどうしても思い当たらないけれども――による出血が脳の硬膜下に血腫をつくり、それが脳髄を圧迫して記憶、言語、運動の障害を引き起こすものという。CTの映像でも脳の中心がずれている。ただ救いは、医師が、この病気は脳障害のなかでは最も御しやすいもの、「病気というよりは怪我」であり、頭蓋の穿孔手術も一時間くらいでまず危険はない、一〇日間くらいで退院できるだろうと断言してくれたことであった。

けれども、翌八日の朝、滋子の病状が自分の名前もわからないくらいまで進んでいるようなので手術を午前中に早めることにしたという電話があって、いっそう不安が高まった。手術前、私は短い面談で意識朦朧の妻の手を握って、頼む、戻ってきて！と祈るほかなかった。手術は一時間足らずで終わった。沢山の血がしゅーとほとばしったという。だが、手術は成功だった。午後の面談で「がんばったね」と囁くと、滋子はかすかに頷いたようにみえた。

九日午前一〇時頃、妻に会った。前日の夕方頃から妻はぐんぐん回復に向かったという。表情が戻り、簡単な受け答えもできた。涙が出た。その日の午後、集中治療室から個室の病室に移る。もちろん点滴や導尿管はつけたままだが、対話もできるようになった。深い安堵が訪れ、私はのばした二つのイスの上で昏々と眠り込んだ。

一五日にCT検診があって、映像が手術直後のそれと変わりない、つまりさしあたり血腫が再形成される兆しはないことがわかって、翌一六日に退院することになった。私は毎日、病院に通って、身体につながれた管もとれ、一人で歩けるようになり、本を読みたくなり、ラジカセで大好きなバッハの無伴奏チェロソナタやベートーヴェンの後期ピアノソナタ三曲やチャーリー・ヘイデンを聴きたくなり、そして橋下大阪市長の慰安婦発言とか、細かい指示をふくむ家事についての雑談もするようになる――そんな妻の回復の過程を見守った。退院後しばらくは、多くの方々の温かい援助にも恵まれ、やがてもとどうりの二人の生活が戻った。もう食事も調理する。名古屋での映画鑑賞やプーシキン美術館展、桑名郊外のバラ園にも出かけた。ひとまず快復であった。

その後は、（1）わずかに残る血溜まりがゼロになる、（2）それが残っていてもなんの支障もない、（3）一割ほどの比率で再発する――という三つの可能性があるという。しかし病院からの退院後の生活指導はとくにない。ちなみに当時、七〇歳以上の医療費の自己負担は一割で、滋子の場合、差額ベッド代（日に四八〇〇円）を加えても八万七〇〇〇円ほどだった。脳内科の東医療センターでは六三〇〇円である。

五月の七日〜八日は、私にとって七四歳にしてはじめてみた悪夢だった。とくに息子たちが巣立って二人になって以来、私と妻は、ほとんどすべての文化的享受、旅行や映画やデモなどをともにしてきた。一方、わが家は私の研究と著述、妻の家事・社交・秘書役という性別分業が「自然に」（？）確立した界隈だった。私の研究の「成果」の大半はそんな家庭生活のたまものである。私は日常生活では全面的に妻に頼っており、我が家の「文化財」の整理と収集を別にすれば、極端なまでに家事ができなかった。その上、妻の滋子は、総じて健康で、頑張り屋の働き者、それでいて万事屈託のない私の周辺の人びとによく気を使う控えめな人柄である。

ふりかえってみれば、五月七日に顕在化した「危機」をもたらしたのは、なによりも、妻が一ヶ月あまり蓄えていた頭蓋の異変に対する私の度しがたい鈍感さであった。けれども、連休中も庭のデッキチェアでのんびり読書などをしていた私の鈍感さにはおそらく、あるいは認知症かもしれない、だとすれば今これくらいのことがやれなくてはどうしようもない、まだまだふつうの家事はできる……とみずから気力を奮い起こしていた妻の佇まいも棹さしていたと思う。血腫がはじまったと思われる頃から一ヶ月あまりも、滋子は、慣例の映画鑑賞と散策を数回、それに集会参加、コンサート、会食などに同行している。連休にも表面的には平静な生活が続いていた。五月六日まで帰省していた次男は後に、母の活力減退に気づいて、老人性鬱か認知症の兆しを疑い、後にそれらと硬膜下血腫との症状は酷似しているという知識はあったのに、と悔いている。二キロほど離れたスーパーへ自転車で買い物に赴き、スイカなどの重い荷物にふらつきながら帰り、その夜は「初挑戦」でパエリアをつくったのは前日の五月六日である。憂鬱と億劫さを抱えていた滋子は、心中どれほどつらかったことだろう！

妻が入院中の一〇日間、私は孤独なだけでなく、頼まれたものを家で探して病院へ見舞いに行く時間以外は、洗濯、台所の整理やゴミ出し、食事処探し、簡単な野菜の炒めや茹で、といった「家事」で本当に忙しかった。学会などいくつかの予定もキャンセルした。まともな本を一〇日間も読まなかったのは何十年ぶりのことだろう。他人からみれば今さら！　とお笑い草ながら、いろんなことがわかった。家事には数知れぬチェックポイントがあること（研究のほうが単純だ）、周到な買い物と収納は容易でないこと、出たゴミは直ちにきちんと分類しそれぞれの袋に保管すること……。ちなみに質を問わなければ、外食というものの安さにもあらためて驚いた。たとえば最寄りのすき家。牛丼はうまくないが、味噌汁、納豆、卵、ひじきの煮付けのつく朝定食は二八〇円。ブラック会社のコンビニエンスのありがたさを痛感しもした。

九月はじめの検診で「全快」が宣言された。しかしお互いもう「安全神話」に頼れる年齢ではない。より深刻な病気に見舞われてもくよくよするまいと思う。生活の崩壊感覚を体感した悪夢の五月七日、私はいったん今後は介護中心の生活をしようと決意したものだ。ともあれ、私はこれからはいっそう、滋子ができる限りのびのびと生きられるような生活態度を選びたい。遅ればせながら家事修行もはじめたい。畏友、伊藤正純氏からは「先生、四時には仕事終わるんでしょ、それから台所で働けば……」とアドバイスされてもいる。

家事分担が自然な若い世代は、もう後期高齢者になる旧態然の夫が体験した狼狽を綴る、このような文章に苦笑するだろう。その苦笑はまことに健全である。

（二〇一三年五月二八日記）

追悼・熊沢光子

一九三五（昭和一〇）年三月一五日、東京市ヶ谷刑務所未決監で、ひとりの女囚がみずから縊れて死んだ。熊沢光子《てるこ》二四歳。私の父の従妹にあたる。当時の共産党幹部、大泉兼蔵のハウスキーパーであった。

ハウスキーパーとは、戦前の治安維持法下、過酷な監視と弾圧のなかにある共産党の要人の「妻」として、身のまわりの世話と伝達などの補助的な党務につくした若い女性のことである。この一種の偽装結婚は、一九二八年の三・一五大量逮捕以降、党の暗黙の「制度」となったといわれる。名古屋の弁護士の次女、光子は、おそらく高等女学校時代に社会の矛盾を痛感してのことだろう、卒業後の三二年春、非合法の社会運動に身を投じる。はじめの上京ではカフェの女給をしながら新橋の党資金局事務に携わり、共産党「過激派」による大森ギャング事件の発覚後の秋に逃亡・逮捕されている。しかし翌三三（昭和八）年三月にはふたたび家出して上京し、その四月には、党の山口信二財政部長に紹介されて、農民部長のポストにあった大泉兼蔵のハウスキーパーとして同棲することを承諾した。ほぼ同時に共産党に入党。当時の光子の意識ではおそらく、不遇の人びとにつくすこと、共産党につくすこと、党幹部が思うままに活動できるように献身すること――その三つは区別できなかったかにみえる。

大泉兼蔵は、新潟県の貧しい農家の長男に生まれ、地主の横暴を見て農民運動に加わった実績から労農党、ついで共産党の要人になっている。だが、大泉は、すでに新潟に妻子があったばかりか、一九二九年の逮捕時以来、新潟、東京の特別高等警察（特高）課長に買収されたスパイだったのだ。そのことを察知されて、大泉は三三年一二月二三日から三四年の一月一五日まで、小畑達夫とともに、党中央委員の厳しい査問を受ける。その過程で小畑は急死する。いわゆる「共産党スパイ・リンチ事件」である。

むろん光子もそこに拉致され、審問を受けていた。結局、大泉は泣いて詫び、査問者たちは彼を自殺させることでけりをつけることにする。その際、大泉は光子に一緒に死んでくれと慫慂《しょうよう》し、光子もそう決意して一月一四日、二人は遺書を書く。しかし一五日、監視が手薄になったとき大泉は大声でわめき暴れて、踏みこんだ特高に逮捕される。茫然自失した光子が路上で逮捕されるのはその直後である。


それから一年二ヶ月の獄中生活のうちに、熊沢光子の気力をどん底に引き寄せた絶望の垂鉛はどれほど重いものだったか、想像にあまりある。幾重もの怨念や悔恨や孤独があまりにも我が身を苛み、光子はついに生き続けることができなかったのだ。

恵まれた家族との生活を捨てて身を投じた「党務」ハウスキーパーの相手は、権力に身を売ったスパイだった。大泉の不勉強や金銭欲や好色など、その品性の低俗さは早くから気づいていたのに、なぜここまで従ってきたのか？　その上、天皇制権力の苛烈な弾圧という背景は十分に理解できるとはいえ、光子が献身の対象とした共産党は、まずは光子をもスパイと疑い、なによりも指弾されるべきことに、光子をスパイと確信していたわけでもないのに、厄介払いのように大泉とともに自殺することを「許した」のだ。党の査問者たちは本来ならば、党の要請でハウスキーパーになった光子に謝罪し、この真摯な若い女性になお生き続けてほしいと励まして当然ではないか。当時の中央委員、袴田里見の尋問調書はこう記録している。

熊沢のほうは私達も一応局部的な取調べを行ったのでありますが、果たして同人がスパイであるかないかについては確証も上がりませんでしたから、又仮にスパイであるとしても、大したスパイ行動のあるわけもない女の事でありますから、更に厳重な査問をする気持ちは起こりませんでしたから、大泉に繋がる縁で、自殺しようといふなら、どうでも勝手にするがよいといふ気持ちで、大泉とともに自殺させることになったのであります

（一九三〇年代後半。原文の仮名部分はカタカナ。後述の山下智恵子著書からの再引用）

どのような正義の社会運動も、人間というかけがえのない存在を便宜的な手段とすることは許されない。そのうえにここには、ハウスキーパーという存在をめぐる骨がらみの女性蔑視・女性差別があまりにも露骨に語られており、一読、気分のむかつきを抑えられない。なんという酷薄さか。この語りを生前の光子が知ることはなかったのがせめてもの救いである。

反体制側のゆがみは体制側の異様に過酷な弾圧の反作用にほかならない。にもかかわらず、その「ゆがみ」は明日の営みのためにかならず剔り出されなければならない。戦後の共産党は、リンチや拷問を権力のフレームアップと反論することを超えて、袴田の語りにみるような負の思想性を批

判的に顧み、女性差別に彩られた熊沢光子などハウスキーパーの受難をきちんと総括したことがあるのだろうか。それがなければ、いかに政治的主張が正当であっても、共産党が多くの若い世代の女性たちの心をとらえることはないだろう。それにもうひとつ。同じ女性であっても、工場やカフェで稼ぎ貢ぎもするハウスキーパーは、第一線の党務を担う専従の女性党員より低く見られてもいた。スパイリンチ事件を生涯の課題として追及し続けた平野謙は、周知のように小林多喜二の作品『党生活者』を素材に、尊敬すべき女性同志「伊藤」と、教え諭されるだけのハウスキーパー「笠原」との峻別・差別の意識を剔っている。

大泉兼蔵はといえば、取り調べにおいて、自分がいかに特高に協力してスパイの実績をあげたかをくりかえし訴えている。罪に問われるのは不当だというわけだ。だが、このユダの嘆願は容れられず、四二年、彼は懲役五年の判決を受ける。しかし敗戦後の四五年八月二四日には出所。大泉は自殺したユダと違ってしたたかだった。彼は事業に成功し、七二年には東京建具商組合の理事長になる。そして一九八三年秋、八二歳にして叙勲を受けさえした（勲五等双光旭日章）。国家からやっと報われて大泉は満足だっただろうか。戦後にはスパイだったことも否認し、光子はかわいそうな女だったとは語るものの、彼女の運命はすべて「共産党の仕組んだこと」だったとしている。自責の発言は一切ない。大泉はひっきょう光子の献身に値しない俗物であった。

ちなみに光子の妹、熊沢勝子も同じ頃、非合法運動に参加している。陰の存在であった光子と違って、勝子は東京や名古屋で共産党、青年同盟、全協系合同労組などのオルグとして活躍した。一九三〇年代末、勝子は朝鮮人活動家の金礼鏞と愛し合い、敗戦直前の四五年五月、二人で漢口に脱出、北朝鮮で政治にかかわったという。しかしその後の消息はわからない。

光子や勝子については、私の生家もふくめ、名古屋周辺や四日市に多いわが一族の間ではタブーだった。父の兄たちには戦前からの判事や検事もおり、事実を知らなかったはずはない。私にしても確か八〇年代はじめ、北海道大学の道又健治郎氏に、熊沢光子って知ってる？　あなたの親戚じゃない？　と教えられるまでは、この父の従妹のことを知らなかった。

道又先生に教えられたのが、名古屋の作家、山下智恵子『幻の塔――ハウスキーパー熊沢光子の場合』（BOC出版、一九八五年）である。歴史の闇に埋もれた熊沢光子については、勝子以外の実妹や同窓生にも語ることを拒む人が少なくないけれど、山下は、「女であるゆえに傷つくことが無い時代の到来を心から願って」、特高尋問調書などの資料やあらゆる関係者の断片的な回顧を根気よくつなぎ、熊沢光子をついに忘れられてはならない人とさせてくれた。このエッセイの物語はほとんど、ありがとう、ありがとうとつぶやきながらくりかえし読んだ『幻の塔』によっているが、私もいつか、もう八〇年も前における熊沢光子二四歳の自死を、人権を守る社会運動の内部にも生まれうる非情や、今なお死に絶えない活動家間のジェンダー差別を撃つ命がけの問題提起として突き出したかったのだ。光子の追悼と鎮魂は、社会運動研究で飯を食ってきた親族のひとりである私のつとめであるようにも感じられる。

（二〇一四年五月二四日記）

五章　書評と紹介——近年の「読書ノート」から

はじめに

二〇一〇年から一三年末にかけて、私はホームページに「その24」まで、精粗さまざまながら、この間に繙いたおよそ一〇〇冊以上の書物の紹介、批評、感想を綴った。ここに許される紙数に応じて、そのなかから選択した二四冊ほどを再録したい。選んだのは、私の好みに偏した作品、評論に一定の自信をもてる労働関係の文献、現時点での刊行がまことに有意義な書物、私自身が多くを教えられたハンディな好著などである。しかし、わずかな不満は残るとはいえ専門分野でのまぎれもない労作、それに読書の大きな分野である歴史もの、さらに楽しい読書体験を贈ってくれたすべての小説など、きわめて多くの良書を、長いためらいの後に割愛せざるをえなかったことが心残りである。以下、およそのテーマに分割して紹介する。学会の通例に従い敬称略とする。

1　労働の世界

スティーヴン・グリーンハウス『大搾取！』（曽田和子訳、文藝春秋、二〇〇九年）

いつも思うことに、労働問題の研究は、なによりも労働者の具体的な体験を細部まで凝視することにはじまる。そう視点を定めて、私はこれまで欧米のジャーナリストの詳細な労働ルポを好んで読んできた。たとえば、バーバラ・エーレンライク『ニッケル・アンド・ダイムド』（二〇〇一年、曽田和子訳、東洋経済）、P・トインビー『ハードワーク』（二〇〇三年、椋田直子訳、東洋経済）、

D・K・シプラー『ワーキングプア――アメリカの下層社会』（二〇〇四年、森岡孝二ほか訳、岩波書店）などが直ちに思い浮かぶ。いずれも留保なく奨めうる良書であるが、ここに紹介する本書（原著二〇〇八年）は、二〇〇〇年代アメリカに働く人びとのとめどない受難をまことに克明に描いて、この分野の類書を凌ぐ出色の労作ということができる。

ニューヨークタイムズ社で志願して労働担当記者になった著者は、産業も企業もさまざま、工場労働、労務職、販売職、サービス職、ソフトウェア専門職……といった職業もさまざまの、多くの不遇の労働者たちへの徹底的な取材を重ね、恵まれた市民が見まいとしがちな、しかしどこにも満ちあふれる下層労働者の深刻な諸相を生々しく伝えている。電子技術を駆使した分刻みの作業管理と休憩監視。深夜に倉庫に閉じ込めての重筋労働。工場の安全無視と深刻な労働災害の頻発。当然視されるサービス残業。ほとんど生活を賄えない低賃金。いつでも解雇できる非正規雇用の活用。従来のアメリカを特徴づけていた企業別付加給付としての医療保険、年金、補足的失業給付などの容赦なきカット。そしてそれらに抗おうとする労働者を、不正行為、セクハラ、虚偽証言の捏造によって放逐すること……。ここには「原生的労働関係」（労働保護法も労働組合もなかった時代の労務）かと見まごうばかりの搾取と抑圧が本当にある。

けれども、このようなアメリカの暗い領域のなか、ひとすじの光として私たちにまばゆいのは、たとえば、プラスティック会社がくりかえすフルセットの非道の処遇に対して、ぼろぼろに疲弊しながらもどこまでも告発を続ける貧しい二児の母、「シラキューズのノーマ・レイ」とよばれるキャシー・ソーミエの生きざまである。また、全米サービス従業員組合（ＳＥＩＵ）による大規模な清掃労働者の組織化の成功や、「使い捨て」だったラスベガスのサービス労働者を組織し、キャリア展開を可能にする技能訓練制度さえ樹立したＳＥＩＵキュリナリーワーカーズ第二二六支部の闘いなどは、労働組合というものがなお労働者の明日にとって決定的な意味を擁することをあらためて私たちに教える。著者は、労働者の状況をこのように惨めにした大きな要因を、九〇年代以降のアメリカでの労働組合運動の衰退に求めてもいる。この視角は、日本の労働組合運動のあまりの実績の乏しさを反映してであろうか、類似のシビアな労働の状況を撃つ日本の労働ジャーナリストにはほとんど欠落しているように思われる。

この種の労作は、要約すればむしろ薄っぺらな印象を与える。本書に盛られている統計的な総括や説得的な考察ばかりでなく、労働者の具体的な体験を記憶に留めるべきこととするならば、本書の大半の頁には傍線が引かれるだろう。読者はともかくもこの四六〇頁にわたる受難の物語を読み、みずからの索引をつくるとよい。

飯島裕子、ビッグイシュー基金『ルポ 若者ホームレス』（ちくま新書、二〇一一年）

従来は中高年層が多かったホームレスのなかに二〇代～三〇代の若者が「激増」している。本書は、飯島もそのメンバーである同「基金」が二〇〇八～一〇年に五〇人を対象に実施した詳細なヒアリングをもとにして、何人かの若者ホームレスの生活を綴る好著である。あらためて学ぶところが多かった。調査結果を端的に伝える冊子『若者ホームレス白書』（二〇一〇年一二月）も参照しながら、若者ホームレスとは総じてどのような軌跡を辿り、どのような困難を抱える人びとなのかを書きとめておきたい。

まとめれば問題に対処するに不可欠の、各人の体験の個別性が隠れてしまうけれども、平均年齢三二歳の彼らは、四〇％が中卒や高校中退の低学歴者ながら、実に八割以上が正社員の体験をもつ。しかしその後、倒産、リストラ、過重労働や人間関係の軋轢ゆえの早期退職を経て、フリーター、日雇い、登録型派遣に転じ、契約切れや派遣切り、または「仕事なし」のために収入が途絶するとともに住居も失い、路上生活を余儀なくされている。半数が五回以上も転職。派遣切りの嵐が吹きすさんだ製造業派遣で働いた経験者も半数にのぼる。もっとも、若者ホームレスは、不安定ながらいくらか収入をえられる働き口のあるときには、ネットカフェや二四時間操業のファミレスなど「屋根のある」所に泊まる。いつも野宿の人は二四％ほどにすぎない。彼らはそれゆえ、意識の上ではみずからを典型的な中高年ホームレスと区別している。

彼らのうち三割以上は片親家庭で、一二％は養護施設で育った。そして今、九〇％は、「迷惑をかける」という本人の配慮、「勘当状態」、「家族がいない」などさまざまの理由から家族との連絡が途絶している。さらに極度の貧困や過去のトラウマや今の孤独感などが重なって、若者ホームレスの四割は抑鬱傾向にあるという。そうした心のありようもあって、七六％は積極的な求職活動の気力を失っている。

若者ホームレスの実数はまだ少ないかもしれない。だが、その激増の背景は、貧困家庭が若者に与えうる資源の乏しさ、家族関係の喪失と若者の「孤族」化、多くは働きやすい労働環境に恵まれない小零細企業での正社員就業の過酷さ、非正規雇用者の使い捨て……という、まぎれもない格差社会日本二〇一〇年代の状況そのものなのだ。「周辺的正社員」―フリーター―登録型派遣労働者―ホームレスは、地続きの存在であり、これは例外的に不運な若者だけの物語ではない。その一隅を照らす意義ぶかい作業に挑む飯島は、丁寧に一人ひとりの声をききとり、彼らの困難の複合性をよく知るゆえに期待はずれになっても絶望せず、なお地道な援助の方策を模索してやまない。

最後にひとつ、とても心に残った二五歳の若者の語りを紹介したい。「時間を潰すことがなによりストレスです。ブックオフに行って立ち読みしたり、ゲームセンターでじっとゲームを眺めていたり、駅のベンチに終電まで座っていたり……。ホームレスってばれるんじゃないかって、内心ハラハラしながら、ひたすら　時間がすぎるのを待つんです」。服装や佇まいは普通の若者とさして変わらないという彼らは、それほど目立たずにすでに私たちの傍らにいる。

西谷敏『人権としてのディーセント・ワーク』（旬報社、二〇一一年）

ディーセント・ワークとは、本書のサブタイトルである「働きがいのある人間らしい仕事」のこと。それはいま非正規雇用者にも正規雇用者にも、雇用機会の縮小はもとより雇用の質の劣悪化をもたらしている深刻な労働の状況を総括的に撃つ理念であるとともに、その享受は憲法が保障する基本的人権そのものである。

労働法の大家である西谷敏は、この一点を手放すことなく、雇用形態、賃金決定、労働時間と休暇、職場での自由と権利、職業訓練、失業補償、労働組合活動など労働生活のほとんど全分野を網羅して、現行の法制や判例がどこまでディーセント・ワークの理念を達成しているか、どこに改善すべき部分があるかを、長年の実に幅広い領域での研究蓄積にもとづいて論じている。ここにはどこまでも労働者のニーズに寄り添う良識というもののゆるぎなさがあり、平明に綴られる主張は、やむをえぬ譲歩点も意識されて無理なく、まことに説得的である。

私はかねてから、「いわれなき差別」（人間の属性による差別）と「いわれある格差」（能力や努力の結果による格差形成）との関係に深い関心を寄せてきた。この問題意識から私はこれまで、労働の状況に関する労働法的なアプローチは自主的な労働組合の発言力の衰退した日本ではその大切さが十分に認められるとしても、現時点において枢要の意味をもつ後者、「いわれある格差」については、その鍬入れの有効性に限界があるのではないかとひそかに感じてもきた。たとえばある人が非正規雇用に就くのは、低賃金になるのは、「差別」ではなく、その人の能力にもとづく仕事配分の結果なのだからやむをえない格差にすぎないという見解も多いことだろう。西谷はしかし、私が危惧するこの点にも立ち入って、労働者がしばしば非正規雇用で働くことを「事実上強いられている」ことに注目し、「いわれある格差」である間接差別の是正、たとえば有期雇用の限定や同一価値労働同一賃金の制度化に巨歩を進めたヨーロッパ労使関係の営みを高く評価している。

それと関連して西谷が、日本において喫緊の課題である長時間労働の是正について、日本ではなかなか企業社会に浸透しないワークシェアリングを主張する立場に明瞭に立ち至っていることにもふかい共感を覚える。また、労働者の行動に関して可能なかぎり「個人の選択権」を重視してきた西谷が、労働者間競争の生む過度の「自発的な残業」については、これを法的に規制すべきだと述べていることも肯ける。

能力主義管理が台頭する原因でも結果でもある、現代日本の労働者の一種のアトム化という思想状況にもう少しふれてほしかったけれど、テーマ上これは望蜀の願いというべきだろう。労働法や判決の可能性についてまとまった知見のなかった私が本書からあらためて学んだことは数知れない。いま労働の現場でしんどい思いを抱える多くの労働者に、これが自信をもって推薦できる労作であることは間違いない。

戸室健作『ドキュメント　請負労働180日』（岩波書店、二〇一一年）

非正規雇用で働く若者の労働・職場・生活のようすを伝える書物は今では少なくないけれど、ここに紹介する戸村本は、とりわけ独自の特徴をもつ好著である。

戸室健作は、大学院時代の二〇〇二年二月から〇五年九月にかけてあわせて一八〇日、それ自体が違法なありようである派遣会社を経由した請負労働者として、携帯電話製造の荒井電機西野工場、自動車部品製造の山田自動車東野工場、および両者の系列工場で働いた。本書はその採用プロセス、仕事内容、作業管理方式、賃金や労働時間などをくわしく報告し、その上で派遣や請負という働き方の問題点を理論的にも分析する参与観察の「ドキュメント」だ。みずからの生の体験ばかりでなく、中高年層をふくむ同僚のそこに至る軌跡や述懐が聴きとられていることも貴重である。

個人的な体験の細部をみつめてこそ体制の非情な性格がわかる。ここでの若者たちの総じて過酷な状況を伝える具体的な情報は、読者それぞれの記憶に刻まれるべきだろう。私はこの本によって、非正規労働者に関するすでになじみの状況をあらためて確認するとともに、いくつかの新しい諸相を学ぶこともできた。ここでは以下、本書の独自的な特徴であるように感じられる二点を略記するに留めたい。

ひとつは、ふつう類書ではごく一般的にしかふれられない仕事そのものの考察がくわしいことである。たとえば戸室は、頻繁な工程間移動とモデルチェンジへの対応が非正規労働者にも可能なのは、いずれもひっきょう単純作業にすぎないからだと述べ、携帯電話のソフトを新しく変更して再梱包する「ＲＯＭ変」という、それぞれ六〜八の手順からなる五つの工程を例に仕事内容を分析する。各手順ごとに一〜一八秒、労働者一人づつが担当する各工程（開梱、ソフト変更、照合、外観、梱包）ごとに二五〜三五秒という遵守すべき作業時間が設定されている。このきわめて短いジョブサイクルの単純労働が一日中くりかえされて、一時間一〇〇台、八時間八〇〇台の生産ノルマが達成される。工場の下層労働の苦しみは、低賃金や深夜勤務ばかりではない。

いまひとつ。募集が関東地区に集中している荒井電機の界隈ではとくに、派遣・請負労働者たちは、花見、ライブ、飲み会、会食、ハイキングなどをともにする親密ななかま集団を自然に形成するという。その輪は登録している派遣会社の範囲に留まらないばかりか、派遣先の職場という枠さえ超えている。彼ら、彼女らは頻繁に、たとえば同じ地域にある派遣先の下請け企業、ほかの製造工場、あるいは警備員、配送業、キャバクラ、建設現場、アパレル店員……といった職場に転職するけれど、変わってもなお同じなかまとの集いを「居場所」としている。さらに注目すべきは、この集いがまた、地域の各職場の労働条件や処遇に関する情報の交換と比較の場、なかまうちの経験者からのアドヴァイスが得られる場にもなっていることである。

多くの非正規労働者、とくにフリーターや「漂流派遣」の人びとは、意識上「個」であることを望んでいるかもしれないが、「個」の自由を享受しうるためにはやはり「孤」であってはならない。必要なときにＨｅｌｐ Ｍｅ！と訴えることのできる紐帯が不可欠であろう。本書はなお不確かながらこの探索にひとつの示唆を与える。

榎本まみ『督促ＯＬ修行日記』（文藝春秋、二〇一二年）

終日、ひたすら電話をかけて、商品の購買を勧誘したり支払いを督促したりするコールワーカー。その仕事に私はかねてから関心を寄せている。それは工場のそれとはいささか性格を異にするとはいえ、システムと顧客の間に立って決まりきった接遇をくりかえす現代の典型的な単純労働だ。総じてノルマがきつく仕事の過程にゆとりがなく、正社員ならば長時間にわたり拘束される勤務でもある。そのうえ、電話する相手の反応は一般に、勧誘の場合はつっけんどん、支払い請求の場合は不機嫌で、しばしば理不尽にも逆ギレして怒鳴り、恫喝さえして、労働者を打ちのめす。当然、ストレスや鬱に追い込まれ、早期退職も常態である。過酷な感情労働ということができる。その担い手はいま数多いだけに、実態をもっと具体的に知りたくなり、本書を読んだ。

この本ではまず、クレジットカード会社への正社員就職の後すぐに、キャッシングの支払い請求という、督促のなかでも相手の反応がすさまじい部門に配属された著者の体験が綴られる。一時間六〇本の電話というノルマ。浴びせられる罵詈雑言。朝七時にはじまり夜になって請求の手紙を書く時間もふくめて終電まで続く勤務。洗濯もできずついには紙パンツ使用というゆとりのなさ。続々と退社してゆく同僚たち。彼女もまた不可避的に心因性の体調不良に見舞われた。しかし彼女はさまざまの工夫によって「ボロボロになりながらも」生き残り、「花形」のクレジットカード督促部門に配属される。このセンターでは、社員一〇〇人がパート・アルバイト三〇〇人に指示を出して、日に四万件の電話をして年間二千億円を回収するという。

榎本は、打ちのめされないように、厳しいノルマや理不尽な非難に対抗するコミュニケーション技術を鍛える。相手に支払いを約束させる誘導、「いくらでしたら、いつでしたら、お支払い下さいますか」という言い方、謝罪と感謝の巧みな使い分け、きびしい支払い請求後の優しい言葉、罵詈雑言をメモしてそのコレクションをむしろ楽しむ遊び……。これらのノウハウはさして特筆するに値するわけではない。私の発想はつい、ノルマの規制、要員確保、労働時間短縮などの要求、そして顧客がどんなに身勝手でも労働者は決して逆らうことができない仕事環境の改善など、労使関係的な営みの必要論に傾いてしまう。むろん本書にはその観点はない。にもかかわらず、私がある感銘を禁じえないのは、この「修行日記」は、創造的なビジネスで「輝く」ことを勧めるありふれた女性の「戦力開発論」からまったく自由であり、ときに顧客や男からのハラスメントにさらされる弱者としての下層女性労働者が、それでも心を壊されることなく働いてゆける方途を懸命に探ろうとしているからにほかならない。

榎本は終わり近くに言う――コールセンターで働くうちに自分の体に突き刺さった言葉の刃は、

引き抜けば、自分を傷つける凶器ではなく剣になる。その剣によってこそ、また私を突き刺そうとするお客さまの言葉の矢を今度は撥ね返し、また刃を向けられた仲間を守ることができるようにもなる。「そうか、武器は私の身のなかに刺さっていたのだ……」。コールワーカーがしたたかであるためには、応援歌はこのような軍歌の響きさえもつ、私はそう納得する。

榎本まみは本書を、「全然、督促のできなかった昔の私」に、ときにストレスや鬱、突発性の難聴に耐えながら「一緒に働いてくれている（非正規）オペレーターさんと同僚」に、そして「統合失調症で今も部屋から出られない状態の、一つ年下の弟」に献げている。「華やかじゃないし辛いけれど、働くってそんなに悪いことばかりじゃないよ」と伝えたくて。美しい響きの「むすび」である。

森岡孝二『過労死は何を告発しているか――現代日本の企業と労働』（岩波現代文庫、二〇一三年）

過労死・過労自殺は、そこを凝視しなければ企業社会論はひっきょうリアリティを欠くという意味で、日本の労働研究、いや広く現代日本の資本主義研究の枢要の領域である。著者、森岡孝二は、八〇年代末から日本の労働時間の克明な実証研究を重ね、過労死の事例を情理兼ね備えた筆致をもって先駆的に紹介してきた人。近年の作品『働きすぎに斃れて――過労死・過労自殺の語る労働史』（著書23）の執筆にあたって、私がもっとも多くを学ぶことができたのは、森岡孝二の分析であった。ここに紹介する森岡の新著は、九五年刊行の代表作『企業中心社会の時間構造』を今の時点をふまえて著者が丁寧に修正・加筆した作品である。この著者にしてこのテーマあり、というべきか。

本書は章を追って、過労死問題が一九八八年に社会問題として浮上するようになった意味、その背景をなす七五年以降の企業社会の変容、非正規雇用の短時間労働と正規雇用の超長時間という二極分化、日本の宿痾ともいうべきサービス残業、過重労働とJIT生産システムやQC活動との深い関係、ホワイトカラーに特有の仕事のストレス、就職難に追われて劣悪な正社員職場に赴く若者にしのびよる心の危機と過労自殺の危険……などを考察する。叙述は、多くの統計を駆使し、政府文書や司法判断を引用して手堅く、全体として高い説得性をもつ。そればかりか、過労死弁護団や過労死家族の会に実践的に寄り添ってきた森岡は、ときに斃れた人びとの企業内での過酷な業務に関する内部資料の入手にも恵まれ、それを縦横に用いて、たとえば、椿本精工の平岡悟、カルビーの要田和彦らの労働の日常をさいなんでいたしんどさと、がんばりのつきた時点での死を、切実な物語として冷静な分析のなかにちりばめている。

こうした実証に埋めつくされた三一八頁というかなりの大著が、岩波現代文庫というハンディなかたちで上梓されたことをよろこびたい。私見との違いを強いていうなら、私の重視する「日本に特有の能力主義の定着→その帰結としての労働条件決定の〈個人処遇化〉→その惰力としての自己責任化」という連関をもたらす企業労務の把握が、森岡の分析ではやや希薄な点だ。だが、私の考察の弱点である、政府の労働時間政策のくわしい追跡や、過労死の法的防止への歩みなどは、森岡本にしてはじめて知ることができる。要するに本書は、その背景、要因、事例などをカバーする、過労死・過労自殺を扱っては当代もっとも信頼できる書物ということができる。

伊藤大一『非正規雇用と労働運動——若年労働者の主体と抵抗』（法律文化社、二〇一三年）

新たな視点を拓かせるような専門領域の周辺にある書物を読みたいという思いが加齢とともにつよまり、全体に狭義の労働研究の読書が少なくなっている。しかしそのなかで最近、従来の認識の確認ばかりではなく一定の示唆も受けることができた作品のひとつが、伊藤大一の本書である。簡単ながら紹介と批評を試みよう。

二〇〇四年九月、徳島県の自動車部品メーカー・アイズミテックにおいて偽装請負で働いていた当初二〇名の若者たちが、労働組合を結成し、八年にわた直球勝負の組合運動の敢行によって、一人のリーダをのぞく全員を直接雇用の契約社員に、ついで正社員に転換させ、労働条件の均等化も獲得した。日本の非正規雇用の世界を多少とも知る者にとって、これがどれほど際立った達成であったかはいうまでもあるまい。

伊藤大一の著書は、この例外的ともいえる成功の要因として、（1）請負の若者たちが、労働強化を必然化するジャスト・イン・タイム制の下にありながらも、技能的には一定の裁量権を保持していたこと、（2）請負作業者に対しては、労使協調に誘われる余地もない差別待遇が明瞭だったこと、（3）正社員のなかにも請負労働者の運動を支援する「侠気」ある組合が存在したこと、（4）若者たちの間に地域労働市場に定着する志向性があったことなどを摘出する。そしてこれらの「仮説」は、丁寧で「執拗な」ヒアリングを通じて成功裡に立証されている。

伊藤大一の仕事を基底で支える問題意識は、非正規雇用の若者自身が、「自己責任論」のくびきを超えてどのように抵抗の主体になりうるかである。三六人に及ぶ個人別のヒアリングもそれゆえ、勤続や職歴はもとより、学校関係、交友、婚姻状態、収入を主になにに使うか（「はまっている」趣味）などに及ぶ。それぞれの回答が労働組合運動への参加とどのようなルートで関係しているかは明瞭ではないけれど、ヒアリング結果を示す「巻末資料」はそれだけで興味深く、若者の存在と意識の全体に迫ろうとする著者の情熱を感じさせる。若い伊藤にはさらに今後、一般に上のような要因に恵まれていない、たとえば都会で非正規雇用の単純労働に就いて使い捨てられている、多くの若者たちの抵抗の主体性はどのように培われるかを探る仕事を期待したい。

2 現代日本の社会と生活

A・ファーロング、F・カートメル『若者と社会変容——リスク社会に生きる』

(乾彰夫・西村貴之・平塚真樹・丸井妙子訳、大月書店、二〇〇九年)

いまグローバルな規模で、多くの若者たちが【教育→就職→家族形成→自立的な経済生活】という、以前には自然なコースと予定されていた「移行」の困難に遭遇している。その移行は、およそ一九八〇年代以降という「後期近代」の社会変容のなかで、かつてのように階級、ジェンダー、エスティニシティといった社会の格差構造によって集団的・宿命的に軌道づけられるのではなく、すぐれて個人の能力や努力、選択の適否、つまり個人の責任によるとみなされがちになった。それゆえ、「移行の困難」も社会的というより個人的な問題と解釈されてしまう。「困難」の解決も、社会の格差構造に挑戦する連帯的な社会運動にではなく、個人レベルの行動にゆだねられるのである。

けれども、実は階級、ジェンダー、人種などの「強力な相互依存の鎖」は執拗に生き続けており、恵まれない若者たちは、その軛のなかで「避けがたい失敗の責任を自分で負おうとしてもがいている」。この書は、このような視点に立って、必然的に生まれる「認識論的誤謬」(どうにもならない社会構造のしがらみがあるのにがんばればなんでもできるという思い込み)を、さまざまな国のさまざまの領域に生起している事実の渉猟を通して徹底的に批判する労作である。

もっとも本書の実証部分は、あまりに多くの国々に関する統計的事実のコレクションに留まる感じがあって、ときにいくらか散漫である。余暇とライフスタイル、犯罪と犯罪被害、政治参加のくだりなど、社会構造の規定性についていささか説得不足の印象もある。私の好みでは、もっと対象を絞って、たとえばイギリスの若者についての多面的な、諸領域を連関させた考察を読みたかったと思う。この書では、しかし、いわゆる「自己責任論」はほぼ完全に論破されている。現代日本の若者たちもまた「もがいている」現在、その指摘はまことに正鵠を射ており、感銘を禁じえない。

本田由紀『教育の職業的意義――若者、学校、社会をつなぐ』（ちくま新書、二〇〇九年）

ファーロングらのメッセージにも関係するけれども、若者がそれぞれの就職可能な職業でともかく生きてゆける道を探ろうとするならば、当然、日本でももっと職業教育のありかたに関心が払われねばならない。私は日本の職場での仕事のあり方への批判的考察の系論として、従来からラフなかたちではあれ職業教育の重視を唱えてきたが、それだけにこの本田の作品は、終始一貫、同意でき共感できる作品であった。

本田由紀は、労作『若者と仕事』（東大出版会、二〇〇五年）以来、現実の労働社会の空を飛ぶことのできる「翼」を若者たちに！という思いを、研鑽の発条としてきたようである。そしてこの教育社会学の俊英は、この書では、現在の労働状況の変貌が教育に職業的意義を与えるべきことを不可欠とする所以、なぜ日本ではこうした問題意識が希薄なのかについての歴史的な考察、いま求められる〈適応〉と〈対抗〉の両側面を備えた職業教育の内容などを、いつもの漲る迫力をもってかっちりと書き込んでいる。全編ポレミークな筆致ながら、その論理には十分の説得性があるように思う。職業教育の重視は早くから若者を階層別のコースにわける措置であり、若者の無限の可能性を閉ざすという建前の「平等論」は、すでにひとつの迷妄だからである。

宮本太郎『生活保障』（岩波新書、二〇〇九年）

日本の今後の生活保障を考える上で、この宮本太郎の新著は、ともかくとても勉強になる。

周知のように、これまでの日本の生活保障システムの特徴は、年功賃金と終身雇用、性別役割分業、低位の失業率などをセットにするものであった。それは、西欧的な社会保障の代位である。しかし、このいわば企業社会中心の生活保障システムは、およそ一九九〇年代後半以降、新自由主義的な構造改革のもとで激増する非正規労働者のワーキングプア化によってその限界を露呈した。だが一方、西欧型の福祉国家もまた、経済グローバル化の波に洗われて行きづまりを見せている。では、どうすればいいのか。宮本は、「雇用と社会保障」を込みにした概念、「生活保障」の方途として、両者を切り離すベーシックインカム（ＢＩ）政策と、両者をこれまで以上に結びつけるアクティヴェーション（ＡＣ）政策という選択肢を示し、ＢＩを部分的に取り入れながらも、雇用促進の点でのその不備を指摘し、セーフティネットをトランポリン型にするＡＣを重視すべきだと説く。

宮本はみずからの研究蓄積のある北欧に学ぶ。福祉国家の経済的困難を乗り超えようとする北欧諸国での雇用の保障・促進の考え方の核は、周知のようにフレクシキュリティ（柔軟性＋生活安定）、より具体的には「黄金のトライアングル」とよばれる、柔軟な労働市場（職業移動の容易さ）、長期間の失業給付、積極的労働市場政策（職業訓練などによる失業者の雇用促進）である。閉じこもる「殻の保障」ではなく変化に対応する「翼の保障」とも特徴づけられる。誤解を恐れずにいえば、これは「寛容すぎるウェルフェアから優しいワークフェアーへ」の主張ということができよう。

そのうえで示される「雇用と社会保障の新しい連携四領域」の具体策を紹介しよう。すべては労働市場政策にゆきつく。内容は次のようである。

Ⅰ　参加支援（生涯教育、高等教育、職業訓練、保育サービス、就労支援など）
Ⅱ　働く見返りの強化（最低賃金制、均等待遇、給付つき税額控除、負の所得税、キャリア・ラダー整備など）
Ⅲ　持続可能な雇用創出（新産業分野・「第六次産業の育成」、公共事業改革など）
Ⅳ　雇用労働の時間短縮・一時休職（ワークシェアリング、期間限定型ＢＩ、ワーク・ライフ・バランスなど）――以上、ⅠとⅣは「人」が対象、ⅡとⅢは「場」が対象

全体として目配りの利いた好著であり、方向性については私にも異論はない。というより、年功システムの改変や福祉給付の効率化や失業者に対する雇用促進はいっさい拒むという、ある種の保守主義を別にすれば、これは常識論ということさえできる。本書のもつ穏健なバランス感覚は総じて革新政党や労働組合にも歓迎されよう。

とはいえ、読後感にはある物足りない思いもつきまとう。なぜなら、この好個のテキストには、この方向の追求が現代日本ではなぜ難しいかの考察が不十分だからだ。それができるためには、私たちは結局、日本の労使関係や労働組合、ひいては民主党の基盤などについての立ち入った分析を求められるだろう。宮本はそこに踏みこんでいない。

たとえば、本書でのワークシェア論などはいくらか安直であり、日本でなによりも推進されるべき労働時間短縮および均等待遇の必要性の強調と、なぜそれらが挫折を余儀なくされているかの考察が不足している。上の「四領域」にしても、たとえばⅡやⅣの具体策は誰が実践するのか。労使関係・労働組合のありようを批判的に考察することなしには、それらの実践主体がみえないのである。

岩村暢子『家族の勝手でしょ！――写真二七四枚で見る食卓の喜劇』（新潮社、二〇一〇年）

どちらかといえば家族主義の私にとって、これはとても衝撃的な書物だった。

本書の主人公は、一九六〇年以降に生まれて首都圏に住み、七五％が一〇歳未満の子どもをもつ、三〇代後半を最大多数とする主婦たちだ。本書の内容は、彼女ら一二〇人による「食育?!」の実態を、事前アンケート、一週間の食卓の記録と写真二七四枚、事後の個別インタビューを通じて暴露する、現代日本の家庭へのユニークな批判である。

まず食事の内容の貧しさに驚く。総じて加工品づくしで、市販の冷凍食品・レトルト、デリバリー、テイクアウト、あるいは具なしの「素」ラーメン・パスタ・焼きそばなど、「単一素材料理」などがきわめて多い。複数の主食だけの献立、パン菓子の食事もままある。たまに手づくりの料理があるとすれば、しばしば親からの差し入れで、主婦自身が「面倒な」野菜サラダをつくったり魚を焼いたり揚物をしたりはしない。えっ、ほんと？　と思うのだが、今では生魚と干物の区別がつかない主婦も半数ほどいるという。味噌汁もほとんど用意されず、飲み物はしばしばペットボトル飲料である。定量的な比率把握はされていないが、要するに膨大な掲載写真のうち、「朝の連続テレビ小説」で登場人物たちが囲むような食卓はまずないといってよい。

この食材の特徴と関連して、今では皿、とくに各自の取り皿というものがあまり使われない。チンしたパック食品がそのまま、あるいは鍋のまま供されるのだ。そして食事の仕方はといえば、家族そろって食卓を囲み同じものを食べるというよりは、「動物の餌場」みたいに並べられた各種のカップ麺、ハンバーガー、おにぎり、菓子パンなどの市販食品を、各自の好みに応じて、ときには好きな時間に食べることも多い。

こうした傾向を、若い主婦たち――その三～四割のみがパートやフリーランスで働いている――はさして問題視していない。彼女らの食事観の特徴は、岩村のヒアリングによれば、（1）「私の時間」を大切にして、手のかかる料理や洗い物をできるかぎり避けて楽をする、（2）とにかく「好き嫌い」のはげしい子どもの好みに合わせることである。まれに苦労してつくった手づくりの料理やケーキ、正しい箸の持ち方などのマナー教育を子どもがいやがることも多い。それを強いるのは「疲れ」、「傷つき」、ストレスを感じていやになるという。好みは慣れに従う。だからファーストフードになじんだ子どもが、なにがいい？　と聞かれて、冷凍ピラフなどと答えれば、「ラク！」「ヤッター！」「ラッキー！」と快哉を叫んだりもするのである。

良かれ悪しかれ、自分の時間と気分をなによりも大切にする若い主婦層のなかに、私たちはもはや家政のしがらみにとらわれないという意味での女性解放の一形態をみるべきだろうか。岩村の辛辣な批判には、どことなく伝統派家庭論のニュアンスも漂う。だが、このような食卓のあり方が、いま眼前にみる、人びとのかけがえのない居場所としての家庭の崩れとどこかで関わっていることはおそらく疑いを容れない。岩村のスタンスはどうあれ、その詰問は辛辣であるゆえにこそ、食育の危機という枢要の問題性をよく抉り出している。ちなみに被調査所帯の年収は四〇〇万円以上八〇〇万円未満五八％、八〇〇万円以上三二％であって、貧しくゆとりのない階層とはいえない。

ノーマ・フィールド『天皇の逝く国で』（大島かおり訳、みすず書房、一九九四年）

著者ノーマ・フィールドは、アメリカ占領下の一九四七年、米軍人の父と日本人の母との間に生まれた混血の女性である。六五年、渡米して父のもとで大学に入学、日本文学を専攻してシカゴ大学教授になった。私はこの人の『小林多喜二』（岩波新書、二〇〇九年）のもつ一種のみずみずしさにふれてから、かつて高い評価を受けたと聞く本書を探していたので、これを名古屋の古書店で見つけたときはうれしかった。

本書は、昭和天皇の逝去前後における国民の諸活動のめざましい自粛ぶりから筆を起こし、「象徴」天皇制の下で定着した多数派日本人の常識を踏み超えた人びとの軌跡を尋ね、その語りに耳を傾け、彼ら、彼女らを取りまく日本社会の世間知のありかを探っている。これはその経歴ゆえに愛着と違和感または批判の双方を抱えもつ著者のユニークな日本（人）論だ。尋ねる人は、天皇の軍隊によって過酷な献身と犠牲を強いられた惨苦を忘れられず、沖縄の国民体育大会で日の丸を焼いた知花昌一、法律・政治・歴史といった公的世界の「抽象」を私生活の具体的なことがらと照らし合わせて考え直すすべを体得し、自衛官の亡夫の護国神社への合祀を拒んで違憲訴訟を起こした山口の中谷康子、「公人」としてのタブーを犯して天皇に戦争責任ありとはじめて明言した、隠れキリシタンを祖先にもつ長崎市長の本島等《ひとし》などである。

あらためて気づかされた多くのポイントのうち、さしあたりふたつをあげよう。ひとつは、「なんらかの点で他の人と違う人は、もっとも被害を受けやすく、それゆえに不当な束縛や圧力を敏感に感じとるから、彼らこそ、万人の自由が現にあるかどうかを確証し、それが現実となるよう努力するほかない人びと」（一七〇頁）であるという把握である。私好みの表現で敷衍するなら、しばしば（上の三者のように）村八分や非難の対象にされる人、世間的には「いやなやつ」が自由であってはじめて、その名に値する「人権」が実在するといえるのだ。なにごとも世間知に従う人は、ふつう自由や人権の不可欠性を意識しないまま身すぎ世すぎできるからである。

もうひとつ。著者は、政治史的にはまことに明らかな昭和天皇の戦争責任にふれて、「ヒロヒトが『すまなかった』と言いそびれたのだとすれば、ふつうの日本市民もまた、その謝罪を要求する機会を逸した、したがって自分たち自身の責任（私見では例えばアジアの人びとに対する加害）の可能性を考える機会をも逸してしまったのである――その責任はたしかに公職にある者や天皇の責任とはちがうものであるにしても」と述べている。深い共感を禁じえないが、ノーマ・フィールドの認識の独自性は、ここからさらに進んで、「それ（戦争責任）をずるずると否定しつづけたことが、経済的成功に必要とされた過酷な規律に黙従することへとつながった」（二四三頁）というところにある。「日本では、国中の人びとがたえず忙しくさせられて、脱線ひとつできない、子どもでさえも」。ノーマはそう語る本島等（二九六頁）とともに、まさに戦争責任論の回避に「象徴」される、ともかく多数派の常識的な発想、タブーを犯さない生活スタイルから外れまいとする日本人の靡く心が、「天皇の逝く」ときになっても、いや戦争の惨苦が忘れられがちな現時点だからこそというべきか、働きすぎを競うような私たちの労働生活の日常を軌道づけていると語りかけるのである。

私が惹かれるこうしたメッセージや考察のはざまには、ノーマが育ったかつての日本の美しい自然、懐かしい母との生活、年中行事の思い出などがちりばめられている。大島かおりの訳文は、原文もそうであろうけれど、ときにリリカルで美しい。

井上芳保編著『健康不安と過剰医療の時代――医療化社会の正体を問う』（長崎出版、二〇一二年）

現代日本の医療には、貧困層がお金と時間のゆとりがないため本当に必要な医療サービスを受けられないという深刻な問題が確かにある。けれども他方、通院や検査や投薬は総じて過剰で、不要な処置も少なくないのではないか。私はかねてからそんな疑問を拭えなかった。医療社会学者の井上芳保が編纂し、近藤誠ら第一線の医師たちが専門分野ごとに寄稿する本書は、この漠然とした疑問に具体的に答える好著である。

素人の私がこの本で学習したことをあげてみる。たとえばメタボ検診。腰まわりは男性八五センチ以上、女性九〇センチ以上がメタボとされている。一律のこんな基準になんの意味があるのか。私も八七センチなので、町の保健所に呼ばれ、二人の正職員の保健婦の「生活指導」を受けて万歩計をもらった。これなどはまだほほえましいが、ある大手電機会社ではかつて、こうした基準の「肥満」が査定の対象であった。

血圧はどうか。厚労省の二〇一〇年調査では、七〇歳以上の国民の約五〇％が降圧剤を服用しているという。高血圧の基準は、一九八七年には一八〇／一〇〇㎜Hg以上だった。その基準値が〇八年には、一四〇／九〇㎜Hg（受診勧奨）に、さらには一三〇／八五㎜Hgに引き下げられている。国や学会の国民への健康配慮が進んだからだろうか。専門医の研究ではしかし、高血圧は脳血栓への身体の自然防衛であり、降圧剤の継続的服用はかえって脳梗塞の可能性を高めるとのこと。コレステロールの「正常値」にもさして意味はない。

鬱病患者が激増している。職場のストレス、家庭内の緊張など社会的要因が作用していることは確実であろう。だが、鬱病患者の激増は、よく治療に使われるＳＳＲＩ（選択的セトロニン再取り込み阻害剤）の解禁と連動しているという。鬱病に必要な治療は、社会的要因を棚上げした上での、強い副作用を伴う継続的な投薬ではあるまい。

また今の医療では、無視できない放射線被曝を伴う検査が総じて過剰である。とくに胸部一回で一〇ｍＳｖは避けられないＣＴ検査、放射線の他にも有害なバリウムや抗コリン剤を呑むレントゲン検査には問題が多い。以上は、この本での例示の一端にすぎない。では、このような過剰医療はどこに起因するのだろうか。

原因は医学そのものではなく、基本的に経済的、社会的である。まず、国民健康保険制度では、医療機関が受け取る診療報酬を決める評価点は、患者の状態や生活環境に関するくわしいヒアリングや面談よりも、検査と投薬について高い。診療報酬は医療機関の経営の成否を左右する。だから民間であれ、新自由主義的な政策以降の公共部門であれ、病院であれ開業医であれ、とかく検査と投薬に奔るのである。信じがたいことに、検査や投薬の頻度が勤務医の査定要素になっている場合もある。

病院や医者には、製薬業界、医療機器メーカーの猛烈なセールス活動がかけられる。それがときに医師、医療関係学会、病院事務担当者などへの諸経費負担、リベート、贈賄などに至るのは周知のことであろう。医療機関はまた、たとえば高額の検査機器などの稼働率が低ければ大きな損失になるため、とにかく検査する。寄稿者の近藤誠は、いま実施されているCT検査の七～八割は「正当化できない」という。厚労省や医療関係学会も、「健康」の基準をともかく厳しくすることによって医療の過剰に寄与しているかにみえる。患者の潤沢な供給なくして医療の過剰もありえない。厚労省二〇〇七年調査は、糖尿病では国民の一七％、メタボ（内臓脂肪症候群）では四〇歳～七四歳の男性の五〇％、女性の二〇％を治療や対策が必要な要治療者（患者）とみなしている。「健康」のハードルを意識的に高めた結果である。政府は「国民の健康配慮」をもってこれを正当化するであろうが、客観的には、「クスリを売るならまずは患者をつくれ」という、製薬資本の論理に奉仕しているのである。

医者はたいてい、「とりあえず」「念のため」検査や投薬をすると言う。考えてみれば、これは通院のゆとりある国民の要望でもある。病人、厳密には可能性としての病人も家族も、万一、万々一の場合を想定して、すぐにCT、レントゲンなど、とかく万全の検査を求めるものだ。薬も、市販のものより安価なので十分もらっておきたい。医師は、経営上の理由ばかりでなく、「万一」の場合、後で検査の不備などの責任を問われることを心配して、唯々諾々と「患者」の求めに従うだろう。ここに過剰医療についての医療機関と、医療知識のない国民との密やかな共犯関係がある。あえていえば今日、国民、とくに暇な高齢者は、進んで患者にされているのだ。

本書に集う人びとの知見は、マスコミでも読書界でもすでに高い関心を寄せられている。しかし、彼らの批判の対象は、医学界、医療関連産業、厚労省、それに無限の健康不安から「念のため」を求める国民の連合軍であって、彼らが世俗的な意味で力を行使できる範囲は限られているだろう。タブーに踏みこむことにもなる。それだけに私は、医療界の「原子力ムラ」の如きものに挑むこの人びとの主張の意義を高く評価したい。この問題提起は、医療費の不可逆的な膨張を不可避の与件とみなすことの見直し（四章2のエッセイ参照）にも通じている。

生活保護論ふたつの良書

深刻な貧困に関する現時点の報道では、登録型日雇派遣など非正規雇用者問題に続いて、生活保護の「改革」論議が再浮上している。大山典宏『生活保護vsワーキングプア――若者に広がる貧困』（PHP新書、二〇〇八年）と、藤田孝典『ひとりも殺させない――それでも生活保護を否定しますか』（堀之内出版、二〇一三年）はともに、現行の生活保護行政の問題点は指摘しながらも、不正受給を針小棒大に言い立てて窓口規制の強化や給付削減を図ろうとする行政を批判している。

私には「良識的」と感じられる、きわめてまっとうなスタンスの好著だ。著者はともに社会福祉士。ともに埼玉県で、大山は生活保護行政や児童相談所勤務とボランティア活動に、藤田はNPO法人を営みつつ反貧困活動に携わる。いずれも三〇代の若者ながら、生活保護関係の相談の豊富な体験のなかで貧困をみつめてきた実務者の、これらは信頼できる発言である。

ふたつの書物は、くわしく検討すれば見解や重点に相違があるのかもしれない。しかし、この分野に深い知見のない私には、疑問の余地なく正当な内容の共通性ばかりが印象に残る。たとえばそれは、（1）生活保護はそこから脱することを可能にするための緊急の給付であるはずなのに、いま保護の不可欠な人の給付をはねつける「水際作戦」が、その人を救いようのない「自立」不可能な状態にまで追い込むことによって、結局は社会的コストを重くしていること。（2）自立のためには確かに就労が必要だが、貧困者の多くは育児や介護に要する時間の不足、過去の職場体験や性的虐待やDVなどに起因する鬱病や精神疾患、住所不定、無視できない交通費負担など求職活動上のハンディ……からくる「就労阻害要因」を抱えていること。（3）それゆえ「ワークフェア」の鼓吹よりは、それぞれの就労阻害要因に対処できる、市職員の一時的配置ではない、一群の専門的ケースワーカーとともに、問題の統合的対処もできるような縦割り行政の改善が求められること。そして（4）「どんな仕事でも、賃金がいくらでも働け」というのではひっきょう早期退職者、失業者、ひいては生活保護の申請者を増やすだけであり、雇用の質を考慮してディーセントな職場を用意することが政策の視野に収められねばならないこと。最後の点は、私など労働研究者の年来の主張である。ブラック企業が瀰漫する現時点の日本ではとくに、社会保障・公的扶助論と労使関係論の密接な連携が必要とされている。

不正受給の増加、勤労意欲の低下、財政負担を理由として生活保護の支給額削減と受給資格の範囲限定を唱える者は、貧困のそれなりの事情に瞳を凝らすこの二著を読まれたい。たとえば、医療扶助の支給を見こんで過剰の医療サービスをする病院の責任を問わずして、被保護者の患者の不正受給を指弾することはできないことがわかる。

3 日本近代史・現代史の諸相

夏木静子『裁判百年史ものがたり』（文藝春秋、二〇一〇年）

本書は、著名な推理作家の夏木静子が、近現代の日本の司法史のなかで画期的な意義をもつ一二件の重大事件について、加害者の事情とともに、事件を扱う際、あるいは毅然として法的正義に殉じ、あるいは当時の権力者の政治的配慮や「その時代」の偏見からあえて不当な有罪判決をした司法の対応を、わかりやすく語る良書である。

明治期のロシア皇太子襲撃・大津事件やあの大逆事件。戦争末期の翼賛選挙（無効）事件。終戦初期の帝銀事件や松川事件。いわゆるチャタレイ裁判。一八年を経てついに二度目の最高裁で冤罪が認定された八海事件。高度経済成長期、連続殺人というかたちで地方出身の不遇の若者の鬱屈を突き出した永山事件。そして犯罪被害者の権利擁護と救済に道を開いた九七年の岡村弁護士夫人殺害事件……。今の若い世代はよく知らない事件も多いと想像されるゆえ、詳細を紹介したい思いに駆られるけれども、まずは一読を勧めたい。それぞれがくっきりと時代の刻印を刻んでおり、歴史物語としても第一級のおもしろさである。第二審までの経過が今井正監督の秀作『真昼の暗黒』（一九五六年）にみごとに映像化された八海事件では、刑事の「カン」から「共犯」と予断され、検察側のメンツからあえて有罪とされ続けた人びとがついに無罪判決を獲得するまでには、実に三回の死刑判決をふくむ七回の裁判が行われている。

国家権力が「政治判断」や偏見・予断をもってことに当たれば市民の不安ははかりしれない。それでも、大きな圧力のもとで司法の独立性を守りぬいた裁判官たちは確かに存在した。そして人間としてのの正当な扱いを求める庶民の願いを汲むしかるべき司法判断は、表現の自由の制約、冤罪、尊属殺人の不当な重罪性、性差別的な離婚の許認可、犯罪被害者の人権無視などはあってはならないという現時点の公序良俗をつくりあげてきた。そんなことを私たちはこの本から学ぶことができる。

草野比佐男詩集『定本・村の女は眠れない』（梨の木舎、復刻二〇〇四年）

「村の女は眠れない」という詩をご存知だろうか。ときは高度経済成長期、一年のほとんどを関東へ出稼ぎにゆく夫を待つ、独り寝の村の女の官能の苦しみを生々しく表現したこの長詩は、当時のマスコミにも紹介されて大きな反響を呼んでいる。

作者は一九二七年生まれ、一九六〇年代この方、農業基本法による減反政策のために「百姓」たちが続々と東北の地を離れて東京の飯場や工場に働きにゆくなか、福島県は阿武隈の山村（いわき市）に残って、一・二町歩の田畑を耕しながら、その場から農村と農民の生活の崩壊を告発する詩を書き続けた。私は最近ブックオフの一〇〇円コーナーで、この草野比佐男の詩集を見つけ、若い日の衝撃を思い起こしてあらためて全収録作品三二篇を読んだ次第である。

この詩集は、小熊秀雄や石垣りんなどの作品と同様、少しもわかりにくいところはない。草野は、国家と経済に翻弄しつくされて、土地とともに、四季の自然の恵みのなかで営まれた家族との生活を失ってゆく村の荒廃を、正月三が日以外は一人残されて営々と農作業をする妻、出稼ぎ者のマイクロバスを追う燕、捨てられた飼い犬、あるいは妻を道路工事の交通整理で働かせながら孤独に原稿を書く作者自身などの眼をもって刺し通す。けれども、もっとも注目すべきは、村の荒廃をもたらした国の農業政策や高度経済成長期における労働力需要の企業論理への告発以上に、テレビや電気冷蔵庫のために動員に抗うことなく靡いてゆく人びとへの批判を込めた訴えであろう。

出稼ぎの夫たちは、正月に帰ってきて「ふたこと目には／稼ぎやすい都会のおもしろさを言い／米の収穫高もついに聞かなかった」り、「一日で炉端に飽いて」むしろいそいそと「七草粥も祝わずに」また働きにゆくようになる（「あれはあなたかしら」）。草野は「女が眠れない理由のみなもとを考えるために帰ってこい」とよびかけ、「女が眠れない時代は許せない／許せない時代を許す心情の頽廃はいっそう許せない」（「村の女は眠れない」）と断じる。強制連行を拒む朝鮮人がかつて釜山に向かう列車の鉄橋から続々と飛び降りたことを感動をこめて語ったあと、草野がこう続けるとき、そのメッセージは鮮烈である――「まこと君らの運ばれる場所は／朝鮮人民の場合の日本／きみらはそこで粗朶のように無造作に束ねられる／先着の仲間の骨に遇うだろう／この先も茄子の馬の盂蘭盆へ／かまくらの正月に／帰れると信じる根拠はなんだろう」（「人狩りの季節に」）。だから帰ってきて「むらのなかでたたかえ」（「檄」）。

とはいえ、草野は、このような反消費社会論や一種の農本主義的スタンスがすでに「最後のモヒカン族」の思想であることをよくわかっていたはずだ。過去への哀惜はあれ明日への希望に満ちた「三丁目の夕陽」の時代であった。草野が「中央はここ」（村）と叫んでも、村人は上野駅という中央の門口に引き寄せられる。草野は孤立する。それゆえ「耕地を踏みにじって近づく工業よりも／高度経済成長よりも／国家よりも国家権力よりも／いまもっとも憎いのはきみら／仲間のきみら」（「憎いのはきみら」）、つまり村人自身であった。だが、それゆえにこそ、草野は最後近くに書く。「友よ／と おれはしかし……熱い心で呼びかけずにはいられないだろう／肩を組む仲間はとどのつまり／きみらをおいてないだろう」（「友よ」）と。

時代の流れに抗って敗退を余儀なくされる思想。しかもその流れに身を任せた当の庶民をどこまでも主体として闘おうとする思想。そこに固執する者にとって不可避の矛盾を直視しようとする気概が私の心をうつ。そしていま思うに、七〇年代に稼働しはじめる東電の原発は、本当に福島の女たちを眠れるようにしたのだろうか？

アンドルー・ゴードン『日本労使関係史 1853〜2010』（二村一夫訳、岩波書店、二〇一二年）

アンドルー・ゴードンのこの大作は、労働研究という専門分野での読書のうち、私にとって最近における最大の収穫であった。重工業に焦点をすえて、日本労使関係の創世記から一九五〇年までを扱う定評ある英文の旧著に、戦後の経済成長期と現時点に生じた伝統の継承と変容を分析する新たな二つの章を加え、日本の労使関係の実に長期間にわたる展開と特質を描いている。壮観である。みごとな達成といえよう。

まず類書をみないこのような労作の豊富な内容を、ここにくわしく紹介し、きちんと評論する準備はない。しかし、この本を際立たせている特徴は簡単に紹介しよう。本書は、長いタイムスパンを覆う歴史叙述でありながら、同時に、時期ごとの一般的な労働状況とともに、石川島造船所、芝浦製作所、横浜船渠……など実に多くの個別企業での労務管理、労働運動、労使関係の軌跡をきわめて実証的に明らかにする。戦後における労働者の企業への定着の前史となる、予想以上に頻繁な戦前の労働移動の動向の追跡など、とくに興味ぶかい。資料収集は、社史、労働運動の記録、経営者や労働者の回顧録などに及び、その徹底性に圧倒されてしまう。経営者や労働者の他に、労使関係の主体として政府や官僚が注目されていることも本書の特徴のひとつだ。たとえば戦後における企業社会の確立につながる要因として、労働組合の弾圧の後、政府が戦中期に従業員の定期昇給制や平等待遇を先導したことも注目されている。ちなみに私自身の労使関係史の素描には、この戦時体験の考察が完全に欠落していた。

この作品の最大の特質はしかし、現在に至るまでの日本労使関係の形成過程のなかで、日本の労働者がつねに、職場内でも一般社会でも「正規の構成員」（フルメンバー）としての処遇を求めてきたという視点であろう。この「平等」の希求が戦前の苛酷な環境の下でも展開された労働運動の動因であり、戦後においては、経営者によるその希求の一定の承認こそが日本労使関係の最大の安定要因にほかならなかった。労働者の発想もしくは思想の性格を基底にすえて労使関係論をみる。この視点が全篇の説得性をいっそう高めるとともに、労使関係史を人間の歴史とさせている。

このような労作を前にすると紹介にある気後れを感じもするけれど、日本の労働者像を扱う拙著6、10、12（巻末の著書リスト参照）も、戦前について実証の徹底性ははるかに及ばないとはいえ、そのスタンスと内容において本書と多くの共通性をもつ。たとえば私もまた、労働者の心性に注目して、戦前来の願いを継承する戦後労働運動の思想の核を「従業員としての平等」「国民としての平等」と規定した。これは「フルメンバー」論とほぼ同じだ。こうした共通性を感じられたからだろう、ゴードンは、アメリカの編集者に日本の労働に関して英訳するとよい一冊としてまず一九八一年の著書6を推薦し、そのうえみずから、一九八六年の著書10も加えて精選した著書12を翻訳する労をとってくださった。九五年七月、ゴードンが拙宅に泊まり込みで、懇切に細部の確認と訳文の検討にあたっていただいたことを懐かしく思い出す。その成果、九六年の英訳本（著書16）は社会政策学会学術賞を授与されている。そのときの審査委員長が、この『日本労使関係史』のゆきとどいた訳業を果たした二村一夫である。そんなこともあって本書を繙く感慨はひとしおであった。

とはいえ、私にとって分析のテーマや視角がなじみぶかいこの豊穣な労作にも、もう少し立ち入ってほしかった点がいくつかないわけではない。

たとえば、労働者の「フルメンバー」という希求は、欧米の労働者階級にはあまりみられない日本に特徴的なものだろうか。だとすれば、それはどこに起因するのだろうか。日本での階級・階層というものへの庶民の受け止め方が、天皇制という日本近代国家の統合原理との関わりで検討されなければならないように思われる。また、ゴードンも重視する昭和期からの大企業での旧型熟練工および横断組合の放逐の背景としては、当時の熟練の変化、グローバルに進行していた基幹労働者の半熟練工化に対応した企業労務の要請も考慮されるべきだろう。

それに、現時点の労使関係を批判的に分析する新たな書き下ろしの部分については、職場のコントロールに関する組合規制の後退や被差別的な非正規労働者の動員はしかるべくみのがされていないとはいえ、旧著部分にくらべれば、いくらか迫力不足の感を否めない。思うにそれは、ヒアリングの対象が、かつての調査対象であった企業の経営者や、いま主流派のユニオンリーダーに偏っていることの結果であろう。

ともあれ、本書がおよそ日本の労働を学ぼうとする人にとって今後、必読の文献であり続けることは疑いを容れない。

菊池史彦『「幸せ」の戦後史』（トランスビュー、二〇一三年）

この興味ぶかい作品は、出版社勤務の長い経験をもつ著者が、主に高度経済成長期以降における、日本の庶民の〈生活意識〉の軌跡を考察する作品だ。実に多様な事象と広汎な文化に対する抜群の目配りのゆえに、めくるめく思いに誘われ、どこへ導かれるかわからない不安はつきまとうけれど、なによりもこれはおもしろい本である。

〈社会意識〉とは、社会心理とイデオロギーの中間に位置する。それは社会の実体とは異なるひとつの「虚体」ではあれ、人びとの所属階層を超えたある共通の願望にもとづく慣行や行動を通じて、社会の実体にも一定の反作用を及ぼす。本書は、その願望の「筋」を「豊かな暮らし」とみる。その願望が噴出する枠組として検討されるのは、豊かさの手段である労働の営まれる現場、豊かさを分かち合う家族、そのモデルであった「アメリカ」の三領域である。

私見では、高度経済成長期以降は（一）およそ一九七五年まで、（二）それ以降九〇年代半ばまで、（三）それ以降の現時点まで（あえていえば人びとが根底的に日本の常識に不信を抱くようになった二〇一一年三月一一日まで）と時期区分できる。その経過のなかで、きわめて大雑把にまとめてしまえば、菊池のいう三領域は、次のように変貌する——労働生活では、終身雇用と順調な昇給による平均的サラリーマンの消費水準の向上から、能力主義的選別の深化を根因とする非正規雇用者の動員および正社員の昇給分化とリストラの時代へ。家族については、若い働き手の都市移住の果てにくる単身世帯の激増と、「個の漂流」の現在へ。「アメリカ」をめぐっては、その生活スタイルにみるかつての模範性の消滅と、九〇年代後半以降の金融グローバル時代における影響力の再浮上。こうした変貌とともに、平等で豊かな生活を！　という願望は、成功者の少なくなかった競争、次いでサバイバルのための競争を経て、ノンエリート層には次第に虚妄となってゆく。現時点では、底辺にワーキングプアが重く沈殿する格差社会の進行が、階層を超えた日本人の平均的な〈社会意識〉を論じることを難しくしているかにみえる。けれども、この書は時期区分ごとに三領域を考察して社会意識のゆくえを論じるのではなく、三領域ごとに、時期を行きつ戻りつして任意の話題を語る叙述を採用しているため、上述のような整序にはなじまず、端的な社会科学的な理解を求める者には、そこはわかりにくいのである。

この書の魅力はしかし、私が列挙したような諸相の変化を事実として紹介することではなく（たとえば統計表などは一枚もない）、実に多様な文化的表現の細かく舐めるような評論を通して、その時期の特徴と微妙な変化を描くところにこそある。

その「文化的表現」は、膨大な注記をのぞいても、歴年の紅白歌合戦でのふるさと歌、職場ルポやビジネス小説、浦山桐郎や山田洋次の映画、八〇年代以降にヒットした『機動戦士ガンダム』や『新世紀エヴァンゲリオン』のようなアニメ作品、上野千鶴子や江藤淳らの近代家族をめぐる評論、オウム真理教信者の証言、アベグレン以降の日本的経営論、小田実、再び江藤淳、加藤典洋、村上龍、村上春樹のアメリカ論……など枚挙にいとまがない。さらに、平均的な社会意識の基準からみたアウトサイダー、「受け入れられない自己の肖像」をみつめる終章では、連続ピストル射殺事件の永山則夫、自殺した中核派活動家の奥浩平、「取り乱し」ウーマン・リヴ論の田中美津、挫折した自衛官アスリートの円谷幸吉、日活アクション映画のはみ出し主人公たち、失恋歌「元気ですか」や「化粧」から「選ばれない人間」への応援歌「ファイト!」に転じてゆく中島みゆき、桐野夏生作品のヒロイン、そして売春アルバイトをして殺された東電の「総合職」ＯＬの渡辺泰子……にまで視線が及んでいる。

たんに例示のための言及ではない。菊池は、ポップミュージックや文芸評論や小説やアニメの表現を、たとえば労働や社会構造に関する研究書とともに、丁寧に読み込み、凝視し、聴きこんで、機会の民主主義の下で階層上昇の競争に投企し、安定雇用の下で懸命に働いて「中流」の消費生活を求めてきた生活者の意識に迫ろうとしている。その欲求を可能なものとして達成しようとする希望も、その未充足からくる鬱屈と諦念も、代替としての幻想も、すぐれた文化の作品には表現されているからである。

菊池の視野に入った作品には、私には理解の及ばないアニメや歌謡曲などの「サブカルチャー」も少なくないけれど、そのいくつかは私も大好きなもの、労働史を描くにあたっても心に留めたものも多い。例えば、浦山桐郎の『キューポラのある町』、山田洋次の『下町の太陽』、桐野夏生『ＯＵＴ』、田中美津『いのちの女たちへ』、そして変わらぬファンである中島みゆきのたいていの唄――どうせなら『ファイト！』ばかりでなく『狼になりたい』『ｗｉｔｈ』『Ｍａｙ Ｂｅ』などにもふれてほしかった――などがそうだ。それだけに、中島みゆきと桐野夏生の間に拙著『女性労働と企業社会』（著書18）の参照があったりするとすっかりうれしくなる。総じて労働史は私の考察に依拠する傾きもあるゆえ、この本の紹介にはある身贔屓があるかもしれないけれども。

くりかえしいえば、あまりに博引旁証の本書には、すっきりと内容や結論を紹介できないもどかしさがつきまとう。けれども、戦後史のなかでの日本の庶民の社会意識の特徴や展開を描く上で、これほど多様な素材から鋭敏に多くを感じとった作品はおそらく稀だろう。楽しい読書体験だった。

大田英昭『日本社会民主主義の形成――片山潜とその時代』（日本評論社、二〇一三年）

意義ぶかいテーマを考察する克明な研究書の書評はどうしても読み直しやメモが必要な「研究労働」になり、もう読書は気ままでありたいと願う私の日常では、それに取り組む姿勢がなかなか整わない。とはいえ、これまでの研究に多少とも係わって関心を惹かれた良書は、読んでいて楽しくもあり、奨めたい気になる。

いま紹介したいのは、日本社会運動思想史研究の白眉ともいうべき本書である。一九七四年生まれの若い大田は、明治・大正期日本の社会運動を代表する人、片山潜の波乱の生涯、広汎な社会改良運動のかたち、膨大な著作の内容を、時代の変遷と周辺の人びととの動向もふくめ、あたかも重戦車の進むごとく克明に分析する。徹底した資料の渉猟、考察の納得性、飛躍のない堅実な叙述に舌を巻くばかりである。

大田に教えられるところ、片山潜は、貧困と苦学、キリスト教への帰依を経て終生、人類は進歩するという文明観に殉じ、さまざまの社会事業、初期の労働組合運動、社会民主主義政党の結成や普通選挙権運動に不屈の努力を続けた。片山は、他の運動家にはみられない生活者としての労働者の生活実態への凝視（それを具体的に描写する迫力）と、自治的な労働組合というものの重視において特徴的だった。他方、片山は、長らく天皇制と明治憲法の立憲主義を信じ、その枠内で合法的な改良や革命が可能であるという認識から自由でなかったゆえに、はじめは同志であった幸徳秋水や木下尚江らと袂を分ちもし、彼自身の運動論も、彼の期待を裏切る明治国家の容赦ない弾圧に遭って、組合の経済闘争、労働立法と普通選挙の政治行動、また一転して組合のゼネストと、重視する戦略の変転を余儀なくされている。それでも片山は、どのような抑圧下にあっても、かの大逆事件後においてさえ、人びとの生活改善の運動を放棄することのない執拗さにおいて、地味な人柄ながら圧倒的な存在感を示した。「北風に牛角を低くして進む」（西東三鬼）というべきか。

私の恩師、岸本英太郎先生の口癖は、「秋水は人間的には魅力いっぱいだが、大事なのはなんといっても片山だよ」であった。門下生の私も八一年の著書6において明治期の鉄工組合や片山潜について素描を試みている。その内容は本書の五章、六章に通底するけれど、その克明さ、精密さが本書に遠く及ばぬことはいうまでもない。

水溜真由美『「サークル村」と森崎和江——交流と連帯のヴィジョン』（ナカニシヤ出版、二〇一三年）

労働・思想運動史の一隅を鮮やかに照らす、これはユニークな書物である。労働者の分断と孤立が常態化し、労働組合は時代遅れのものとさえみなされる現時点の日本にあえて送りつけられたような作品だ。著者は、一九五〇年代以降の九州における炭鉱労働運動、谷川雁、上野英信らによる

「サークル村」の営みを語り、その界隈からいわば「脱藩」して、女性、日雇労働者、朝鮮人、アジアへゆくからゆきさんなどの実像に視野を広げ、独自の思想的な高みに達した森崎和江に考察をつなげてゆく。

抑圧に抵抗することのできる労働者の連帯は、しばしば他の存在に対するある区別意識、ときには差別意識の色彩さえ帯びるなかまの間でのアイデンティティ共有の上に立っている。その区別または差別の境界は、当時の九州の産業社会にも職種間、企業間、雇用形態間、男女間、出身地域間などのかたちでいくつも埋め込まれていた。それゆえ、この種の連帯は、排他的な境界区分の無理な維持が続くならば、ある意味で平等主義的な資本の論理の前にひっきょう溶解させられてゆくだろう。著者の関心は、この区分・差別を克服しようとする「交流」の軌跡を辿ることにある。

それゆえ、叙述の具体的な内容は、曲折に満ちた労働運動の過程であり、多様な芸術表現の苦闘である。私はその分析の説得性の評価には自信がないけれど、織りなす物語や文化作品の評論は私にはとてもおもしろかった。水溜の労を多としたい。とくに著者年来の研究対象であり、私もよく読んだ森崎和江の考察が光る。意義ぶかい大正炭鉱の闘いから森崎がジェンダー差別問題をあぶり出してゆく過程、それは後年、全共闘のバリケードからウーマン・リヴが羽ばたいてゆく過程を想起させるのである。

最後に、終始「底辺層ほど共同体への安住を禁じられ、個として生きることを宿命づけられるという過酷な現実」を凝視し続けた人、上野英信の語る、炭鉱合理化によって南米移住を余儀なくされた炭坑離職者たちの「日本への別れのことば」を紹介したい。それは「三池の人たちによろしく」、「がんばるように伝えて下さい」、「南米のどこかで三池の勝利を祈っています」であった。「彼らのなかには三池の離職者はひとりも」おらず、また「三池闘争がおわってからすでに一年もたっているにもかかわらず」、「三池だけが、彼らが祖国に残してゆく、ただひとつの魂のふるさと」だったのだ。「最強の」企業別組合の懸命の闘争によっても救われなかった中小炭坑の坑夫たちの、このかなしくも心優しい連帯の希求に、そしてこの思いを現時点の日本に伝えようとする水溜真由美の志に、私は心をうたれる。

鄭玹汀『天皇制国家と女性——日本キリスト教史における木下尚江』（教文館、二〇一三年）

分野としてはまったくの素人ながら、テーマに惹かれて繙き、予想以上にわかりやすかったのは、韓国女性のキリスト者・鄭玹汀のこの作品であった。これを読み始めたのは、先に紹介した大田英昭の大著を読み、明治期の社会運動家のうち、片山潜と異なり、天皇制国家のもつある開明性・立憲制にいささかも幻想をもたなかった明治期の社会運動思想家として、木下尚江を記憶していたからでもある。

鄭玹汀は、〈天皇制国家‐女性政策‐キリスト教〉を結ぶ地点で、木下尚江に出会っている。本書のテーマは、大きくは「国体」の論理と、本来はそこになじまないはずのキリスト教のせめぎあいだ。描写の対象は、屈従して天皇制国家からの承認を求めようとするキリスト教界のボスたちの言説、巌本善治の「婦人改良論」、植村正久の「武士道論」、海老名弾正の「忠君敬神」などとの仮借ない論争を経て、徹底した「国体」批判、反戦の立場、弱者中心の信仰、女性の主体性尊重、それらを包容する「神の国」思想を紡いでゆく木下の思想像である。

木下尚江がそうした異端に徹することができたのはなぜか。それは木下が、娼婦の苦界、家庭内の男女不平等、前線兵士の悲惨、足尾鉱毒被害農民の苦しみなど、天皇のあまねき仁慈が及ばぬ地点から決して眼をそらさなかったからだろう。たとえば底辺の女性の主体性と自立はどこに？　と問えば、天皇制国家の欺瞞性はすぐに明らかになる。私は鄭の視点をそう解釈して頷く。テーマ設定の問題意識が光る作品といえよう。

鄭玹汀は終章の注10に、たとえば片山潜とくらべた場合の木下尚江の思想と運動の限界についてふれている。木下の言う「貴き弱者」では運動の主体が不明確であること、国家権力に対抗する論理としてキリスト教の他に世界史的な視座を持ちえなかったこと、関連して日本の外からの視点が不在だったことなどである。このすぐれた論点はしかし、もっとはじめから考察されるべきことであり、終章の注などに追い込むべき内容ではないかにみえる。そこがわずかに不満ではある。

4 アラブ世界から

デボラ・ロドリゲス
『カブール・ビューティスクール――デビーとアフガニスタン女性たちのおしゃれ奮闘記』
（仁木めぐみ訳、ハヤカワ書房、二〇〇七年）

二〇〇二年五月、三〇代後半のアメリカ人美容師デビーは、医療関係のNGOメンバーの一員として救急と災害を手伝うため、カルザイ政権下のアフガニスタンに赴いた。しかし、ほどなくデビーは、「私がアフガニスタンの人たちにしてあげられるただ一つのこと」を見つける。ここカブールにビューティスクール（美容院&美容師養成所）をつくること。本書は、それからほぼ数年にわたって、デビーがアフガンの「姉妹たち」とともに、立ちはだかるさまざまの困難にくりかえし立ち向かう軌跡を、親友のライターの丁寧な叙述を通して伝えている。

長年のタリバン支配もあってイスラム原理主義の色濃いアフガンでは、端的にいって女性は男たちの所有物とみなされている。女性は全身をすっぽり覆うブルカの着用のない外出、家の外での就業、家族や夫以外の男性との同席などを許されない。デートなんかはもってのほか。一夫多妻制の承認のもと、父親はできるだけ有力な男に娘を売るかのような結婚契約を結ぶ。夫は妻に絶対服従を求め、気に入らなければ暴力をふるっても非難されることはない。それどころか、あえて離婚や別居に踏み切れば投獄されさえするのだ。この地にビューティスクールをつくり、職業としての美容師を養成することが、どれほど困難で、しかしそれだけに、その事業の継続的な成功は危うかったにせよ、どれほど意義ぶかい試みであったかは、容易に想像できよう。

本書が多くのページを費やすのは、ビューティスクールにやってくる女性たちが訴える、受難の体験の生々しいエピソードだ。デビーは彼女らとともに泣き、励まし、語り合い、なんとかやってゆける具体的な方途を考える。そして、笑いが弾けるようにもなったおしゃべりの過程で、デビーは、「姉妹たち」の心に潜んでいたつよい自立の欲求を育ててゆく。デビーと女たちの共有する解放のよろこびが心をうつ。

その母も美容師であったデビー自身も、長らく「居場所」を見つけられずに職業を転々とし、離婚を経て二人の子をもつシングルマザーだった。説教師である二人目の夫の異様なまでの嫉妬と拘束癖や、ＤＶに悩みぬいた女性でもある。アフガン行きも、その契機となったボランティア活動も夫は妨害している。本書から受ける感銘の質について語るとき、この庶民的なデビーの原体験を忘れることはできない。デビーはアフガンについて学び、「自分の生活にも、あの国の女性たちと同じくらい自由がない気がした」のだ。だからいったん帰国して寄付を募るなどの準備を整え、正式に離婚してまたアフガンにきたとき、デビーは「やっと帰ってこられた」と感じる。「私が自由になれたのはあなたたちのおかげ」、「姉妹たち」は「私の傷ついた心を癒し、また自分を信じられるようにしてくれた」。デビーはそう語ることができた。女たちに息づく自立の欲求の、先進国と途上国の垣根を越えた出会いがここにある。

アミン・マアルーフ『アラブが見た十字軍』（牟田口義郎、新川雅子訳、ちくま学芸文庫、二〇〇一年）

二〇一一年、シリア・ヨルダンへの旅の機中、イスラムの国々への関心から読みふけったのは、アラブの著名なジャーナリストによるこの歴史書であった。

これまで私が大学の受験勉強などで学んできた十字軍の歴史は、まずは西欧キリスト教側を行動主体とする記述であったけれど、本書は、一〇九九年の十字軍（ちなみに本書は「十字軍」という言葉をまったく使っていない）によるエレサレム占領から、一二九一年にマムルーク朝のスルタンが西欧最後の拠点アッカを奪還して中東における西欧キリスト教側（フランク）の支配をついに一掃するまでのおよそ二〇〇年にわたる、それぞれの「聖戦」の複雑な軌跡をイスラム・アラブの側から活写している。

周知のように十字軍の時代、アラブ世界は、「法制度」を別にすれば、科学のあらゆる分野においてヨーロッパよりもはるかに進んだ文明を誇っていた。後のルネッサンスは当時のアラブの文明の達成なくしては不可能だったという。だが、栄光のアッバース朝衰退期の中世アラブは、いくつかの古都ごとに存在する都市国家の群生にすぎず、しかもそれぞれの都市国家間・支配者間では、宗派や部族の違いも絡まった対立が絶えず、一一〇〇年代頃までは、曲がりなりにも「国家」の後盾をもち、聖地奪還を名目としながらも略奪の実利に駆動されるヨーロッパの騎士・兵士たちの蛮勇に屈するほかなかった。アラブが反撃に転ずるのは、ザンギー、ヌールディーン、わけてもサラディンの登場を待ってのことだ。英雄サラディンは、ダマスカス、アレッポなどシリアの要衝とエジプトを統一するアイユーブ朝を起こし、アラブ世界の協力を組織して一一八七年、ついにエレサレムを取り戻すのである。事態はしかし、その後も曲折をまぬかれない……。

このプロセスの記述は、よく整理されていて読みやすく、エピソードに満ち、人物像の描写もあって、興味のつきない物語である。総じて占領した都市の異教徒に対するフランクの残虐な大量殺戮とアラブの寛容な扱いとの違いが印象的だ。当時の裁判のやりかたや医学治療にみる、西欧側の野蛮さとアラブの文明的優越などの対照も鮮やかである。しかしながら、と著者は最終章で問いかける――フランク諸国は二世紀にわたる植民地化の根を引き抜かれ、ムスリムは立ち直って、後に後継者オスマントルコはコンスタンティノーブルを陥落させ、ハプスブルグ・ウィーンの城壁に迫りさえする。しかし、その後は結局、世界の中心が決定的に「西」へ移ったのはなぜか。

簡単に言えば、その後「西」は「東」に多くを学んだ。医学、天文学、化学、地理学、数学、建築学などにおいて、西欧は、すでにギリシャ文明を吸収していたアラビア語の文献を通して成果を汲みとり、それらを同化し、模倣し、そして追い越した。だが、アラブはそうではなかった。フランクはいかに野蛮であっても、すでに「国家」の観念を擁し、その社会には、「市民」は領主や国家の専制権力を規制すべく権利を分配されているという考え方が芽生えてもいた。けれども、アラブはこの「西欧的な思想」に心を開こうとしなかった。皮肉にもジハードの勝利は長期的には、西欧にはそれからの世界を支配する発条を、アラブ文明には世界のイニシアティヴを喪失してゆく惰力を与えたのである。

デヴィット・リーンの名作『アラビアのロレンス』のラスト近くのシーンを忘れられない。ロレンスの率いるアラブ連合軍は勝利してダマスカスに入城するけれども、部族対立から統治能力を失い、狡猾なイギリスの実質的な支配を受け入れざるをえなくなる。そのときベドゥインの一領袖（オマー・シャリフ）の語る言葉が心を打つ——（それでも私は）「ここに留まって政治学を学ぶ」と。

六章　スクリーンに輝く女性たち

はじめに

もの心ついてこのかた、私は自分でも不思議に思うほど熱心な映画ファンである。高齢になった今でも、いや時間にゆとりのある今ではいっそうというべきか、映画館での新作、テレビのBSプレミアムでの古い秀作・名作——ほとんどはかつて見た作品——をあわせると、鑑賞作品は年に一二〇本以上にはなるだろう。

映画ってほんとにすばらしい。数知れぬ映画体験は、私の研究のスタンス、人間と社会への視点、生活思想、要するに私の発想のすべてに大きな影響を与えている。かつて映画好きの友人とともに『映画マニアの社会学』（共著9）を出版したこともある。また息子たちにも、ふれあった若い世代にも、映画を語り奨めることは大切な「教育」の一環だった。それゆえ、二〇一〇年にはじめたホームページにも、映画欄を設け、「その24」まで、新作を中心に名作や佳作一〇〇本以上の紹介と感想を綴っている。

本書にその一端を再編・収録する。再録したい映画はひしめきあって選択に迷う。そこで思い切って、紹介を「輝く女性」を活写する作品に絞ることにした。

女性が「輝く」といえば、すぐに政治や経営の場で活躍することが想起される昨今であるが、私は、ジェンダー構造のもと、さまざまな生きがたさを抱え込んできた無名で平凡な女たちの絆の歓び、困難を引き受ける勇気、ためらいつつ踏み出される抗いの第一歩などの放つ、どちらかといえば鈍い光に強い感銘を受ける。以下では、そのような一三作品の感銘を綴る。むろん、このような選択でも数々のつらい割愛は避けられない。ちなみに『七人の侍』（黒澤明）や『アラビアのロレンス』（D・リーン）などの文句のつけようのない秀作「男性映画」を別にすれば、登場する女性におよそ存在感のないいっさいの作品が名作の名に値しないことはいうまでもない。

評論家と違って映画ファンはかならず「こんなお話だったよ」と語るものだ。その例に洩れず、私もラストシーンに至るものがたりの紹介を重視する。そしてこの章では、分析や考察ではなく、もっぱら生のままの感銘を語る。気軽に読み飛ばしてほしい。

1　女たちの絆

『女の子ものがたり』ほか――生きがたさを超えて

あなたに本当にわかるのかと言われればそれまでながら、私がもっとも感動を覚える作品群のひとつは、「しがない」女たちの友情や絆を描くすぐれた作品である。

「ぱっとしない」、ときに要領のわるい人生を送る女たちは、おそらく不遇の男たち以上に、男性の横暴やジェンダー規範のもたらす生きがたさを共有している。その生きがたさをわかりあえる友だちがあってはじめて、彼女らはなんとかやってゆける――いつもそう納得させられて感動するのである。

たとえば、アメリカ映画『テルマ&ルイーズ』（リドリー・スコット、一九九一年）。男たちとの厄介なしがらみを離れてドライヴ旅行に出かけた主婦（ジーナ・デーヴィス）とウェイトレス（スーザン・サランドン）は、不可避の成り行きから手を染めることになった軽重いくつかの犯罪で協同することに、はじめて生々とした解放感を知ってしまう。警官隊に追い詰められても、もうかつての「良妻」規範の拘束的な生活に戻ることはいやだ。死にダイビングするテルマとルイーズのかたく握りあわされた手の映像。それは「燦めくシーン」のひとつだった。

同年のジョン・アブネット『フライド・グリーン・トマト』も忘れられない。アラバマの保守的な地方都市で、主体性なく不器用に、妻に無関心な夫の気を惹くことばかりにかまけていた主婦が、病院で知りあった老女（ジェシカ・タンディ）から、かつて奔放で勇気に満ちたイジー（M・S・マスターソン）と優しいルース（M＝ルイーズ・パーカー）が身を賭してお互いを守り合い、人種的・性的偏見やDVと闘って生きた物語を聴くことを通じて自立してゆく。男社会に従属することがなかった女たちの絆をめぐる世代を超える記憶が、いま鬱屈のなかの平凡な女性に生の息吹を吹き込む。キャシー・ベイツが、鈍重な過食症の中年女の脱皮をみごとに演じてすばらしかった。

現代の日本では、草の根のジェンダー支配を撃つような思想の広がりをもつ映画はなお少ない。ここではあえて、西原理恵子のコミックを原作とする『女の子ものがたり』（森岡利行、二〇〇九年）を紹介したい。

自堕落な日々を送る漫画家、三六歳の高原菜都子（深津絵里）が、高校卒業後まで過ごした高知県の田舎町での日々を思い起こす。その地の新しい父親の元に母とともに引っ越してきた菜都子、当時のなつみ（大後寿々花）にとって、きみこ（波留）とみさ（高山侑子）は、なんでも語り合い、一緒に放埒に行動もする無二の親友だった。ともに貧しく、家庭的にも恵まれないきみことみさは、しあわせな将来を夢見ながらも、二人ともいつもどうしようもない男たちにふりまわされ、ひどいDVを受け、そのうちに捨てられるというぼろぼろの生活を余儀なくされている。

そんなだらしない二人をなじって喧嘩したなつみは、ついにあんたなんか出て行けと言われてしまう。そこでなつみは、自殺した父の保険金一〇〇万円を母から受け取って上京し、漫画家として身をたてることになる……。その後、みさは行方不明となり、きみこは死んでしまうけれど、菜都子はスランプ期のいま故郷を訪れて、きみこがいつも菜都子の作品を愛読していたことを知る。思えば親友たちは、絵の才能があり、自分たちとは違って男に依存しないなつみは、本当はこんなところにいるべきじゃないと背中を押したのだ。今それがわかる。この喧嘩と励まし、きみこの死については西原理恵子の原作とは異なる――原作ではきみこは「だんなに何回も殴られてどうにか離婚して、神様と娘をよすがに一生懸命生きている」――とはいえ、映画の菜都子も「私はみさちゃんときいちゃんが好きだ。ともだちだ」と顧み、その記憶を発条に生きる気力を取り戻すのである。

『フローズン・リバー』の溶けるとき

底辺を這う女性たちの絆という点では、アメリカ映画『フローズン・リバー』(コートニー・ハント、二〇〇八年)を見逃すことはできない。まぎれもなく秀作である。

アメリカ最北部の田舎町、一ドルショップの店員をしながらおんぼろのトレーラーハウスで五歳と一五歳の息子を育てる主人公レイ(メリッサ・レオ)は、クリスマスのころ夫に貯金を持ち逃げされて途方に暮れている。一方、カナダ国境にまたがる半自治組織・モホーク族「保留地」で、やはりトレーラーハウスに住むライラ(ミスティ・アップハム)は、義理の母に子どもを取り上げられている。この極貧のシングルマザー二人が、ある事情から、カナダとの国境の凍結したセントローレンス河を往還してアメリカへの不法移民をクルマで運ぶというやばい仕事で稼ぐことになった。

そしてあるとき、二人はクルマの重量を案じて、パキスタン難民の重い荷物を赤ん坊と知らずに捨ててしまう。やっと探し出した赤ん坊は仮死状態だったが、抱きしめるうちに奇跡的に息を吹き返した。そんなことから、お互いの人種的な不信ゆえにそねみあっていたレイとライラの間に固い絆が生まれてゆく。これでもうやめようと思った最後の仕事では、しかしトラブルがあって犯罪が発覚し、保留地の法にふれてレイかライラのどちらかが入獄しなければならなくなった。レイは自分が刑に服する決心をする。ライラがそうすれば息子との将来の共同生活が絶望的だからだ。苦労人らしい警官が「誰が子どもを育てるのか」と問うと、レイは「ともだちです」と答える。

春になった。レイの息子たちとライラの幼児がトレーラー前の芝生で遊び、レイの出獄を待っている。そのラストシーンは暖かい陽光に包まれている。

2　歴史の原罪をわが身に負って

『サラの鍵』——フランスの過去のあやまちをみつめて

感性豊かな女性たちは、男たちが現世での現実的な判断から往々にして「済んだこと」にしたがる歴史の闇に勇気をもって立ち向かう。その苦闘のもたらす孤独と栄光にふれるとき、私たちはとても深い感動を贈られる。たとえば、『サラの鍵』（ジル・パケ＝ブレネール、二〇一〇年）はそんな作品である。

一九四二年のフランス。ナチの支配下にあったペタン政権は、一万三千人のユダヤ人を一斉検挙してパリのヴェルディヴ（競技場）に収容した。一〇歳の少女サラ（メリュジーヌ・マヤンス）は、両親とともに逮捕されるとき、弟を納戸に隠して鍵をかける。すぐ帰れると思っていたのだ。だが、ユダヤ人たちはそのままボーヌの「一時収容所」（やがてアウシュヴィッツへ）に送られてしまう。サラはしかし、懸命の機転を働かせてこの一時収容所を脱出し、農民夫婦の身を賭した協力をえてパリのアパートへ走る。だが、むろん弟は助けられなかった。サラはその後、その農家で育てられ、長じてアメリカに渡って結婚し、子どもにも恵まれる。とはいえ彼女は、次第に鬱が深まり、長く生き続けることができなかった……。

このサラの軌跡は、六〇年後、たまたま夫の祖父母から譲り受けた新居がサラの家族のアパートだったことを知るに及び、彼女の体験を憑かれたように追うことになる四五歳の女性ジャーナリスト、ジュリア（クリスティン・スコット）によって明らかにされてゆく。ストーリーは、サラの過酷な軌跡とジュリアの執拗な追跡が並行して展開する。その課程で、妊娠中のジュリアは、良識的な夫と別れることにもなる。夫は、妻の高齢出産にも響きかねず、祖父母のそれ自体は悪意のないアパート入手の「罪」を今さら暴く結果にもなる彼女の仕事の意義を納得できないのである。しかしジュリアは、両親を喪い弟を「殺し」て自分だけが幸せになる心の負担に耐えられなかったサラを、いつまでも納戸の鍵を握りしめていたサラの苦しみを、そしてひいては「人権大国」フランスが手を染めた歴史上の原罪を、どこまでも現在のわが身のこととして引き受けようとしたのだ。何年かのち、ジュリアは知己になったサラの遺児に、自分が産んだ幼い娘の名を「サラ」と名付けたと明かす。そのラストシーンの美しさは比類なく、心をゆさぶられる。

『オレンジと太陽』——福祉国家の影を問う良心

ジム・ローチ監督のイギリス映画『オレンジと太陽』（二〇一一年）から受ける感動の質は、ヒロインの感性と倫理性の輝きにおいて『サラの鍵』と等しい。

一九八〇年代の半ば、イギリスはノッティンガムで、児童保護や養子に出された人の心の相談に携わっていたソーシャルワーカー、マーガレット・ハンフリー（エミリー・ワトソン）は、助けを求めてきた人びとを通じて、福祉国家イギリスが一九七〇年まで続けていた非道の移民措置をはじめて知ることになる。累計一三万人もの孤児や貧困家庭の幼児と子どもたちを、慈善団体や教会が政府の認可を受けた送り出し・受け入れの機関となって、オーストラリアなどに強制移民させていたのだ。実の親の承諾も本人の同意もなしに！　子どもたちはときに実の親は死んだとだまされて、「オレンジがたわわに実り陽光が降り注ぐ」国に送られた。彼の地で子どもたちは、劣悪な生活条件で教会や孤児院に収容され、建設、労務、サービスなどの下層労働者として酷使された。暴力や性的虐待も多かった。そうして生き延びた人びとがいま、私の母は？　私は誰？　と、寄る辺なくみずからのルーツを求めている……。

二児の母でもあるマーガレットは、これを過去のこととして黙過できず、夫や勤務先（地域の社会福祉委員会）の思いがけない助力も得て、児童移民トラストをつくり、イギリスとオーストラリアを往き来しながら、散逸した記録を渉猟し、体験者のヒアリングを重ね、母親を探す。そうした奔走の日々の過程では、政府機関の門前払いも、慈善団体や教会の反発も、やくざの脅迫もあって、その心労が彼女を他人の痛みに同化するあまりの「心的外傷後ストレス」に追いつめもする。あまりに過酷な体験を聴いたあとでは、わが家のクリスマスのお祝いも偽りに思え、ツリーの電飾を壊してしまったりする。そんな場面がつらい。だが、マーガレットは、母を見つけた人の歓びと感謝を発条に立ち直り、最も過酷な体験を課した教会施設を訪れて非常の神父たちに立ち向う。

全体として、父ケン・ローチのタッチに似て演出の表現は抑制的だ。おでこの広い名優エミリー・ワトソンも、決して激しい論難を口にすることなく、それでいて鋭い人権感覚の上に専門性と実務性を備えてなすべきことをなす、すばらしい公務員像を刻んでいる。こうして演出と演技は静謐さに満ちていながら、その訴えの誠実さとひたむきさが諄々と胸をうつ。

オーストラリアとイギリスの政府はさすがに、この映画の製作中の二〇〇九～一〇年、恥ずべき過去を正式に謝罪した。この映画は、大英帝国が自国の財政負担を減らす必要性と旧植民地国の労働力需要のために貧困家庭の子どもたちを棄民として利用してきたことを白日の下にさらした。原作者でもあるマーガレットが十分に働けるよう勤務先の女性上司が多大の便宜を図るようすなども、公務員の仕事に関心を寄せている私には興味深かった。過去の暗部を暴くことを公務員に許すのもまた、人権大国のひとつの資格にほかならない。

『東ベルリンから来た女』――そこにあえて留まること

生きがたさをやりすごしてきた女性たちが、「私」の自由と成長、愛と幸福を求めて過酷な状況を脱出してゆく物語にはカタルシスの爽快感がある。けれども、重い責務の感覚、なかまへの義理、身近な人への愛着など、なんらかのわかちがたさを顧みてあえて厳しい世界に留まるという物語も、したたかに大きな感動を残す。そんな二つの作品を紹介しよう。ひとつは『東ベルリンから来た女』（クリスチャン・ベッツオルト、二〇一二年）である。

東ドイツ一九八〇年。バルト海沿いの田舎町の病院に、有能でクールな女医バルバラ（ニーナ・ホス）が赴任してくる。ベルリンの大病院からの、おそらく反体制思想ゆえの左遷だ。秘密警察に言動を監視される拘束感のなか、彼女は愛を交わすデンマーク人の恋人の手引きで西側に脱出する準備をしている。

自由を求めるバルバラの決心は、しかし、はじめは親交を避けていた一見「冴えない」同僚医師の、秘密警察の家族までもふくめて懸命に患者に向き合う誠実さにふれ、また、治療で命を救ったバルバラをひたすら慕い、恢復後に戻された過酷な労働収容所から必死で逃れてきた孤独な少女の絶望を知るうちに、揺らぎはじめる。そして迷いに迷った末、バルバラは脱出の日ついに、この拘束の国の田舎町で、みずからにできること、なすべきことに立ち返ることを選び、唯一の脱出機会を少女に譲るのである。病院に戻ったバルバラと同僚医師の無言の見つめあいがとてもいい。「ベルリンの壁」が崩壊するのはその九年後である。

『故郷よ』――失われた大地の語り部として

もうひとつは、あのチェルノブイリ原発事故に遭遇した多様な人びとの当日の体験と一〇年後の心の彷徨を描く『故郷よ』(ミハイル・ボガニム、二〇一一年)である。

チェルノブイリ原発事故に遭遇した三人の物語だ。原発から三キロ離れた街プリピャチで、その日、一九八六年四月二六日に結婚し、「消火」に動員された消防士の新郎を喪い、一〇年後の今は、近隣の被災者たちの都市に母と住んで、フランス系の旅行会社で「チェルノブイリ・ツアー」のガイドとして働いているアーニャ(オルガ・キュリレンコ)。事故の深刻さをわかるゆえに、妻子を逃れさせた後、職場からの呼び出しにも応じずに失踪し、正気を失ってさまよい続ける技師アレクセイ。その息子で父の生存を信じて立ち入り禁止の廃墟の自宅にメッセージを残し、いま教室で友人たちに受難の運命を淡々と語るヴァレリー。映画は、その日の故郷の森と川、アレクセイ父子の植樹、「百万本の薔薇」を合唱する婚礼のさんざめき、翌日の記念祭に開園されるという遊園地の巨大な観覧車などを、哀惜をこめて美しく描く。その美しさゆえに、事故直後、川に浮かび上がる夥しい魚の腹、ウェディングケーキに降り注ぐ黒い雨、事情を知らされない町民にせめてもとおろおろと傘を配るアレクセイ、軍隊を出動させながら説明を拒む権力……それらの悲しさ、まがまがしさが私たちの心に深く刻まれるのである。

まだ若く美しいアーニャは、結婚を約束したフランス人上司の誘いに応じれば、パリで新しい幸せをつかむことができる。この地にはどうしようもない鬱屈がある。被曝による脱毛の兆候もある。だが、彼女はついに、懐かしい人びとがなぜ故郷を喪ったかを、私が伝え続けなければという思いに我が身を投げることになる。彼女が最終的に故郷に留まろうと決心するのは、明日は駆け落ちのつもりでフィアンセと訪れたオデッサの遊園地の観覧車のなかである。そのときアーニャの心にはおそらく、幻想のうちに、誰ひとり乗ったことのないプリピャチの観覧車が回ったのだ。

「ボンドガール」も演じたことのあるオルガ・キュリレンコは、いったんは「美しすぎる」と出演を拒まれたのに、監督と同じく私もウクライナ出身だからと言い募って主演に採用されたという。

3　狂気の時代を生きぬく

『悲しみのミルク』――トラウマを解き放って

庶民の女性たちは、過酷な時代には、一般的な人権の抑圧のうえに女性ゆえの受難が重なって、信じがたいほどの苦しみを体験する。そのなかで必死に生き、うつむくことを拒んでゆく女たちの光を掬う、すぐれた作品のいくつかに注目したい。そのひとつは、この名作を知る人はわりあい少ないけれど、長らく全体主義が人びとを苦しめた南米を舞台とした『悲しみのミルク』(クラウディア・リョサ、二〇〇九年)である。

ペルーの大都市のスラムに叔父一家とともに住むインディオの若い女性ファウスタ(マガリ・ソリエル)は、二〇年ほど前、左翼ゲリラに夫を惨殺されたうえ妊娠の身をレイプされて心のバランスを失い今はすさまじい体験を小唄で伝えるだけの瀕死の母を看取っている。母乳を通じてその母のトラウマを身に深く受け継いでいると信じ込んでいる彼女は、ひとりで街を歩けないほどの対人恐怖症で、とくに男が怖い。彼女はレイプの恐怖からなんと膣にジャガイモを押し込んでいる。

彼女はしかし、母の死後、その遺体を故郷に運ぶ費用を稼ぐため白人女性の裕福なピアニストのメイドになり、その家の花を育てる庭師（エフラン・ソリス）とかすかに心を通わせはじめもする。一方、スランプ気味のピアニストは寡黙なファウスタがそれだけは口ずさむ母譲りの小唄の美しい旋律に気づき、唄を聞かせる報酬に一粒ごとの真珠を与える約束をする。しかし、そのメロディを盗んで成功を収めたピアニストは、その剽窃を隠すために、成功を喜ぶファウスタを容赦なく放り出すのだ。だが、そのあと物語は急展開する。ファウスタは庭師に助けられてジャガイモを取り出し、大きく跳ぶ。みごとなラストシーン。やがて花開くジャガイモの鉢が彼女に届けられる。

女性監督のクラウディア・リョサ（シナリオも彼女自身のもの）は、自国の過酷な現代史が人びとの身に刻んだトラウマの容易ならざる深刻さをたじろがずにみつめ、若い世代の女性がそれでもそこからみずからを解き放ってゆくプロセスを、多弁な語りを控えた緻密なストーリー展開のうちに描いている。およそすぐれたドラマの特徴である、登場人物の序幕から終幕にいたる間の変化が鮮やかだ。そこに新しい時代に託された希望がある。

叔父一家の婚礼を音楽やダンスで彩るインディオ文化の紹介も新鮮であり、そのインディオに対する白人の差別意識の描写も鋭い。監督は、二〇一〇年にノーベル文学賞を受けた反独裁体制の小説家・政治家、マリオ・バルカス・リョサの姪である。

『愛の勝利を』――精神病院の内と外

『愛の勝利を――ムッソリーニを愛した女』（マルコ・ベロッキオ、二〇〇九年）という作品もぜひ紹介したい。一九〇七年頃から約三〇年間、イタリアの独裁者ムッソリーニ（フィリップ・ティーミ）をひたすら愛し続けたイーダ・ダルセル（ジョバンナ・メッゾジョルノ）の悲劇を陰影ふかく描いて、鮮烈な印象を残す。

イーダは、社会主義のアジテーター、実践者としてのムッソリーニに運命的に惹かれて以来、財産も人生も擲って、終始、愛人として彼を助け擁護した。生まれた男子は彼に認知され、（イーダの思い込みでは）ふたりは結婚するけれど、正式の妻子のあるムッソリーニは、第一次大戦の英雄として帰還し、以後ファシストとして首相にのしあがってゆく頃から、ひたすらつきまとうイーダを疎んじ、ついには精神病院に入院させてしまう。

今をときめく総統の正妻ではなくたんに愛人だったと認めさえすれば、娑婆で生きることはできた。イーダはしかし、みずからの愛の唯一性を信じ、この非道の措置はムッソリーニの真意ではなく「なにかの間違い」、自分と息子が正式の妻子だと虚しく訴え続け、「精神病患者」のまま一九三七年、生を終えるのである。さらに悲劇的にも、彼女から引き離されて長じた息子もまた、精神病院に送られている。かなしくもグロテスクに、彼は父ムッソリーニの空虚で激烈な演説の真に迫るものまねができる。けれども、ラスト近く、病院内でそのものまねを演じるシーンで、彼が末尾にムッソリーニが決して言わなかった「（人びとよ）だまされるな」という言葉をぽつりとつぶやくとき、私たちの心に突然、爽やかな風が吹きぬける。

この映画は当時の実写フィルムを交えて記録風にも描かれている。物語の前半のきびきびした運びは、複雑なイタリア現代史に通じていなければ少しわかりにくいけれど、精神病院を主舞台としてじっくりと描かれる後半はとくにすばらしい。そして私たちは見終わって、この映画には、当時のイタリア全体という「精神病院」のなかで狂気とされた愛がやがて正気のものとして復権するというメッセージが込められていると気づかされるのだ。一九四五年、狂気の演出者ムッソリーニは、別の愛人とともに民衆に処刑されるけれど、映画は、イーダを決して狂気とは診断しない医師、彼女の脱出をあえて助ける看護の女性、彼女がふたたび収監されることに抗議する町民などに、当時でもまぎれもなく存在した人びとの正気を見いだしている。

ちなみにイタリアは今、人権尊重的な精神病治療の最先進国であるという。

「狂気の時代」の最たるものは戦時である。そのなかでの女たちの抗いを描く名作に眼を転じよう　まずは邦画、若松孝二の『キャタピラー』（二〇一〇年）である。

『キャタピラー』――若松孝二作品の頂点

鶴彬の川柳にいう、「手と足をもいだ丸太にしてかえし」。久蔵（大西信満）は、満州の女を強姦して殺し、その折に建物が焼け崩れたため、両手足を失い口もきけない芋虫（キャタピラー）になり果てながら、軍功めざましい「軍神」として勲章を与えられて故郷の村に帰還する。『キャタピラー』は、軍国の村の圧力のもとで、妻シゲ子（寺島しのぶ）が久蔵のケアを強いられるすさまじい日々を描いている。

久蔵は食欲と性欲だけは旺盛で、乏しい食物を妻の分までむさぼり、日夜シゲ子の身体を求める。そのかなしくもおかしい浅ましさに耐える鬱屈から、シゲ子は意地悪く、「軍神様ってなによ！」「昔は子どもができないと私を殴っていたのに、今はできなくて残念ね」と毒づき、晒し者にするかのように、久蔵にわざわざ勲章つきの軍服を着せてリアカーに乗せ、農作業に同行させたりする。

だが、シゲ子がようやく憐れみの末に「食べて、寝て、食べて、寝て、二人で生きてゆこう、それでいいじゃない」と感じるようになったとき、久蔵は自分の満州での悪行を、その報いとして、それまで支配してきた妻さえ言いなりにできない芋虫になってしまった軌跡を、顧みはじめるのだ。妻に挑まれても久蔵は不能になる。シゲ子はいらだっていっそう辛辣になる。そして終戦の日、久蔵は必死のあがきをもってみずからに刻印された欺瞞の栄光にけじめをつける……。「軍神」とその「良妻」のこうした道行きは、綿密なシナリオと寺島しのぶの入魂の演技によって生々しく描かれている。それまでの彼の作品ではさほどではなかった精緻な演出の、これは若松孝二最高の作品といえよう。

この傑出した反戦・反軍国主義の作品に対する私の唯一の不満は、視聴覚教育よろしく頻繁にはさまれる軍人勅諭、大本営発表、玉音放送、それに天皇のご真影や原爆投下の映像などが、メッセージの過剰を感じさせることだ。この国・この時代の欺瞞や残酷を表現するには、シゲ子の切ない言葉や裸身のうねりだけで十分なのである。

『清作の妻』――軍国の明治の村を刺し通す

傑作『キャタピラー』に匹敵する邦画の作品は、今ではふりかえる人も少ないけれど、おそらく、もう四〇年以上も前、一九六五年に増村保造が撮った『清作の妻』である。

明治時代の山村。日清戦争で手柄を立てて帰還した模範青年の清作（田村高広）は、パトロンの死後、村に戻ってけだるい日々を送り、村人たちからつまはじきにされていたお兼（若尾文子）に、ある契機からどうしようもなく惹かれ、ふたりは激しく愛し合うようになる。模範青年が性悪の「もと妾」にたぶらかされたとして、この愛は誰の祝福も受けなかったが、ふたりは結婚し、貧しいながらも幸せな農作業の生活に入る。だが、日露戦争による清作の再召集がふたりを引き裂いた。そしてすさまじい孤独と心配のあげく、お兼は、負傷していったん帰村した清作を死の「二〇三高地」に決して戻すまいと、五寸釘で清作の両眼を潰してしまうのである。

村長以下の村人たちも、取調べの憲兵も、失明は清作とお兼の共謀ではないかと疑う。「模範青年」は地に堕ち、お兼は下獄する。村人たちはみな、偏狭で小狡く、仮借ない付和雷同の徒として描かれ、全篇、日本の「村落共同体」というものへの増村保造と新藤兼人（脚本）の嫌悪と批判が漲っている。心をうたれるのは、何年かの服役ののち帰宅したお兼を、清作がついには「よう戻った」と迎えるシーンである。

清作は失明してはじめて、模範青年だったときにはわからなかった、差別され蔑まれて生きてきたお兼の心を理解できたのだ。これに続く「逃げないで、この村でふたりで生きてゆこう」という言葉は、いささか語りすぎの「くさい台詞」の感をまぬかれないが、このスタンスは、これをはじめて見た二六歳の私をしたたかに感動させたのである。尋常ならずともやみがたい愛と、狂気の時代における世智・常識の秩序との間に、ぎりぎりと高まる緊張関係の描写が冴えわたる。

『やがて来たる者へ』——殺戮の彼方に届くまなざし

イタリア映画『やがて来たる者へ』（監督・原案・脚本ジョルジュ・ディリッティ、二〇〇九年）は、戦争の惨禍を少女の眼を通して鮮明に描く秀作である。

第二次大戦末期のボローニャ近辺の山村。農民たちの静かな生活に、支配者ナチス・ドイツおよびファシストと、森に出没するパルティザンとの闘いが濃い影を落としている。三世代の大家族みんなに囲まれて育った八歳のマルティーナ（グレタ・ズッケリ・モンタナーリ）は、生まれたばかりの弟が死んだショックから言葉を失っているけれど、その明晰には、卵などを買いに来るまずは紳士的なドイツ兵と、慈しみぶかい父母や叔母（アルバ・ロルヴァケル）がひそかに支援しているパルティザンとの殺し合いのシーンが焼きついてゆく。この映画の視座はこの少女の眼だ。彼女にとって戦争は、とくに前半でじっくりと描かれる家族の団欒、ワイン、パン、編み籠づくり、家畜の世話……からなる農民たちの伝統の生活を脅かす、徹底して外在的な出来事にすぎず、なぜ殺し合わねばならないのかがわからないのである。

だが、一九四四年秋、ドイツ軍は南から迫る連合軍に備えて、またパルティザンへの報復のために、七日間にわたって多数の女性や子どもをふくむ住民七七一名を虐殺する。この史上有名な「マルサボットの虐殺」の酸鼻をきわめる経緯が、映画後半の内容である。マルティナはあらたに弟を産み落としたばかりの母、必死で家族を守ろうとした父など、愛する人びとをことごとく殺されてしまう。また、やさしく美しい叔母は、いったん撃たれたあと、グロテスクにも「妻に似ている」という理由でドイツの軍医に救われるけれど、その軍医が容赦なく子どもを射殺する酷薄さにふれて、自分を丁寧に手当てする軍医を刺したあと兵士に惨殺される。そんな設定も映画にふくらみを与えている。そしてマルティナはといえば、監督はドキュメント畑の人というけれど、なんとすぐれた構想のストーリーだろうか、奇跡的に逃れて生き延び、勇気と機転をもって赤ん坊の弟を森へ救い出すのである。

こんなに感動的なラストシーンはめったにない。マルティナは誰もいなくなった家の前で赤ん坊を抱いてあやしている。彼女の唇から子守歌風の歌が洩れ、クレジットタイトルに続く。「やがて来たる者」に伝えたいこと、伝えなければならないことが心に灯ったとき、マルティナは言葉を取り戻したのだ。こうしてやがて彼女は敵と味方の単純な峻別を超える語り部として歴史に参加してゆくだろう。絶望の地獄をくぐりぬけたあとのほのかな希望が観るものの心に立ち上ってくる。この映画作家のもつ志の高さに敬意を感じずにはいられない。

4 闘う女たちの群像

ドキュメント『外泊』にみる解放の息吹き

韓国はいま、邦画ではみられない、現代を鋭く剔る傑作を次々に生み出している。たとえば、ある意味では「母」が主人公である『嘆きのピエタ』（キム・ギドク、二〇一二年）などは、血にまみれた精密機械の駆動ともいうべきストーリー展開のすばらしさが光る、まぎれもない傑作といえよう。ここではしかし、この項の文脈上、少し前にみた記録映画『外泊』（キム・ミレ、二〇〇九年）に注目してみる。

それは大手スーパーマーケットでの解雇に抗う非正規雇用レジ・ワーカーたちの、二〇〇七年六月からおよそ五一〇日間にわたる職場内外の座り込み闘争を生き生きと描くドキュメントだ。非情の資本の論理にも、「フロ、メシ、ネル」と急き立てる旧態然の夫の求めにも閉じ込められていた彼女らにとって、なかまとともに労働の場に座りこむという「外泊」は、はじめて経験する二重の意味での解放だった。不慣れなスピーチ、歌や踊りに弾ける女たちの生々しいエネルギーがまぶしいほどである。

男たちが中心の外部組織からの支援は分裂して力づよさを欠き、継続的な闘いは困難をきわめる。女たちは会社と国家権力の弾圧のうちに経済的にも困窮し、そこに家庭のしがらみを絶てない脱落もあって、ついには敗北にいたる。いくつかの貴重な成果もあったけれど、一部のなかまの解雇やこれからの組合運動の制約を呑むほかはなかったのだ。職場復帰する女たちは涙を流す。とはいえ、その無念の涙と、ジェンダー規範の軛を断ちきって「外泊」したまぎれもない歓びとは、万国に数多い非正規雇用の女性たちの明日に資する、記憶の資産にほかならない。

ちなみに私にとって最近見た記録映画のベストスリーは、この『外泊』と、ベトナム戦争を扱ってアメリカの批判的ジャーナリズムの実力を発揮した旧作『ハーツ・アンド・マインズ』（ピーター・ディヴィス、一九七四年）と、中国のジーンズ工場での過酷な労働の日々を、それでも懸命に生きようとする一〇代の出稼ぎ「女工」を描いてわけもなくじーんとさせる『女工哀歌』（ミカ×ペレド、二〇〇五年）である。

『ファクトリー・ウーマン』――ノンエリート階級意識の光

先進国での女性の労働運動を描く映画といえば、アメリカ南部の紡織工場での組合づくりを活写する、もう三五年も前の『ノーマ・レイ』（マーティン・リット、一九七九年）がすぐに思い浮かぶ。もちろん爽やかで胸のすくような名作だ。しかし、最近のイギリス映画『ファクトリー・ウーマン』（ナイジェル・コール、二〇一〇年）も、『ノーマ・レイ』に匹敵する傑作ながら、日本ではお国柄を反映してか、確か劇場公開されなかったこともあって、知るひとは少ない。十分に紹介に値する。

ちなみにこの監督の作品には、白血病治療の寄付金づくりのため、イギリス・ヨークシャーの中年と初老の婦人会メンバーみずからが脱ぐヌードカレンダーを作ったという実話にもとづく、『カレンダー・ガールズ』（二〇〇三年）がある。自由と寛容の雰囲気に満ちた界隈なしには、とうていできないような佳作である。

本作に戻る。一九六八年、イギリス・フォードのダゲナム工場において、賃金の性差別に挑戦する先駆的な闘いがあった。暑さに肌脱ぎになってシート縫製部門で働くまさにノンエリート的な女性たちが、アラフォーのリタ（サリー・ホーキンズ）を自然なリーダーとして、女性であるゆえにその仕事を不当に低く評価され「不熟練工」と格付けされていたことに反発して、男性中心の組合の妥協的な交渉に頼らず、Everybody Out! と、無期限の山猫ストに入ったのだ。この映画は、フォード工場全体の休業さえ余儀なくさせたこの山猫ストが、ついにときの労働党政権の雇用相バーバラ・カースルまで動かして、ほぼ平等賃金を達成するまでのプロセスを、家庭内のいざこざ、男たちの組合のとまどい、工場移転をちらつかせるフォード社の脅し、さまざまに立場を異にする女たちの鬱屈と欲求、逡巡と共感を織りこんで描いている。

たとえば、大臣折衝の日に、理解ある友人の工場長夫人に赤いドレスの「勝負服」を借りるリタ。すてきなドレスね、私のはスーパーで買ったの、と言う気っ風のいいカースル大臣。会社の広告のモデルに選ばれて戦線を離脱しそうになりながら、結局、EQUAL PAY! と素肌のお腹に書いてカメラの前に現れる美貌の同僚……。そんな女たちの連帯の姿が泣き笑いさせる。全篇、平凡で庶民的な働く女性たちの実像が、リアルな職場内外の生活環境のなかに息づいている。みずからできる産業内行動・自発的ストライキにあっさりと突入する、いわば男たちの「大所高所論」にとらわれないこのありよう！　イギリスの組織労働者らしさが、新しくジェンダー差別撤廃の息吹きにふれて変化のうちに再確認されるようすを、ここに鮮やかに感じとることができる。

『追憶』──忘れられない青春の名作

若い時代の感性に左右された選択かもしれないけれど、私はシドニー・ポラック『追憶』（一九九三年）を、エリア・カザン『草原の輝き』（一九六一年）とともに、アメリか映画の恋愛ものの双璧とみなしている。先日、私のDVDコレクションにある『追憶』を四〇年ぶりに再見して、至福のときを過ごした。これは女性の闘いの軌跡を描く映画でもある。最後にこの作品を紹介したい。

一九三〇年代末の学生時代から五〇年代はじめにかけて一貫して左翼活動に携わった真摯なケイティ（バーブラ・ストライサンド）と、ヒューマンな人柄ながらいつも政治から距離を保とうとする文才あるハベル（ロバート・レッドフォード）との、長期間にわたる愛の成就と訣れの物語である。

スポーツマンでいつも気軽に生活を楽しむ人気者ハベルにとって、学生時代、ケイティは、その反ファシズムの情熱的なスピーチに感動させられこそすれ、しょせん別世界の女性だった。ケイティはしかし、ハベルの生きざまに批判的ではあったが、どうしようもなく惹かれていた。彼女は、放送局勤務の第二次大戦末期、目標を失っていた海軍軍人のハベルに再会し、彼を励まして作家として生きる自信をあたえ、ひたすらにつくして、二人は恋におちる。その過程の、まじめすぎて不器用な愛の仕草を演じるB・ストライサンドがすばらしい。その後もハベルは、ケイティがローズヴェルトの評価など政治問題では一歩も引かず、ハベルのノンポリの友人たちさえ面罵するのを窮屈に思って別れようとするけれども、結局、彼女の思いの深さを絶ちがたく、結婚して西海岸でハリウッドの脚本家として生活をはじめる。

しばらくはこの上なく幸せな二人だった。けれども、一九五〇年代はじめ、マッカーシズムが左派系の映画人の追放に乗り出すと、ケイティは突き動かされるように抵抗運動に入る。しかし、やがて仲間の映画人たちは、そしてハベルもまた、映画をつくれるように妥協の道を選ぶのだ。ケイティは、そこでついに、ハベルをハリウッドで働き続けさせるために、生まれたばかりの娘とともに彼のもとを去ってゆくのである。

それから何年か後、ニューヨークで原爆実験の反対運動のビラを撒く彼女は、成功したテレビ作家のハベルに出遭う。新しい妻を伴っていた。ケイティも再婚したと語るけれど、印象ではその真偽はわからない。「(運動を)続けてるんだね」という彼に、「そう、これは譲れない。それに私は負け上手なの」と彼女は答える。なんという爽やかな言葉だろう。アメリカという風土でさらりと語られるこの言葉の重みを、日本の二〇一四年、私はしっかりと共有する。また、そう語る、アメリカの女優としては美人とはいえないB・ストライサンドの情感にあふれた表情の、なんという輝きだろう。そのシーンの燦めきは、すぐれた歌手でもある彼女の歌う美しい主題歌〝THE WAY WE WERE〟とともに忘れがたい。

終章　回想記・労働研究の道ゆき

私の生涯の体験のなかで、なにが労働研究の気力を持続させたのだろうか。

この問いに答えるのは容易ではない。さまざまの個人的なできごと、出会った人びと、精読した数々の書物、いつも見続けて感銘を心に刻んできた映画、そしてなによりも私を具体的なテーマの考察に駆り立てたそれぞれの時代を生きた労働者の気力と憂鬱。それら無数の要因が、この影響を忘れるなと迫ってきて、戸惑うばかりである。

私の研究生活は総じて平坦で挫折のない過程だった。しかし、そんな私でも、忘れられない記憶を揃ってはじめの問いに答えようとすることは、ある意味では研究環境がはるかにきびしい若い世代の労働研究者には、なんらかの参考になるかもしれない。そう願って、思い起こすままに労働研究史の個人的な軌跡を思い起こすままエッセイ風に綴りたいと思う。

この文章の主題は、主に個人的な体験ではあれ、対をなす本書一章「私の労働研究――テーマと問題意識」とどうしても重なる部分が生じる。できる限り重複を避け、著書の内容紹介などは基本的に一章に譲り、一章では紹介が簡単にすぎる作品、または講演時点以降の著作に関して、その概要やその周辺のエピソードを語りたい。

1　青春前期の模索

私は一九三八（昭和一三）年九月二一日、三重県四日市市に生まれた。兄と妹とともに、少年期から高校時代まで、そこでわりあい恵まれた生活を過ごすことができた。

地元では「名家」の一員であった父は、地場産業の食用油メーカー・熊澤製油の経営者であり、後には四日市で広告宣伝業を起こしている。日本全体が今とは比較にならないほど貧しく、わが家も万事節約の時代だったが、きわまった貧困の記憶はない。政治的にはハト派ながら保守の論客であった父とは、大学時代に「左傾」した私はしばしば激論を交わしたものだ。それでも父は、「従業員のための事業」を唱える温情的な経営者だった。私が後に労働研究を志すようになったことには、労働の意義と尊厳、従業員福祉の尊重を説いてやまなかった父の影響が認められると思う。

それなりの戦争体験はもちろんある。小学校一年生の一九四五年六月一八日、四日市が大空襲に見舞われる。橙色に染まった夜空の下、大きな自宅が焼失し、翌朝には路傍に多くの黒こげの死体が転がっていた。その後、近郊の農家への疎開、一部屋の仮住まいも体験し、乾パンやぶつ切れうどんやすいとんの食事も続いた。翌年一一月には、戦争放棄の新しい憲法が公布される。私はごく自然に新憲法一期生の優等生になった。しかし、わが身を危うくするほどの戦中・戦争体験をもち、戦後も饑餓線上にあった庶民の新憲法への熱い期待とくらべれば、それはなお皮相な受け止め方だった。たとえば、当時の労働運動の激しい展開に小学生の私が関心を寄せることはなかった。

それでも私は、中学、高校と進むつれて、素朴ながら反戦平和の思想、基本的人権の感覚、不平等な階層構造への認識を徐々に育てていったように思う。ものごころついてから現在に至るまで、私はいつも「文学青年」だったが、その頃はとくに有島武郎が好きだった。高校時代には新聞部と弁論部と文芸部に属し、自治会の役員にもなる。なによりも「統制の秩序よりは自由！」の主張者だった。その青臭いジャーナリストぶりの一端については、本書四章3のエッセイを参照してほしい。一方、勉学では国語と世界史が得意だったが、すべての課目に勤勉な受験生でもあった。英語で読んではじめて涙を流したのは、オスカー・ワイルドの『幸福な王子』である。

そんな私が、一九五七年に京都大学経済学部に入ってから、学生運動に加わるのは自然だった。

原水爆実験反対、警職法廃案化、帰省時には地元の市民を「啓蒙」する帰郷活動などに熱心に参加する。一九六〇年の安保闘争では、国会デモにも出かけ、機動隊と「対峙」し、心中では「当たらないように」と思いつつ投石もした。また、京都の早熟な友人たちの刺激もあって、マルクス主義の文献や、戦前日本の暗部をはじめて私に教える近代史・現代史を懸命に「学習」した。

とはいえ、私が学生運動の政治活動に没頭することはついになかった。当時の学生運動が、ハンガリー動乱はアメリカの陰謀、ソ連の核実験は平和のためとみなす共産党によって指導されていたからばかりではない。一九五九年頃には熱心に入党を勧めていた多くのなかまたち自身が、共産党を批判してたとえば「ブント」に転じている。しかし私の「距離感」はなによりも、「新」にせよ「旧」にせよ、左派の学生による政治運動は結局、「意識の低い」ふつうの人びとの日常生活に、さらには人びとの日々の労働の諸問題に、深い関心を寄せているように思えなかったことに由来する。学生運動の幹部たちは、毎日は通勤して地味な仕事を続ける彼ら、彼女らの生活のかけがえのなさに運動の基礎をおく思想を育ててはいなかった。「労働者」といえば、国労や日教組の「闘う」組合員だけだった。要するに、学生運動ではふつうの人びとが生きる社会の実態分析など関心の外だったように感じられた。

私は結局「プチブル的ノンポリ」のままだった。ひとつには、生活や人生を徹底したリアリズムで描く世界文学の読書に傾注するなかから、政治的イデオロギーというものの限界を感じていたから、今ひとつには、『資本論』第一部の読みを通じて、労働の論理と職場のなまの状況をひたすら勉強しようという思いが胸に萌していたからである。

2 徒弟時代

私が生涯の仕事として労働問題研究を志すようになったのは、岸本英太郎先生のゼミに入る学部三年次、二一歳の頃だった。それからおよそ七年間が私の「徒弟時代」になる。学部ゼミを経て、大学院の修士課程、ついで博士課程に進むこの期間は、労働問題を中心にすえた懸命の学びのときだった。

京都の夏は息苦しいまでに暑く、当時の学生の下宿にエアコンはない。私は二〇〇円もの金があれば、文庫本の古本とたばこを買い、小机と電気スタンドのある百万遍や出町柳のクラシック名曲喫茶に午後早々に入る。そこでベートーヴェンやチャイコフスキーを身に染みこませながら、数時間も読書に没頭したものだ。そこで読むのは『チボー家の人びと』や『静かなドン』などの小説も多かったが、夜の下宿では、ノートをとりながら、『資本論』第一部、とくに労働日、工場、相対的過剰人口、貧困の累積などの諸章、ウェッブ夫妻の『産業民主制』や『労働組合運動史』の原書、日本労働史の古典、『女工哀史』や『職工事情』、などをむさぼり読んでいる。

岸本先生は、ゼミ生、後には院生との共同研究の結果を出版するという、私たちを勉強に勇躍させるような大胆な指導方法をとられた。その要請に応えて、私は学部ゼミのテーマに関わるライト・ミルズ『ホワイトカラー』のような興味のつきない著作、大学院の課題であった日本の年功制度下の賃金や労使関係の理論史考察にとって必読の、東大社会科学研究所の多くの実態調査の読みに専念した。以降、私はすぐれた「調査読み」たることを志すとともに、注目すべき先輩研究者たちの存在をひそかに意識して、ほとんどの関連文献を渉猟している。私の徒弟時代の著作は、岸本先生の編集になる四冊の共著（巻末の共著リスト1～4）であるが、「代表作」らしいものは、氏原正次郎氏、藤田若雄氏、小池和男氏ら先学の年功制度論を、ある批判をこめて考察した共著4の所収論文「労働組合の経済理論」である。

人はおよそ二五歳までに、つまり「まだ愛しうるうちに」、誰に会うか、なにを読むか、なにを見るかによって、生涯にわたる基本的な価値意識が刻まれるという。この時期、私はまだ独自的とはいえぬまでも、胸中にみずからの「思想」が構築される槌音を聴いていた。個人としてはその後のありかたを規定してしまうような深刻な人生体験をもたない私の場合、とくにいくつかの書物たちが記憶のなかにひしめきあって、その影響の大きさを競い合う。労働本以外でも、それからの私の発想にヒントを与えた著作は枚挙にいとまがないが、さしあたり思い出すままに列挙すれば、たとえば『ガダルカナル戦詩集』『死者のとき』『虚構のクレーン』など井上光晴の小説、思想の科学研究会の共同研究『転向』（三巻本一九五九～六二年）、松下圭一『現代政治の条件』（一九五九年）、そしてアイザック・ドイッチャーのトロツキー評伝三部作（一九六四年）などである。けれども今は、それらの感銘が庶民の実像、インテリゲンチャの責務、現代社会の性格、現代社会主義の深奥の問題などについての私の把握に、どのように寄与したかを丁寧に辿るいとまはない。

それらの日々、私の労働研究における発想の特徴のようなものも徐々に芽生えていたように思う。たとえばそのひとつは、労働研究における労働そのもの（immediate job）の重視である。私は労働者が日々、具体的にどんな内容の仕事をしているか、その仕事の裁量権（決定権）ややりがいと、反面にへばりつくやりきれなさはどこにあるかを知りたかった。年功制度論においても、私の視角は、仕事の中身と必要な熟練と年功序列、その三者の関係であった。その関心はおそらく、一章でも述べたように、高度経済成長期のさなか、労働問題においても、どちらかといえば貧困や失業より労働疎外に関心が向けられるようになった時代の反映であった。私は以降、「単純労働」など労働疎外の具体的な様相の解明を研究の一分野とするようになる。その点では、技術と労働の関係に深く立ち入り、美しいまでの周到な考察を重ねていた中岡哲郎氏との出会いは貴重だった。しばらく後の七〇年、私は中岡氏とともに、現場労働者に職場や仕事のようすを聴きとるというささやかな集い「労働分析研究会」をはじめている。

もうひとつ、政治運動に一定の距離感を持ち続けていた私が、労働の状況改善の決定的な方途として注目したのは、非政治家である生活者によって営まれる労働組合運動であった。労働組合こそは普通の労働者にとってもっとも手応えある民主主義の機構と思われた。以降、その歴史と多様な実態が、私の研究の「テーマのなかのテーマ」となる。

一九六二年三月二一日、私は高校時代に同学年だった栗田滋子と結婚する。新聞部のクラブ活動をともにしたときからその佇まいに惹かれていた彼女とは、学生時代を通じて交際を続け、最後にはときおり同棲生活であったが、修士課程二年になる直前の早春、「永すぎる春」に終止符を打ったのだ。滋子は岐阜の紡織工場の舎監兼教師の職を辞し、京都の商家のぼろぼろの屋根裏部屋にやってきた。私は奨学金、家庭教師のアルバイト、親元からのわずかの送金しか収入がなかったので、滋子は中学生向けの塾を開いて経済生活を支えた。入浴は銭湯、電気冷蔵庫もない切りつめた経済生活ではあった。しかし、いわば知りつくしたもの同士の情愛に満ちた日々は幸せだった。体制批判のイデオロギーはなお鮮明であったが、私が平凡な生活をどこまでも擁護する発想を失うことがなかったのは、そんな「神田川」的生活体験のゆえでもある。

一九六五年には長男、新《あらた》が生まれる。翌六六年春、二八歳の私は甲南大学経済学部の専任講師となり、子どもがあっても経済生活は飛躍的に安定した。ほぼ同じ頃、抽選に当たって職場近くの大学住宅に転居する。

3　自立のとき――研究と生活の条件に恵まれて

当時の甲南大学経済学部は、教員間の上下関係が重視される講座制というもののない、自由で民主的な職場であった。研究費もまず潤沢で、授業・学務負担もほどほどだった。同僚との人間関係にも恵まれた。とくにイギリスの経済政策を専門とする高橋哲雄先生には、研究上も広汎な文化的享受の上でも、実に多くを教えられた。例えば英文の日本語表記では「発音辞典」というものを用いるようにとの教えなどは貴重だった。学生たちも、「問題意識」の有無はともかく勧めればよく勉強する、明るくて辛辣なところのない若者たちであった。

一九六七年から七八年に至るおよそ三〇代は、私の研究史初期である。この時期、私は毎日、自宅近くの研究室に出勤して朝から夕方まで、講義のほかは長時間、英文の労働関係文献を中心とする読みに励んだ。労働者が毎日出勤して工場やオフィスで働くように研究「労働」に携わる――体験も趣味もふつうの労働者とは異なると自覚していた私にとって、そんな生活スタイルが労働者の実態を理解する方途であるように思ったからだ。それに気分にかかわらず毎日働くのがプロというものなのだ、とも。ともあれ、本当に根をつめて勉強に励んだものである。全国の大学で学園紛争の嵐が吹き荒れていた頃も、私はエアポケットのような甲南大学の研究室で、by the ordinary workers の労働組合運動の探求という軌道の外に自己の関心が漂うことを、あえて抑制していた。

こうして私は一九七〇年には、京大に提出した博士論文をもととする、労働組合の史的研究二冊、『産業史における労働組合機能――イギリス機械工業の場合』と、『寡占体制と労働組合――アメリカ自動車工業の資本と労働』（本書末の著書リスト1、2）を出版することができた。くわしくは一章に譲りたいが、この二著の内容は、理念型として、一方では企業ごとの支払い能力格差に対して労働条件の平準化を図る「製品市場外在的組合主義」、他方では「経営の専権事項」に対しても労働者が発言権・交渉権を及ぼそうとする「蚕食的組合主義」を設定し、イギリス機械工労組（ASE→AEU）とアメリカ自動車産業労組（UAW）の歴史的展開のなかでそれらがどのように達成され、また譲歩を迫られたかを考察したことである。ここには、すでに日本の労働組合の現状への批判が意識されている。ここでの史的実証は、「組合の多様な形態」をふくむ私の労働組合論の定礎でもあった。はるか後の『労働組合運動とはなにか』（著書24）の歴史叙述も、この定礎を前提としている。

次の著作、はじめて日本を批判的な分析対象とした一九七二年の『労働のなかの復権――企業社会と労働組合』（著書3）は、日本を「企業社会」ととらえ、そこでの労働疎外、階層差別、労働者選別を通しての統合を具体的に描き、経営権の蚕食と労働条件の企業間標準化をはかる労働組合の可能性を論じた。このころ私は、いま考えればなんという理想主義であったか、労働者が労働のコントロールを通じて職場・産業の主人公になるというイギリス新左翼の「労働者管理論」に帰依していた。経営権蚕食はその第一歩の組合機能である……。この書物は気負った「若書き」ながら、とくにふつうの政治活動に限界を感じて労働組合の専従者に転じていた「全共闘くずれ」の人びとに広く読まれた。彼らが発言権をもついくつかの組合に招かれて講演するようにもなった。そこで出会う質問はすなわち、私が次に調べておくべきことにもなった。

一九七六年三月、岸本英太郎先生が八年にわたる苦患の末、膠原病で逝去された。先生はつねに、ご自身はいかにも不器用な生活者であったのに、イデオローグの言説ではなく生活者の視点を手放さぬよう教えて下さった。しかし、大学院時代でさえも、岸本先生は私に対して、勉強のテーマや方法や文献について細かな指導をすることはあまりなく、ひたすら研究結果を評価して励まして下さるだけだった。この温かい「フリーパスの指導」が私の研究方法をいささか恣意的にする側面はあったかもしれないけれど、それが私を心の抑制なく勇躍させたことは確かだ。私はその霊前に、この年の秋、研究史初期に培った特徴的な視点を盛り込んだ二著を献げている。

そのひとつ、『労働者管理の草の根』（著書4）は、その後の研究を方向づけるいくつかの命題を端的に示す論文集である。たとえば、日本の労働組合は「経済情勢に予防拘禁されている」という批判。多数者の「労働の単純化」の論理と実態。そうした労働が労働者に受容され、その受容を通して「分業が階層に転化する」過程。労働疎外が資本主義体制からくるという公式左翼の定説批判。労働者にとって自然なさまざまの凝集性が労働組合の諸形態を生み出すという、いわゆる〈労働社会論〉。そして by the ordinary workers の経営権蚕食の体験こそが資本主義のなかでも新しい社会を用意するという「自主管理社会主義論」……。これらは総じて、「労働者管理論」の示唆を労働者の現実のありようを凝視しながらなんとか生かそうとする理論的な苦闘でもあった。

もうひとつは、一九六四年〜七〇年のイギリスを舞台に、労働党政権による国民経済への配慮の要請に対しても、労働現場のニーズに固執して容易に靡こうとはしない組合主義の光と影を描く『国家のなかの国家』（著書5）である。一章にも述べているので、ここでは内容紹介を省略するけれど、私の評価は、ためらいながらも結局、革新政権にも対抗的になる草の根の自治的な労働組合運動の側に傾いている。こうした私の反「大所高所」の「非政治的」なスタンスは、当時の日本では、多くの公式組合の幹部や革新陣営の政治家にとって受け入れがたいものであったかにみえる。初期の著作では、これは私自身もっとも好きな作品にほかならないが、それ以降、私は左派の労働組合界でも必然的に「反幹部的」な立場とみなされるようになる。

それでも、総評内の若手スタッフにはなお拙著の読者は少なくなく、その縁で一九七八年、私は総評の訪中団「友好の船」の一員に招かれている。船内での私の講演をめぐって、当時の国鉄労働組合の活動家たちが、社会主義社会になっても労働疎外はありうるし、労務管理の統制に抗う労働組合は不可欠だとする私の主張に、教条的な批判を展開したことを覚えている。もっとも初の中国訪問の意義は大きかった。当時の私は、第三世界的な中国人の佇まいにひそむ強烈な消費欲求に驚かされる一方、人民公社はなお、ひとつのあるべき働き方を具現しているように感じたのである。

一九六八年一〇月、次男透《とおる》が生まれた。長男新が一〇歳、透が七歳の一九七五年、私たちは宝塚市に二八坪ほどの中古の建売り住宅を買って引っ越しする。大学では順調にキャリア展開していたが、それ以上に、この時期、七五年までは日本全体の賃金がぐんぐん上がり、勢い私たちの生活水準も目にみえて向上していた。

私は夜間と週一日は仕事をしない習慣であり、勤勉ながら家庭生活を十分に満喫していた。街あるきやフレンチの外食によく出かけ、透が歩けるようになると、一九七九年までは毎年、梅雨明けに九州、佐渡、信州など一週間の旅行にも出かけた。子どもは「三歳までにすべてを返す」という。後にどんなに苦労をかけても、三歳までの愛おしさによって親はあらかじめ報われているという意味だ。本当にそうかもしれない。育児の成否が問われて悩むのは、大学受験などの進学、就職、そして結婚など、子どもたちが親の庇護があてにならない社会規模での競争の試練にさらされるときであろう。この時期、私は、瞳を輝かせ、次々に言葉を覚え、弾むように新しい知恵を行動にする二つの珠のような子どもたちとの時間が楽しかった。「父親史の黄金時代」だった。「時よ止まれ！」と願ったものである。

くわしくは書くまいと思うけれど、妻の滋子はおよそ自分本位というところのない人柄であり、マイペースながら万事に気づきの早い「精鋭」の専業主婦だった。私は当時、およそ家族のことについて心労というものなく、ひたすらに研究を生活の中心にすることができた。長篇の書物を相次いで執筆・刊行できたのもそのためである。

4 働きざかり——労働者の実像をもとめて

一九七九年三月から約半年、私は家族とともにロンドンに滞在した。大学の制度による留学であるが、私の「留学先」は大学ではなく、研究で扱った機械工組合である。この組合のスタッフに、また、そこから紹介されるバーミンガムやリバプールの組合地方役員や工場のショップスチュワードに、さらには運輸一般労組、郵便労働者組合、鉄道員組合、教員組合などのオフィスで、イギリス労働組合の実際の機能を質疑応答などで確かめる、そんな計画であった。

労使関係のテクニカルタームには自信があったとはいえ、労働者なまりの英語のヒアリングはとても難しく、録音テープをくりかえし聴いたものだ。しばらく後、私より英会話に堪能な友人の山田潤氏と木下順氏が手伝いにきてくれた。ちなみに帰国後、労働と教育の関係について深い関心を寄せていた定時制高校の教師、山田氏と私は、ほぼ同時期に、中流階級的な価値観の学校に対する労働者階級の子どもたちの反抗を活写する一九七七年刊の名著、Paul Willis: Learning to Labour—How working class kids get working class jobs を読み、一九八五年、その共訳書『ハマータウンの野郎ども——学校への反抗・労働への順応』を筑摩書房から刊行する。「共訳」ではあれ、これはほとんどすべて山田氏の仕事である。また、在英中のもうひとつの貴重な情報源は、豊富な労働関係の報道があって毎日かならず読んだファイナンシャルタイムズ紙であった。

それらからともかくも理解できたことは、やはり当時のイギリス労働組合の、とくにショップスチュワード活動の強靱さだった。具体的な働き方についての現場労働者のつよい発言権。企業・職場の枠を超えた労働条件標準化への固執。ある労働者層の分権的なストライキに対して、周辺の労組・労働者が替わって仕事ができるのに決してスト破りをしないという仁義……。同じ組合員のなかに失業者があるときは、就業者は残業を拒むというワークシェアリングが方針化され、企業横断の賃上げストがあれば、すでに要求額以上を得ている企業の労働者もためらわずストライキに入る。そこにみる分権的自治と、それを孤立させない連帯との共存には目を見はるばかりであった。

それとともに、短い期間ではあったがイギリスに住んで、私はあらためて福祉国家というものの意義を思い知らされた。私たちに租税負担はなかったが、そんな滞在者もふくめて、次男が通っていた黒人移民の多い小学校の経費は「修学旅行」もふくめていっさい負担なく、国営医療（ＮＨＳ）のサービスでは、小さな怪我の際の救急車と診療、長男が常用するアトピー性皮膚炎の薬代などもいっさい無料だった。国営の大英博物館やナショナルギャラリーなどは無料である。それにイギリス人がいろんな国の人がいるという事実に慣れきっているというのも気持ちよかった。安全な街でもあった。一四歳の長男と一一歳の次男は二人して、あるいは別々に、地下鉄やバスで滞在先のロンドン北郊外のウェンブリーパークから都心まで出かけていた。ロンドンバスの二階席でアメリカ人観光客に「大英博物館は一日でみられるか」と尋ねられ、次男は「Impossible!」と答えて得意だった。

とはいえ、こうした福祉のありようが、企業の枠を超えた強靱なユニオニズムと共存するとき、社会民主主義的な国民経済の運営はどれほど難しいことか、『国家のなかの国家』の執筆を経ていた私は理解することができた。自由な労働組合運動の規制と福祉国家の負担の抑制をめざして企業間および個人間競争を促進しようとする保守党サッチャー政権が成立するのは、まさに私たちの滞英中、一九七九年五月であった。

いま思えば、イギリスの組織労働者たちは、みずからがコントロールできる生活防衛の手段にしか信頼をおかない人びとであった。この「政治家ぎらいのノンエリート主義」は、支配層からの統制や操作を拒みうるという意味で、自治的な民主主義の光ある思想である。しかしながら、その光は反面、強靱な抵抗力にふさわしい社会全体への責任意識の希薄さ、たとえば国民経済のありように関するイニシアティヴの欠如という濃い影を引きずる。それゆえ、イギリス労働組合運動は、一介の労働者の生活に関する発言権・決定権を守りきりながら、結果的には、「よりましな政権」をも頓挫させ、みずからの営為の基盤そのものの破壊をめざす新自由主義の政権を招き寄せる一因にもなる。サッチャー政権の登場は、その悲劇性を物語っているのではないか？　七〇年代末のイギリスのような、社会民主主義的な政治と強靱な組合運動との安らかな共存は容易ではない――私はそんなことを心に留めて帰国することになった。この認識はしかし、ユニオニズムと福祉国家をめぐる、研究と在英体験によって心に刻まれた「イギリス贔屓」と矛盾するものではなかった。「ものわかりのよい労働組合」を「イギリス病」を予防拘禁する行政改革の奇貨としようとする私たちの国への批判を、私はそれ以降くりかえし試みるようになる。

私の研究史中期は、四〇代から五〇代末までの働きざかり、在英体験の一九七九年から一九九六年の頃までである。

この期間にはまず、さまざまの意味でイギリスの労働者とはまことに対照的な日本の労働者とはどのような人びとなのかを、日本の近代史、現代史の体験を通じて探り当てたいと思い、それからしばらく日本労働史について再読・精読と思索を重ねた。一九八一年の連作論文集『日本の労働者像』(著書6)がその結果である。ここでは、近代日本での労働者階級の形成(私の用語では「離陸」)のかたち、天皇制の下での国民統合の論理、企業横断的な労働組合運動の挫折、年功制下での「企業社会」という「唯一の労働社会」への労働者の帰属、その負の遺産を引継ぐ戦後労働組合の企業別組合への収斂……などを考察している。機会の平等という建前に賭けて企業内の競争に身を投じ、その惰力として、実態としての結果的な差別や格差を認めてしまう、日本の労働者はおよそそんな人びとのように思われた。

翌年には、まとまった労働組合論、『ノンエリートの自立』(著書7)も刊行する。内容紹介は省略するが、これは当時の全電通労組の学習機関誌への連載であった。だが、この組合への私の関わりが当時のトップリーダーになぜか危険視され、予定されていた同機関からの刊行が不可能になったため、替わって有斐閣から出版されている。その予定変更は結局、普及という点では、著書7にとって幸せなことであった。

しかし、総じてこの頃からの私の中心的な研究テーマは、なによりも企業社会のなかの労働者のありようであった。一九八〇年代、日本の労働者はなお、後年にくる労働条件の水準悪化をまぬかれて消費文化のなかに漂っていたが、職場の労働組合運動は浸透する日本的能力主義への対抗性をまったく失いつつあった。その濃い影が、職場での受難——いずれは過酷な従業員選別にいたる競争の激化、過重労働・働きすぎとしてくっきりしてくる。一九八八年は「過労死元年」であった。

一九八六年の『職場史の修羅を生きて』（著書10）は、さまざまの分野の労働者の戦後職場史を綴った作品である。そのうちとくに読まれたのは「ある銀行労働者の二〇年」（一章参照）である。それにこの本ではじめて、私は長らく書きたいと念じていた働く女性の戦後史にも手を染めた。ためらうことも多く、難渋の執筆であったけれど、何日も考えに考えた結果、重視したのはなによりも性別職務分離の背景であり、女性が単純労働・短勤続・低賃金の「三位一体」に閉じ込められている構造を、「適応」のジェンダー意識を見すえながら分析することだった。叙述の間、どれほど理解しえたかに自信はないけれど、かつて愛読した田中美津『いのちの女たちへ とり乱しウーマン・リヴ論』（七二年）や森崎和江『まっくら 女坑夫覚書き』（七七年）などの、私が感じとった限りでのよびかけがこだましていた。

この時期、私は日本の労働状況を根底で規定する要因を、後に最初の岩波新書（著書16）にまとめる「日本的能力主義」の浸透に求め、それに適応する労働者のビヘイビアを〈強制された自発性〉というタームで概念化している。「一定の職場状況が労働者に強いる生きざまへの、ひとつの自発的な投企」という意味だ。それは研究史中期以降を導く私の基本視角となる。もっとも、この概念は「コロンブスの卵」に似て、思えばあまりにも当たり前のことにすぎないようにも思われる。

さて、ひたすらに書斎や研究室で和洋の文献を読み、いくつかの長篇の著作を刊行した初期とは異なり、この中期には、さまざまの機関やグループに参加し、その要請で中編・短編の雑誌論文を書くことが多くなった。

社会的なつながりは仕事の視野を広げもしている。たとえば職場の人権裁判への関わりである。一九八一年、東芝府中工場で、技能オリンピック第三位の板金工、二五歳の上野仁氏が、残業の諾否は個人の自由と考えるような働きかたの姿勢ゆえに上司にいじめられ、その結果、心の危機に陥った。彼はやがてわずかの仲間の支援を受け、立ち直って、会社と作業長に対して「人権侵害」の損害賠償を請求するにいたる。私は上野氏の生々しい手記を読み、半ば押しかけ的にこの裁判闘争を支援する会に加わる。東芝と上司が思いのままにならぬ従業員をこのようにいじめぬくのは、すでに企業社会では例外的でなかったとはいえ、決して許されないことと痛感したからだ。

裁判の傍聴は興味ぶかい体験だった。被告や被告側代理人の物言いにむかついて野次り、裁判官の一人に叱られたこともある。この「巨像に対する蟻」の裁判闘争は、一九九〇年二月、地裁で訴えの一部の違法性が認められ、九二年九月、会社が控訴を取り下げて原告勝利のうちに終結する。上野氏はその後も、ついに残業ゼロのまま定年まで勤め上げるだろう。そして私はそれ以降、いまも頻繁なパワーハラスメントという企業社会の病弊に関心を払い続けた。東芝府中で学んだことの一端は、八三年の講演集『民主主義は工場の門前で立ちすくむ』（著書9）に収められており、本書の二章9にも引き継がれている。

この頃には私の本の読者層も広くなり、光栄にも私の「多様な労働組合」論、企業社会の労働者構成論などもひとつの参考になって、一九八三年には東京や大阪でコミュニティ・ユニオンが発足する。それも講演依頼を多くした。ＮＨＫの「お早うジャーナル」という、今からみればずいぶん硬派のなま番組に招かれて、働きすぎや女性労働、「フリーター」などについて語りもした。その後、一九九二年にはドイツの日本研究学会で企業社会について、八五年と九二年には、中国の社会科学院で能力主義管理について講演する機会もあった。もっとも、すでに「四つの現代化」に邁進していた中国側の関心は、競争的な働き方の影という私の強調点とは逆に、「よく働かせる巧みな工夫」であったようである。

一九八八年に甲南大学で短期留学の機会を与えられたとき、私は同僚の高橋哲雄氏、滝沢秀樹氏らとチームを組んで、「ジャパン・アズ・ナンバーワン」と讃えられていた日本的経営が、日系企業の海外進出工場の現地従業員にどのように受けとめられているかを踏査することにした。選んだのは、いくつかの企業に絞って、その海外工場での日本的労務管理の国別の受容状況を比較する方法であった。三洋電機、ＹＫＫ、日本電池のイギリス、ドイツ、タイなどの工場の労務管理を調べた。もちろんあらかじめそれらの企業の国内工場も観察し、当時から刊行が増えていた「日本的経営の衝撃」に関する海外の文献もよく読んだ。もっともおもしろく、日本の労働者のビヘイビアは〈強制された自発性〉にもとづくという持論を再確認させたのは、少し後に読んだ一九九〇年刊行の Joseph Fucini & Suzy Fucini : Working for the Japanese である。

この調査および文献研究の結果は、一九八九年の『日本的経営の明暗』（著書11）に示されている。詳細を記す余裕はないが、総じて組合規制を無視できないヨーロッパでは、細かな職種区分を統合して従業員を平等に扱うことには「ＹＥＳ」ながら、査定賃金を導入したり平等処遇の代償に統制を強化することには「ＮＯ」だった。それに対してアジアでは、日系企業の施策はほぼ全面的に適用されている……。同じ製品の工程でも国ごとに賃金水準とラインの配置要員数がみごとに逆相関していることなども、当然のこととはいえ印象的だった。

ヒアリングした日本人役員の語りも示唆的だった。正社員だけなら日本のほうが高コストだが、日本はなんたってパートと下請けがありますから……それにここじゃ「コーラン」のような労働協約」がうるさくて作業管理にストップウォッチを使えない……（三洋ドイツ工場）。ドイツの労働者が休暇志向で、働き方もなぜこんなにのんびりしているのか、それは賃金査定がなく、また高度な社会保障を支える税金が高いので、彼らは個人で競って稼ぐ必要はあまりないと思っているのだ……と語るＹＫＫの役員。日本の労働者がとかく働きすぎになるのは、従業員が「自分の生活より会社の発展のほうが大切」と考えているからというよりは、企業内で高い評価を受けなければよい生活ができないと思い定めているからなのだ――私はそんなことを痛感したものである。

かなり後のことながら、一九九四年には私学研究福祉会の短期留学もあった。その折には、妻に記録係を頼んで、三ヶ月ほどスウェーデン、ドイツ、イギリスなどの工場や福祉施設を観察した。率直のところ半分は観光であったが、スウェーデンの痴呆性老人のホームを訪れたとき、お年寄りのかつての居室環境を完全に再現させている個室をみて、あらかじめ見学していた日本の同種の施設とのあまりの違いにうたれ、妻が声をあげて泣いたことも忘れられない。さらに、スウェーデンには、研究史後期の一九九七年と九八年に、文科省科学研究費による立命館大学産業社会学部のグループ研究に参加して、「転換期」を迎えたこの国の諸産業の労使関係の踏査にも出かけている。その成果は二〇〇一年の篠田武司編著『スウェーデンの労働と産業』（共著11）に収められている。私の執筆担当は、組合機能の明瞭な医療労働者の労使関係である。私には稀な共同研究への暖かいお誘いであり、ストレスのない楽しい外国研究であった。

この時期にはまた、グローバルな規模で体制の大きな変動があった。一九七〇年代末から八〇年代にかけての西欧では、多少とも社会民主主義的な性格を帯びていた政権が新自由主義の政権に席を譲り、八〇年代末から九〇年代にかけてはソ連と東欧の社会主義政権が崩壊した。当時私は、労働組合と研究者が協同する「社会主義理論政策センター」の熱心なメンバーだった。そのセンターが、既存の社会主義の崩壊の意味をどうとらえ、今後どのような体制を展望するかについて、九一年、連続講演とシンポジウムを企画する。私もその場でのまとまった見解表明を余儀なくされた。

苦慮の末、八〇年代の勉強と海外体験を総括して構成した私のはじめての「体制論」は、(1)市場セクターと公共部門との不可避的な混合経済、(2)表現・結社の完全な自由、(3)社会保障の不可逆的な充実、(4)自立的な労働組合と市民運動の擁護という、その四要素のいずれもが、スムーズな国民経済運営の要請のために踏みにじられることのない社会民主主義体制であった。四要素がそれぞれに直視すべき固有の矛盾を抱えているにせよ、さらに四要素の間に共存を危うくする確執もありうるにせよ、である！　この見解は、〈強制された自発性〉を分析軸とする働きすぎの要因分析「会社人間の気力と憂鬱」などとともに、一九九三年の講演集『働き者たち泣き笑顔』(著書13)に収録されている。なお、私の体制選択論は、短命ながら新しい道を模索していた日本社会党の理論家に注目され、同趣旨の小冊子が刊行されている。

この著書のタイトルは中島みゆきの歌詞に因む。八〇年代はじめ、長男が「これ、お父さんの好きそうな歌」と友人から借りてきたテープで『ファイト！』を聴いて以来、私は中島みゆきの熱いファンになった。みじめな自分や索漠とした環境を自虐的なまでにみつめ、その落ち込みの底から、どこまでも絆を求め、決して屈しない自分をまた立ち上がらせる。彼女の唄のそんなメッセージはいつも、どこかで私の労働研究を励ます。

一九九三年には、著書6および著書10からの精選・編集による『新編　日本の労働者像』(著書12)がちくま学芸文庫として刊行された。日本の企業社会と労働者像に関する私の考察が凝縮されたこの書が、一九九六年、アンドルー・ゴードン氏によって翻訳され、Portraits of the Japanese

Workplace（著書15）としてアメリカで出版されたことは、大きなよろこびであった。私の研究史の中期はそこで終わる。

日本経済は長い平成不況に入っていた。日本の労働状況はいっそう暗くなりつつあった。


さて、家族をめぐる個人史では、時点はかなり遡る。

イギリス留学のあと一九七九年八月末から約一ヶ月、四一歳の私と妻は、もちろん長男と次男と一緒に、およそ一ヶ月ヨーロッパの数カ国をめぐった。英会話もままならないものたちの思えば大胆な試みであったけれど、家族の結束による「家庭力」のごときものに頼ってヨーロッパ文化の香る諸都市をさまよう、忘れられない旅だった。その途上、ほんらい健康な私が、尿路結石でスイスのベルンで三日ほど入院する破目になったことも今では懐かしい思い出である。やはり緊張はしていたのだろうか、飛行機がどすんと成田に着地したときは、わけもなく涙が出た。

それから八年後の一九八七年、私たちは再び一ヶ月以上のヨーロッパ旅行に出かけている。プラハ、レーゲンスブルグ、ミュンヘン、ベルン、ツェルマット、ミラノ、ヴェローナ、ボローニャ、ラヴェンナ、ヴェネティア、ベオグラード、ソフィア、イスタンブールというルート。起点と終点は、世界史の受験勉強を経た息子たちと私たちの投票がもっとも多かった都市である。長男は同志社大学文学部の三年、次男は早稲田大学政経学部入学の年であった（ついでにいうと、息子たちの受験勉強にモチベーションを与えたのは、私たちというよりはすぐれて駿台予備校である！）。今回の旅行は、ある意味で「これで我が家は解散」のビッグ・イベントだった。息子たちには、この体験をこれから生きる上での一つの記憶資源としてほしかったのだ。旅行中、不便だったのは旧社会主義国の窮屈さであり、今では笑えるいくつかのエピソードもある。しかし「率いる父親」としてのストレスはすでになく、連日、西欧、東欧、トルコの圧倒的な文化遺産にふれるめくるめくような歓びに浸った。

しかしながら、その後は息子たちの進路もかならずしも順風満帆といえなかった。

長男の新はファッションが好きで、一九八八年、あるアパレル会社に就職がきまって上京した。しかし、学生の次男・透と一緒の荻窪のアパートに帰るのは毎晩零時すぎという営業の激務だった。あたかも「過労死元年」の年だ。彼はほどなく、体調を崩して入院し、みずから退職を余儀なくされた。その後は転職が重なる。それとともに、私たちや次男とのコミュニケーションも、どうしてか徐々に途絶えがちになった。もしかすれば長男は、いわゆる「ホウレンソウ」（報告・連絡・相談）を十分にすれば、結果として私たちの援助に頼ることになって、かえって切望していた自立を失うと感じたのかもしれない。

次男の透はといえば、前述の「東芝府中人権裁判」に協力するなかから、私と同じく労使関係研究を志すようになる。しかし、大学ではなぜか留年してしまう。それから一念発起「受験勉強」に励んで、労働研究にふさわしい場所、東大大学院に入ったのが一九九二年であった。九七年には過程を終了して、福島大学に就職するにいたる。いずれにせよ、一九八八年以降は、息子たちの社会的適応が心労の種ではあった。けれども、心労は彼ら自身のほうがはるかに大きかっただろう。息子たちの育児の正否または成否に、私はまったく自信がない。私はいつも率直に、進路について丁寧なアドヴァイスはしてきたが、ものごころついてからの最終決定はすべて息子たちに任せた。とはいえ、「リベラル」ではあれ、なにかにつけて自分の考えをきっぱりと論理的に語る私は、二〇歳代近くなって以降の息子たちには、自分の選択する行動の理由を父に納得させなければならないと感じて鬱陶しく、抗いがたい壁のように感じられたかもしれない。息子たちは私の社会観や文化的志向を基本的に受け継いでいるかにみえる。だが、それだけに、社会の組織や「世間の空気」に順応する規律性や協調性、競争に打ち克つ積極性などをわが家で学ぶことはなかったように思われる。ふりかえって思うに、自己の職業生活であまりに自由であった私の育児は、実社会への柔軟な適応を通じて、息子たちを世間的に「成功」させるに有効な要素をほとんど備えていなかったのである。

5　ゆるやかな登り坂――状況批判のさまざまの試み

私の研究史後期は、五九歳になった一九九七年から七〇代前半の二〇一〇年代前半あたりまでであろう。いま、「終期」が徐々に訪れつつある。

日本の労働状況は、平成不況が長引くなか、まさにこの九七年頃から眼にみえて深刻の度を深める。非正規雇用の一途増加がワーキングプアを累積させる一方、高度経済成長期以来はじめて、企業社会内部で囲われていた正社員の労働条件の絶対水準が低下しはじめていた。能力・成果主義の浸透が徹底化し、いっそうの働きすぎに加えて、選別にうちのめされた従業員に「自発的な退職」を余儀なくさせる職場のハラスメントが恒常化していた。労働問題は生活問題であるとともに、すでに職場の人権問題となりつつある。それに抗うべき労働組合機能は衰退の一途を辿っていた。

それらの日々、私は初期の経営権蚕食の労働組合運動論を潜在化させて、中期以来の企業社会分析の上に立って、〈強制された自発性〉によって労働者が追い込まれてゆく状況の批判的な分析を、三冊の岩波新書にまとめるようになる。賃金、仕事の質量、残業、なかま関係などについて、最小限、失われた現場労働者の決定参加権・発言権を復権させよう。そのメッセージがすべての基礎にある。新書はしかし、中期に多かった論文集とは違って、ある意味で「長篇」であり、そのテーマについて起承転結の構成と幅広い思索を要求される。だから叙述することが勉強の総復習にもなる。

岩波新書は有力な媒体であって、読書人の多い公務員をふくむ多くの労働者に読まれて版を重ねた。それぞれの内容の紹介は原則として一章に譲る。最初の『能力主義と企業社会』（著書16）は二〇一四年のいま一九刷の「大成功」であった。次は二〇〇〇年の『女性労働と企業社会』（著書18）。長年の関心事であった女性労働を、性別職務分離の状況と、ジェンダー構造へのノンエリート的適応である〈被差別者の自由〉を掬って分析した作品である。女性たちからは、「これで私は能力主義的な男女平等論の束縛から自由になった」という評価がある一方、「適応」の重視はジェンダー構造の追認にほかならないという批判もあった。それから二〇〇三年の『リストラとワークシェアリング』（著書19）では、事実上「強制解雇」のような退職勧奨、たとえば今でいう「追い出し部屋」などへの怒りをこめて、「働き方の自由」の喧伝のなかで忘れられてきた「労働時間の短縮による雇用の維持・拡大」という、困難ながらも真に追求されるべき伝統的な組合主義の意義を力説している。私が草稿段階からワープロで書いた、これがはじめての著作である。

この時期について特筆すべきことは、一九九九年九月、関西のコミュニティ・ユニオンの担い手たち、政治的立場を超えた多くの労働研究者や労働弁護士らと協同して、大阪で研究会「職場の人権」を立ち上げたことだ。月例研究会と隔月の詳細な会誌刊行を中心とするこの研究会の運営を、私は「六〇代の主要な仕事」と位置づけ、実質上リーダーとして二〇一三年まで代表を務めた。ほどなく全国の会員は四〇〇名以上を数えるにいたる。この会の軌跡については本書四章3に収めたエッセイにくわしい。その場での現場の労働者や運動の担い手たちの語りは、上の新書の執筆にとってても有力な情報源だった。それに名前を挙げればつきないけれど、研究会を支えてきた無償のスタッフや常連の会員たちは、学派をもたない私にとって、僭越ながら門下生のようであり、かけがえのない友人となる。私はなによりもこの研究会に帰属していた。

この頃、甲南大学での私の講義やゼミナールは、ノンエリート気質のまじめな学生たちにとって、以前よりはるかにわかりやすく、人気の高いものになったようである。講義の内容は主として企業社会の労働の実態であった。講義を聴いて就職がつらくなるという学生もあったけれど、はじめて大学で本当のことを学ぶ意義がわかったという感想も多かった。めざましい現象は、七〇年代とは違って、この頃には熱心なゼミ生に女性がぐんと増えたことだ。ゼミも楽しくなり、結束のかたい年度には、毎年末に催される学部のゼミ発表大会に、ニュースステーション方式、過労死裁判方式などのかたちでのいくつかのプレゼンテーションを行っている。

わけても二〇〇四年の「演劇」は代表的な試みであった。私が原案を出し、ゼミ生たちが相談して具体化したストーリーは次のようである——卒業後三年、ゼミの同窓会が行なわれる。携帯電話工場の派遣労働者、銀行の得意先係、製薬会社のMD、広告会社の営業ウーマン、客室乗務員、フィアンセの東京転勤で退職を余儀なくされた証券会社の一般職OL、ゲームセンターで働くフリーターなどが、「教授」に促されて、こもごもに職場での試練を語り、その厳しさの評価をめぐって論争を交わす。そこへ、恋人のファミレス店長が過重労働に疲れ果てて失踪したため、同窓会に出席できないという菓子店勤務の同窓生からの連絡が入る……（以下の「ネタバレ」は省略）。

ゼミ生たちは、夏休み前に応募して「自分の仕事」を選び、半年かけてそれぞれの労働環境を、文献や報道、先輩の体験談などによって懸命に学び、彼ら、彼女らの日常の「神戸弁」で脚本を書いた。どこまでも「事実にもとづく物語」である。私は細部の間違いの訂正と「演技指導」はしたが、台詞にはまったく手を加えなかった。一〇数人の若者のみごとな結束による、学んだことのわかりやすいプレゼンテーションだった。在任末期の忘れられない思い出である。

ゼミの卒業生に職場の状況をヒアリングすることもよくある。その結果は、たとえば著書18、19、21、22、それに本書の二章7に「実例」として活用されている。

一九九〇年代末以降、学生たちの就職は、以前よりはるかに困難になり、就職してからの職場の要請、たとえばノルマや残業はとても厳しくなっていた。二〇〇六年、退職直前に刊行された『若者が働くとき』（著書21）は、そんな職場に就職してゆく学生たちの面影を思い浮かべながら記した懸命のメッセージである、サブタイトルのとおり「使い捨て」も「燃えつき」もせずやってゆくように、と。誇張ではない。この頃には就職後ほどなくすれば心が折れて退職する若者が少なくなかったのである。

大学での学生たちとの心の交流が深まる一方、経済学部という職場での同僚との間では、私は孤立しつつあった。その要因を説明することは気が滅入るが、要するに、研究テーマや価値観をまったく異にする同僚がいつの間にか多数になって大学の施策や人事をめぐってなにかと意見が合わなくなったことと、みずからの研究をもって出版や講演などの社会的活動に注力する「直言居士」の私のありようとの、相互補強関係が作用したのだろう。私は一年間の学部長職と、各一年ながら計三回つとめた「辣腕？」の教員組合委員長のほかには、多忙な「任命部局長」になることなく、大学業務に煩わされることがあまりなかった。いま各大学で講義以外の大学業務が多すぎるという声をよく聞く。そのたびに、ウィークデイに少なくとも二〜三日は研究に専念でき、週末には好きな本を読むことのできたみずからの幸運を思うことしきりである。

二〇〇六年、私は四〇年勤続ののち、定年まで一年を残して大学を退職した。終わり一五年ほどの孤立感はあれ、甲南大学の研究条件は良好だった。たとえば、研究室の向かいの部屋が官庁統計などの資料室で、床に座り込んで頁をめくることができる、借り出しにも面倒な手続きがない、などの便益ははかりしれない。それになによりも基本的に自由であり、職場でストレスを感じることはまずなかった。総合的に評価すれば、他大学からの三度ほどの勧誘を拒ませるほどに恵まれた職場であった。それでも、二〇〇六年の頃には大学というものからまったく自由になりたかったのだ。

その年の秋、私は大阪の府立労働会館で、「格差社会ニッポンの労働」と題する一〇回連続の個人講座を開いている。私はかねてから大学で講義していた労働問題を、労働組合の場に留まらず、市民に語ってみたいと希望していた。この希望を、当時すでに大方の関心であった「格差社会化」という視点にもとづいて講義内容から一〇項目を厳選し、平易に語ることで満たそうとしたのである。「労働のパノラマ」にはじまるプログラムは、狭義の労働組合運動論をのぞけば、私の講演レパートリーのほとんどをカバーしている。二〇〇七年の『格差社会ニッポンで働くということ』（著書22）は、その講演録に徹底的に手を入れた著作である。この時期の私には、すでに新しい概念構成や視点開発はみられないけれど、目配りの広さ、考察のバランス――以前はなかった穏健さ？――が予想以上に暖かく評価され、いくつかの大学のテキストにも使われた。

二〇〇六年の年末、私は故郷の四日市に近い三重郡朝日町に転居した。そこは滋子の郷里であり、亡くなった両親から田舎家とともに妻が相続した一二〇坪ほどの土地に、私たちは数年ほど前に新しい自宅を建てていた。労働研究の上では資料的にも人間関係的にも不便な故郷にあえて帰ったのは、大学の研究室がない今では、これからの勉強に広い書斎がぜひ必要だったからである。

十分の時間のゆとりを得た私は、中期の代表作とひそかに自負する著書12を継ぐような、低成長期以降の全面的な日本労働史を描く研究作業を志していた。だが、ほどなく、加齢もあって、構えの大きい研究を組み上げる力の衰え、他の労働研究者との討論機会の乏しさ、この地で十分な研究資料を入手する不便さなどを痛感するようになった。インターネットを利用する技術も乏しい。それにもちろん潤沢だった研究費支給がなくなった不如意もある。そんななか、これだけは書いておきたいと思い至ったのは、一九八〇年代末以来、とくに長男の初職の退職以来、関心が絶えることのなかった過労死・過労自殺に斃れた人びとの職場体験であった。

こうして二年半ほどの集中的な資料の収集と精読、そして連日、早朝覚醒に見舞われたほど細部にこだわった執筆の末、七一歳にして、もしひとつあげるとすればこれがライフワークとよべるような約三八〇頁の書き下ろし作品『働きすぎに斃れて——過労死・過労自殺の語る労働史』（著書23）を刊行することができた。この本については、どうしてもいくらかくわしく紹介したい思いに駆られる。

『働きすぎに斃れて』は、日本的能力主義と日本的労使関係がほぼ定着をみた一九八〇年代後半以降、さまざまの労働現場で働きすぎに斃れた人びと五六人の仕事と職場、生活の体験、死に至る心身の疲弊、そして無念の遺族たちによるその後長きにわたる闘いの事例を、きわめて具体的に描く作品である。日本企業の労務の構造的なひずみはかならず個人の受難として現れる。私はそこを凝視し、行政訴訟や損害賠償裁判の訴状、公判記録、判決文、弁護士たちの克明な事例報告、遺族たちの手記、新聞報道、若干のヒアリングなどをもとにして、懸命に働いて斃れた人びとの受難を細部にもこだわる物語として再構成している。

真摯な労働者をついに死に至らせる背景には、なによりも過度の残業およびサービス残業や「休日なし」にみるあまりにも長い労働時間、それをもたらす会社のずさんな労働時間管理、その達成をきびしく督励される過大な数値ノルマや短すぎる納期、そこに関係する低賃金と歩合給制度、同僚の助けを期待できない競争的な職場の人間関係などが重なっている。そして、とくに二〇〇〇年代以降は、これらに起因する脳・血管障害による狭義の過労死に、主として若手従業員の間での精神障害による過労自殺がかぶさってくる。過労自殺の頻発をもたらしたものはすぐれて、今なお報道が絶えない上司のハラスメントと、従業員の個人生活への過度の拘束であった。

受難の人びとの多くが過重労働のなかで、「休んで！」という家族の懸命の慫慂も聞かないで心身を壊してゆくプロセス、彼らの死の直前の呻き、心身喪失の些細な言動の意味。それらを正確に描写することに私は心を砕いた。そして多くの事例検討を経た総括の章では、過労死・過労自殺のまことに重層的な要因を帰納法的に考察している。基底としての日本企業の労務管理の要請に、それを掣肘すべき主体、労政と労働組合のいいかげんさが重なる。とはいえ、現代の労働者が言葉の厳密な意味で奴隷でないかぎり、過重労働の受容にはやはり労働者それなりの主体性があったというべきだろう。すなわち、ここでも〈強制された自発性〉にもとづいて、死にいたるまでの過重労働が受容されたのだ。その「強制」と「自発」の混合比は、職種や地位によっておのずから異なる。一般に、会社からの「期待」もふくめて仕事そのものにやりがいを感じるほど「自発」が色濃く、生活を支える収入をすべてに優先させる必要性が高いほど「強制」が色濃いだろう。けれども、その違いはひっきょう相対的なものにすぎない。それは、大きくは「会社のため」と「自分と家族の生活のため」を峻別できない環境におかれた日本の労働者に固有の悲劇にほかならない。その峻別の困難は、不安定な福祉国家のままの現在も私たちのものである。

もうひとつ述べるならば、この著書で言及されている多くの事例のうち女性は八例のみである。その点では、本書のテーマは性別役割分業の時代のジェンダー的制約をまぬかれていないかもしれない。しかし、感性豊かな弁護士たちの助力があったとはいえ、この豊かな日本の労働の影を告発し、過労死を社会問題として浮上させたのは、本来その責務を負うべき労働組合ではなく、すぐれて女性たち、遺族である妻たち、そして最近の若手社員の過労自殺では、母たちであった。彼女らの手記や証言は、かけがえのない人を喪った無念と、なぜ会社はここまで働かせたのかという憤りと、身近にいながら破局を救えなかったという骨を噛む自責に満ち、ときに「会社人間」だった夫への怨念さえほのみえて心をうつ。そしていま私たちは、女性も過労死・過労自殺に「共同参画」する時代を迎えている。

働きすぎに斃れた人びとは生前、おそらく仕事についてあれこれ不満を言っても仕方がないというある悟りがあったゆえにだろう、総じて寡黙だった。けれども、彼らも本当は、自分はこのように働き、このように死ぬことになったという無念を語りたかったに違いない。私の本は、あるいは僭越な表現ながら、死者に替わってその思いを綴る手紙のようなものである。ある友人の感想では、これは五六の墓碑銘であった。

彼らの体験は記憶され伝えられなければならない。過労死・過労自殺は、この体質の企業労務と労働組合機能の不在あるかぎり日本の労働者の誰もが遭遇しかねない受難であり、事実、そうした事件の足音は絶えることがない。ようやく二〇一四年秋、遺族たちと過労死弁護団の努力によって、過労死等防止対策推進法が成立した。まことに画期的な成果ながら、これはなお職場状況の改善にとってはほんの第一歩にすぎない。

「ライフワーク」に対する思いの深さからつい長い紹介になってしまった。回想の流れに戻る。その頃、中期に私をさまざまの社会的活動に誘った同時代の人びと、労働運動の活動家たち、報道関係者、編集者たちは総じて引退期を迎えていた。そのためか、あるいはもっと大きく時代の「右傾化」のためか、深刻化する労働状況をめぐって私が発言できる機会は目立って少なくなりつつあった。その「余暇」もあって、私は二〇一〇年の春、労働・社会・生活問題に関するエッセイ、読書ノート（書評）、変わらぬマニアックなファンである映画の紹介と感想を綴る、個人雑誌のようなホームページ（HP）「語る。」を立ち上げている。

コンピュータに弱い私がそんなことができたのは、幸せにも、ハードとソフトの両面で教員組合活動以来の親友、ホタルイカ研究の第一人者である道之前充直氏に、ホームページの作成では初期のゼミ生だったその道のプロ、田森陽三氏に、全面的に頼ることができたからである。私は、パソコン関係の設置やあらゆるトラブルの解決は道之前氏を頼る一方、ホームページ運用では、書いた文章を「管理者」の田森氏に添付ファイルで送るだけなのだ。お二人にはお礼の申しようもない。本書四〜六章は、このホームページにアップされたエッセイの一端の再録である。

二〇一三年春にはさらにフェイスブック（FB）もはじめた。労働・社会問題の寸評、路上観察、日々の体験、著書の宣伝、講演や集会の案内などを、ときに写真つきで投稿する。交信する「お友だち」は、思いがけない方々をふくむ拙著の読者、労働運動・市民運動関係の知己、懐かしい卒業生など実に多様であった。今ではこのHPとFBが、私のもっともひんぱんな「社会的」発言の場である（HPはある事情で二〇一四年末に閉鎖。二〇一五年春には新しい管理者のもと再開の予定）。

6　高齢期の日々

　長男の新は、二〇〇三年、行政書士の資格（東京都）をとって、ミャンマー人を中心とする外国人の登録や在留資格の書類づくり、手続き代行などで働くことを専門とするようになった。入管申請取次行政書士という。結局、彼が働き続けることができたのは、自分自身で選んだこの自営の専門職だった。サラリーマンでないため定収の不安定はあれ、ときおり集会でその国の人権問題などを語りもする彼の仕事は、私たちには誇らしい。福島大の次男透は、好評らしい社会政策の講義、大学や学会の業務分担、専門分野での著作の準備などで多忙である。しかしフェイスブックの投稿にみるところ、彼は社会事象に対してユニークな寸評を続ける一方、音楽、楽器演奏、修理の手仕事、それに私には信じられないほど料理に凝る趣味人の生活を楽しんでいる。しかし原発事故後の福島で生きてゆく心労はそれなりに少なくないようだ。それもあってのことか、四日市での私たちの脱原発市民運動には毎年やってきて手助けしてくれる。

　ふたりとも、家族主義の私とは逆に、さまざまの事情からシングルの生活を選んでいる。私たちの家族は四人のままで、ある意味では今も八七年の旅を続けているみたいだ。新はなおできるだけ「家族の伝統」と切れた位相でやってゆきたいと思っているようである。とはいえ、社会観や文化的趣味がかなり重なる博識？の息子たちがたまに「帰省」すれば話は弾む。

　私は依然として週五日ほどは、夕方まで書斎で、かつてよりははるかに拡散したテーマながら、細々と研究「労働」に携わる習慣である。ときおり講演はあれ、もう注文の多くない自営職人である。私たちは、比較的恵まれた年金生活者であるけれど、世代的に万事、合理的な節約志向のうえ、車をもたず下戸でもある。いくらかの蓄えを崩せば、「映画三昧」はもちろん、折にふれてコンサートや外食、それに海外旅行も可能だ。宗教文化遺産と人びとの群れが好きな私たちは、今ではキリスト教のヨーロッパだけではなく、仏教の東南アジア、ヒンズーの南アジア、そしてイスラムの中東を訪れたりもする。

そんな穏やかかな、依然として妻の身のまわりのケアに甘えきった生活ながら、最近手を染めた二つの社会的な働きかけには、やはりふれておきたい。

ひとつは、二〇一一年七月、なんら組織のバックのない「脱原発四日市市民の集い」を妻や友人たちと立ち上げたことである。「三・一一」を忘れることができず、次男が福島に住む私たちの、それは不慣れながら思い切った船出だった。繁華街でのビラまきは、現代日本の地方都市の市民にとって、抗いの声をあげる者たちがいかにエイリアンのようにみられるかをあらためて痛感させられてさびしい。それでも、その年の九・一一のデモには想定を超えた三〇〇人もの参加を得ることができた。早くも反原発へのバックラッシュがはじまった一二年にも三〇〇人、悪天候の二〇一三年には二五〇人の参加であった。その後も続ける。この「さよなら原発。今きっぱりと」のささやかな運動については、本書四章3の一文が、その経緯と私たちの思いを伝えている。

いまひとつは、二〇一三年はじめ、その前年、大阪のなかまたちが企画してくれた再度の連続講座をもとにして、『労働組合運動とはなにか――絆のある働き方をもとめて』(著書24)を刊行できたことだ。非正規労働者のワーキングプア化と正社員の働かされすぎとの相互補強関係に閉じ込められて、あまりにしんどい現代日本の労働状況。その背景はなによりも、国際比較的にみても著しい労働組合機能の衰退である。労働組合運動のルネッサンスこそが状況打開の第一歩にほかならない。労働組合論はほぼ三〇年以上、労働研究においても不人気なテーマだったけれども、私は右のような「信仰」に似た確信から、あらためて労働組合というものの、基本的な考えかたにはじまり、その意義、欧米と日本での軌跡、忌憚ない企業別組合批判、そして多様な形態をとるさまざまの組合の明日の可能性……と続く労働組合論を正面から論じている。「作家は処女作に向かって成熟する」(亀井勝一郎)という。新しい独自性は乏しく、「成熟」は覚束ないけれど、これは、このテーマへの長年の勉強と知見を総動員した、現代日本の働く人びとへのおそらく最後のメッセージである。

7　顧みて思えば

ここに書くことのできなかった切ない記憶や不様な体験も、むろんいくつかある。とはいえ、顧みて思えば私は波乱や挫折のほとんどないしあわせな研究者であった。七〇代半ばの今まで私は健康で、三〇代のリュウマチ熱と四回ほどの尿路結石をのぞけば、内臓疾患というものをまぬかれてきた。性格的には勤勉であり、わりあい集中力と持続力に恵まれている。経済生活も、大学に就職してからはまず安定していた。それらのおかげで長年、切れ目のない「サラリーマンのような」毎日の勉強が可能だったのだ。だが・個人史のうえでもっとも恵まれたことは、一九六二年に結婚した妻滋子が、なにかにつけてゆきとどいたケアを引き受け、またヒアリングの記録係、叙述の最初の読者、アドバイザー、校正者として、研究助手のような役割も果たしてくれたことである。

家庭や家族をめぐってそれなりに悩むことがなかったわけではない。しかしもういちど言えば、妻の心映えゆえに、まず私は、いつも研究を生活の中心とすることができた。たとえば滋子の思いやりのクッションがなければ、大人になってからは、かなり個性的な息子たちと同様に頑固な私との間で、コミュニケーションの難しい緊張が続いたかもしれない。私は「滋子奥さまがなければ先生の仕事は半分以下だったかも……」と、親しい研究者にも、次男にも言われたものだ。そのとおりであろう。だから二〇一三年五月、滋子が症状はアルツハイマー症のような「硬膜下血腫」の手術を受けるようになったとき、私は全生活の崩壊感覚に襲われている。この「五月の一〇日間」の狼狽と悔恨は、本書四章3のエッセイにくわしい。「昭和一〇年代生まれ」のこのような性別分業への依存は、次世代の研究者にはもう不可能であろう。

ちなみに私たちの両親はともに「子孝行」で、家族史のなかではしばしば深刻な問題となる、老親介護に伴う心身の負担というものが私たちにかかることがなかったことも、いま思えば恵まれていたことのひとつである。

私はそのときどきの研究テーマを、なによりも時代の変化に伴う社会と労働の深刻な状況の解明に求めてきた。具体的な研究テーマも研究方法も、選択はまったく自由だった。恩師は早くに世を去って母校での共同研究体制は成立せず、就職した甲南大学に研究者養成課程はなかった。ふたりの女性が学部や修士課程で私のゼミに学び、他大学で研究者に育ったとはいえ、私には制度上の門下生はひとりもいない。

この「自由」については、私がいつも「左派」のプロレイバーでありながら、どの革新政党の、組合界のどの単産やナショナルセンターの「お抱え」にもならなかったことの影響が大きいと思う。私は「初期」の終わり頃から、学派も組織のバックもなく、書店の編集者の要請で、またはみずから原稿を持ち込んでの依頼で研究成果の出版を果たすという「市場主義」をとるほかなかった。その点、しあわせだったのは、日本評論社、有斐閣、筑摩書房、岩波書店などの、まことに本読みに長けた編集者たちに出合うことができたことであろう。それに、卓越した研究者たちの、拙著の内容の内在的な理解の上に立つ批評は、私にとって本当に有益な自作評価のよすがになった。すぐれた批判はたいてい「当たって」おり、それは次に私が考えるべきことを指し示した。いまそんな書評者としてたとえば、中岡哲郎氏、栗田健氏、高橋哲雄氏、小川登氏、二村一夫氏、野村正實氏、遠藤公嗣氏、石田光男氏、橋本健二氏らの面影が浮かぶ。

率直な私は、自分の確信した分析結果や主張が支持政党や支援する組合にとってさしあたり戦略上不利になっても、その発表をためらうことはなかった。いつも「これで今後あそこには出入りできないかもしれない」と覚悟した上での発表であった。『国家のなかの国家』のスタンス、自治体と労組の一定の癒着も指摘する公務員バッシング対抗論（本書三章参照）、現時点のあまりに忌憚ない企業別組合批判、それにいつも暗い状況に対する労働者自身の主体的責任を問う論法などは、その代表例であろう。私がもっと「直言居士」でない穏健な性格であれば、現在、労働組合や政府やマスメディアに依頼される仕事はもっと多かったかもしれない。

私はいつも野党で、ある意味で孤独のままだった。組織との関係における孤立は、あるいは私の生涯の「不成功」な側面だったともいえよう。けれども、その不成功は、差引きすれば結局、幸せなことだった。学会でも労働界でも組織的なしがらみというものなく、私は叙述の内容やスタイルのまったき自由を満喫することができた。いきおい著作は、とくに中期以降、アカデミックな外貌をもたない「学術一般書」となり、トップリーダーではない労働組合活動家、女性労働者、大学院生、市民の方々の間に、いつも一定の読者をみつけることができた。私は大学に職をもつ研究者なのに、いつも一般社会の読者に励まされて本を書き続けることができた。

研究者としての私らしさについて、最後に、私が生涯を通じて小説を手放さない「文学青年」であり、並外れた映画ファンのままであることにふれるべきかもしれない。

これらは所詮フィクションとして、長ずるにつれて離れてゆく社会科学者も多いけれど、私は加齢とともに、時間のゆとりの増加もあってますますフィクションに入れあげている。基本的には文学も映画もリアリズムの上にたつ「社会派」の作品が好きなのは当然ながら、近年、小説について気づくのは、私が桐野夏生、角田光代、津村記久子、桜木紫乃など、総じて女性作家の作品を好きなことだ。たとえば吉田修一の『悪人』などを別にすれば、男性作家のベストセラー作品は総じて、政治・経済の絡む「スケールの大きい」設定で、「危機管理」対応のサスペンスを描くことが多いように思う。もののみえる少数者の「果断」と「大所高所」論が白けさせる。他方、女性作家はもっと平凡な生活者の日々の切実なありようをみつめており、そのロウアングルが、私の労働研究の方法にどこかで通底するのである。職場のＯＬを描く津村記久子の作品など、いま現代日本に必要なプロレタリア文学といえば、津村は仰天するだろうか。

もっとも、小説にせよ映画にせよ、それぞれの作品が私になにを教えたかを語り出せばあまりにきりがない。ただ言えることには、すぐれたフィクションはむろん事実でないにせよ真実であり、その真実を忘れがたいこととして心に刻むことによって、私たち研究者は事実を解明しようとする持続的な気力を贈られる。いま若い世代の研究者は往々にして、洞察に不可欠な批判精神というものを欠くことが多いように感じられる。その批判精神は、自己の偽りない体験や、自分たちにとって不利な事実には眼を塞ぐという「イデオロギー」でしかない分析や政策提言への反発からも生まれるけれど、すぐれたフィクションのメッセージを忘れない感性からも湧き出るのである。

著書リスト　＊印はそれまでの著書が加筆・編集・翻訳された作品

【初期】一九六七〜七八年

1.『産業史における労働組合機能――イギリス機械工業の場合』ミネルヴァ書房、一九七〇年
2.『寡占体制と労働組合――アメリカ自動車工業の資本と労働』新評論、一九七〇年
3.『労働のなかの復権――企業社会と労働組合』三一書房（新書）、一九七二年
4.『労働者管理の草の根』日本評論社、一九七六年
5.『国家のなかの国家――労働党政権下の労働組合1964‐70年』日本評論社、一九七六年

【中期】一九七九〜一九九六年

6.『日本の労働者像』筑摩書房、一九八一年
7.『ノンエリートの自立――労働組合とはなにか』有斐閣、一九八一年
8.（編著）『働く日常の自治――労働者管理の思想と領域』田畑書店、一九八二年
9.『民主主義は工場の門前で立ちすくむ』田畑書店、一九八三年
10.『職場史の修羅を生きて――再論・日本の労働者像』筑摩書房、一九八六年
11.『日本的経営の明暗』筑摩書房、一九八九年
12.『新編・日本の労働者像』筑摩書房（ちくま学芸文庫）、一九九三年＊
13.『働き者たち泣き笑顔――現代日本の労働・教育・社会経済システム』有斐閣、一九九三年
14.『新編・民主主義は工場の門前で立ちすくむ』社会思想社（現代教養文庫）、一九九三年＊
15. Portraits of the Japanese Workplace - Labor Movements, Workers, and Managers (translated by Andrew Gordon and Mikiso Hane) Westview Press 一九九六年（一部加筆された『新編・日本の労働者像』のアメリカでの翻訳）＊

【後期】一九九七年以降

16.『能力主義と企業社会』岩波新書、一九九七年
17.『日本的経営の明暗』ちくま学芸文庫、一九九八年＊
18.『女性労働と企業社会』岩波新書、二〇〇〇年
19.『リストラとワークシェアリング』岩波新書、二〇〇三年
20.『日本式企業管理的変革与発展』（黄咏嵐訳）商務中書館、二〇〇三年（『能力主義と企業社会』の中国での翻訳）＊
21.『若者が働くとき——「使い捨てられ」も「燃えつき」もせず』ミネルヴァ書房、二〇〇六年
22.『格差社会ニッポンで働くということ』岩波書店、二〇〇七年
23.『働きすぎに斃れて——過労死・過労自殺の語る労働史』岩波書店、二〇一〇年
24.『労働組合運動とはなにか——絆のある働き方をもとめて』岩波書店、二〇一三年

共著（収録論文）リスト

＊印は後に単著に収録された作品

【徒弟時代】一九五九〜一九六六年

1.「ホワイトカラーの生活と意識」（岸本英太郎編『現代のホワイトカラー』ミネルヴァ書房、一九六一年）
2.「年功賃金論と同一労働同一賃金」（岸本英太郎編著『日本賃金論史』ミネルヴァ書房、一九六二年）
3.「職務給と労働組合」（岸本英太郎編著『運動のなかの賃金論』青木書店、一九六五年）
4.「労働組合の経済理論」（岸本英太郎編著『労働組合の機能と組織』ミネルヴァ書房、一九六六年）

【初期】

5.「労働組合と社会――労働そのもののありかたを問う」（正村公宏ほか『現代資本主義と労働組合』（全電通労組あすど文庫、一九七七年）

6.「日本的労働者参加論批判」（労働運動研究者集団編『月刊労働運動・臨時増刊――「経営参加論」批判』日本評論社、一九七八年）

【中期】

7.「職場社会の戦後史」＊／「スト権スト・一九七五年日本」（清水慎三編著『戦後労働組合運動史論』日本評論社、一九八二年）（著書10、12に収録）

8.「分会活動の必要性と可能性」（兵藤釗編『国鉄労働運動への提言』第一書林、一九八四年）

【後期】

9.「映画のなかの労働者像」（熊沢誠、清真人、木本貴美子編著『映画マニアの社会学――スクリーンにみる人間と社会』明石書店、一九九七年）

10.高梨昌、大脇雅子、熊沢誠、山路憲夫『働くものの権利が危ない～今なぜ労働法制の規制緩和か』かもがわ出版、一九九八年

11.「医療労働者の賃金と労使関係」（篠田武司編著『スウェーデンの労働と産業――転換期の模索』学文社、二〇〇一年）

あとがき

二〇一四年はじめ、若者の労働問題に深い関心を寄せる雑誌『ＰＯＳＳＥ』を発行する堀之内出版社の編集者小林えみさんから、ひとつの思いがけない出版企画の提案があった。半世紀にわたって労働研究を続けてきた私は、これまでどのような問題意識をもってどんなことを書いてきたのか、また、そうした研究のあゆみを支えてきた私個人の生活史の特徴はどこにあるのか、さらには、この日本の労働や社会の状況について今、なにを批判的な分析の対象としているのか。そんなことをあきらかにする、私の近年の文章や語りを編む書物を刊行したいというのである。

とてもうれしくて舞い上がった。だが、「やります！」とすぐ応えるにはあるためらいがあった。なによりも、総じて労働問題というものにあまり関心が高くない現代日本の風土と季節のなか、「著名人」とはいえない私という一研究者にかがみ込み、私個人の思索と叙述の軌跡をみつめるような書物を「商品」とすることが、成功的な出版となるだろうかと危惧されたからである。

けれども、私は結局、私の労働研究の軌跡を知りたいという人びとは若手研究者のなかにも労働者のなかにも一定かならずある、そのニーズを満たしたいという、小林さんの思いに賭けることにしたのだ。決心して勇躍した。そして私はこの年を通じて、収録候補作品の読み直し、加筆と訂正、三つの章にまたがるホームページ・エッセイの選択、加えて終章の書き下ろしに専念した。あまり高価にならないよう全体で二二万字とする約束であった。以下に、こうして生まれた本書『私の労働研究』の章別の内容を、ごく簡単に紹介しておく。

一章：二〇〇九年法政大学大原社研での講演の再録。研究史を三期にわけて、私の労働研究の問題意識、テーマ、考察と叙述の方法、著作の概要を語っている。

二章：二〇一一年二月から一三年一二月まで『ＰＯＳＳＥ』に連載した「われらの時代の働きかた」。主要な一一のテーマについて現状を分析し、持論を顧みて、密度高くポイントを凝縮した連作小論文集である。初学者には少し難しいかもしれない。

三章：大阪市の橋下政治批判を契機として、公共部門労使関係の日本的風土、新自由主義という季節、公務員労働運動の孕む問題点とこれからの課題などにふれて公務員バッシング対抗論を論じる。二〇一二年の『ＰＯＳＳＥ』インタビューの記録である。

続く三つの章は、現在の主な表現の場であるホームページから選んだ文章である。いずれも厳選に際しての割愛が心残りではあった。四章は、労働、社会、学校、最近の私の体験に関する随想（エッセイ）。五章は、四つの分野にわたる繙いた書物の批評と感想。六章では、数多の秀作映画のうち、生きがたさを超えて凛然として立つ魅力的な女たちを活写する作品に限って、映画ファンの愛執のほどを綴っている。

新しく書き下ろした終章は、私の労働研究のあゆみを、いくらか気恥ずかしいけれど、子ども時代から後期高齢者の現在に至るプライベートな生活史の点から辿る回顧録である。この終章の内容は一章のそれとぴったり呼応しているだけに、どうしても重複する部分が残っているかもしれない。章末には、研究者として私が恵まれていた点をまとめている。また、本書全体の末尾に著書と共著書すべての参照リストを付した。

二〇一四年一〇月、フランスへの旅の機中、私は道浦母都子の好著『女歌の百年』（岩波新書、二〇〇二年）に読みふけっていた。その頃、このたびの新著のことがいつも念頭にあった私には、道浦がこの新書のなかで、次の二つの歌をとくに好きな作品として紹介していたことがつよく印象に残った。

劫初より作り営む殿堂にわれも黄金（こがね）の釘一つ打つ　与謝野晶子

さくら花幾春かけて老いゆかん身に水流の音ひびくなり　馬場あき子

当然のことながら、労働研究を「殿堂」づくり、自分の仕事を「黄金の釘」となぞらえての思いではない。それは度しがたい傲慢というものであろう。私が晶子の作品にある感慨を覚えたのは、長男の新が、高校時代の一九八二年九月、私のための誕生日カードに書いてくれた短歌がそれだったことを突然、思い出したからだ。当時も「なんてオーバーな」と感じもしたが、それは彼なりに私の仕事への応援だったと思う。読者の方々ばかりではなく、家族たちにもそのように励まされて、私は労働研究という労働を続けることができたのである。

もうひとつ、馬場あき子の作品については、今年の花見のとき、かつて好きだったのに忘れていたこの歌が、やはり突然に思い出され、心が弾んだことがあった。この歌には多様な解釈があるだろうが、古い桜の木でも毎年美しい花を咲かせる、あと何年、開花できるだろうか。そう思うと、老木の内にも流れる樹液のように、もう若くない私の身のうちにもなおいのちの水流が響いている思いがする——私はそんなふうに読む。そう読んで、もう研究史も終期を迎えつつある私は励まされるのである。

労働問題という固有の領域では、私はもう新しい研究や著述はできないかもしれない。けれども、どこかで〈労働〉に関わる関連分野、たとえば日本の近現代史やふつうの人びとの社会意識などについては、まだ勉強したいことは多い。ほとばしるほどでないにせよ、かすかに「身に水流の音」がひびくのを感じないではない。まだ読んでくれる人がいる限りは書き、まだ聴いてくれる人がある限りは語ってゆきたい。いまそう思い定める。

このような書物を上梓できるのは、思えば本当に幸せなことだ。本書の質が堀之内出版の期待に応えているかどうかは自信がないけれど、このような機会を与えてくださった人、おそらく私が最後に出遭ったことになる編集者、小林えみさんにあらためてありがとうと申し上げたい。

二〇一四年厳冬　熊沢 誠

熊沢 誠（くまざわ まこと）

一九三八年三重県四日市市生まれ。一九六一年京都大学経済学部卒業（一九六九年経済学博士）。甲南大学名誉教授。著書に『国家のなかの国家――労働党政権下の労働組合1964‐70年』（日本評論社、一九七六年）、『新編・日本の労働者像』（ちくま学芸文庫、一九九三年）、『能力主義と企業社会』（岩波新書、一九九七年）、『女性労働と企業社会』（岩波新書、二〇〇〇年）、『リストラとワークシェアリング』（岩波新書、二〇〇三年）、『格差社会ニッポンで働くということ』（岩波書店、二〇〇七年）、『働きすぎに斃れて―過労死・過労自殺の語る労働史』（岩波書店、二〇一〇年）、『労働組合運動とはなにか――絆のある働き方をもとめて』（岩波書店、二〇一三年）など多数。

私《わたし》の労《ろう》働《どう》研《けん》究《きゅう》

2015年1月30日　第1刷発行

著　者　熊沢　誠
発行者　田中涼一
発行所　株式会社　堀之内出版
〈本　社〉〒192‐0355
東京都八王子市堀之内3‐10‐12
フォーリア23　206号室
電　話（042）682‐4350
FAX（042）680‐9319
印刷所　モリモト印刷　株式会社
装　幀　濱崎実幸

ISBN978-4-906708-58-1 C0036